〈동아시아연구총서 제4권〉

동아시아 종교와 마이너리티

동의대학교 동아시아연구소 편

박문사

동아시아연구총서 제4권을 발간하면서

종교는 예로부터 사람이 태어나서 죽음을 맞이할 때까지의 일생에 있어서, 그리고 사후에도 매우 중요한 역할을 해왔다. 우리 인간의 삶이나 사후의 영혼 구제, 행복 추구, 그리고 그것과 불가결한 인간의 윤리적인 모습에 관한 종교의 역할은 과학 기술이 진보한 현대 사회에 있어서도 변하지 않고 있다. 그러므로 많은 국가에서는 정교일치에 의한 정치를 관장하고 있다. 또한, 현대 사회에서는 글로벌화에 따른 이문화 이해의 중요성이 요구되고 있으며, 이질적인 문화를 이해하기 위한 다양한 종교의 상호 이해와 공존의 의의가 공유되어 왔다고 볼 수 있을 것이다.

종교에 대한 논의는 종교의 사회적인 역할 뿐만 아니라, 이문화의 이해, 이질적 타자, 소수자, 약자 등의 존재와 그들에 대한 배제와 그에 대한 비판, 그리고 관용, 계몽, 윤리까지도 관련된 문제이다. 본래, 종교는 인간의 영혼에 대한 구제와 보다 나은 삶에 대해서 고민하는 것을 목적으로 해왔기 때문에, 신종교는 물론, 종파를 불문하고 대부분의 신자는 자선활동, 빈곤계층의 구제를 위한 봉사활동, 병자에 대한 치료행위, 그리고 사회복지나 평화운동 등 사회적으로도 중요한 역할을 담당해 왔다.

실제로 현대 종교의 사회적 의의를 강조할 때 사회복지의 기원이 종교에 있으며, 종교적 자선에서 비롯되어 박애, 사회사업, 후생사업, 사회복지로의 변천을 지적하는 경우가 적지 않다. 이러한 종교의 역할에서 보더라도 여러 억압이나 빈곤으로 고생하는 사람들 사이에는 신종교나 신신종교에 입신하는 약자가 적지 않으며, 마이너리티에게는 사회적 강자나 다른 종교에 의한 억압에서 벗어나기 위한 탈출구로서 신종교의 존재 이유가 되기도 한다.

하지만, 역사적으로 볼 때, 아직까지도 종교에는 본래의 역할에 반하는 성격이 있고, 종교상의 마이너리티가 폭력과 테러, 가족 관계의 파괴 등 반사회적 행위에 따른 「마이너리티 패러독스」의 성격을 가지고 있다는 것도 부정할 수 없다. 이러한 문제들은 정치·경제·민족 간의 이해 대립과도 불가분의 관계에 있으며, 옴진리교와 여호와의 증인 등의 신종교에 한정되지 않고, 전통종교 상호 간의 마이너리티 패러독스 역시 그러한 문제를 내포하고 있으며, 특히 동아시아의 종교를 고찰하는 데 있어서 무시할 수 없는 문제라고 생각한다.

이 책의 출간은 동아시아의 여러 지역에서 나타나는 종교적 현상을 살펴보고, 동아시아에 있어서의 종교와 마이너리티의 문제를 다양한 관점에서 논의해 보고자 하는 시도에서 비롯되었다. 종교의 전파 과정에서 종교와 관련된 의례나 건축, 음식, 축제 등의 문화 현상이 함께 전파되기 마련이다. 이렇게 전파된 종교는 그 지역의 자연환경과 토착

문화의 영향을 받아 변형되기도 하며, 그 지역의 문화와 서로 융합하여 새로운 문화 양식이 생겨나기도 한다. 동아시아 지역의 다양한 종교적 현상을 이해하기 위한 담론을 구축해 나가는데 있어서, 이번 동아시아 연구총서 제4권의 발간은 매우 의미 있는 일이라고 생각한다.

이 책은 동아시아연구소가 최근 개최한 동아시아 관련 국제학술심포지엄 주제와 관련된 글을 모아 『동아시아 종교와 마이너리티』라는 주제로 엮은 것이다. 이번 동아시아연구총서를 발간함에 있어서 흔쾌히 출판에 동의해주시고 원고 집필에 협조해주신 집필진 여러분에게 깊이 감사드린다. 또한 총서 기획에서 원고 편집에 이르기까지 적극적으로 도움을 주신 총서간행위원회의 위원들의 노고에도 감사드린다. 끝으로 이번 총서 출판에 아낌없는 후원을 해주신 도서출판 박문사에 감사를 드리는 바이다.

2018년 3월
동의대학교 동아시아연구소
소장 이경규

목차

동아시아연구총서 제4권을 발간하면서·003

제1부

 동아시아 종교와 마이너리티

011 동아시아에 있어서 종교의 양의성과 그 윤리적 과제 ··· 마키노 에이지
   -옴진리교와 여호와의 증인, 마이너리티 패러독스-

029 中國에 있어서 血盆齋의 宗敎·社會的 意味 ··· 송요후
   -女性의 社會的 地位와 關聯하여-

113 西勢東漸期의 민족적 위기와 그 종교적 대응 ··· 박승길
   -베트남의 高臺敎와 한국의 甑山系 신종교 사례 비교-

제2부

 동아시아 종교와 사상 그리고 지역

145 琉球의 불교 발전과『고려대장경』… 최연주

187 근대기 동아시아 신종교 사상가들의 여성관 … 장재진

205 종교적 상징의 의미해석을 통해서 본 … 남춘모
     고대 대마도 속의 한반도

259 중국특색사회주의 종교이론의 고찰 … 강경구·김경아

참고문헌・289
찾아보기・305

제1부
동아시아 종교와 마이너리티

동아시아연구총서 제4권
동아시아 종교와 마이너리티

동아시아에 있어서 종교의 양의성과 그 윤리적 과제
―옴진리교와 여호와의 증인, 마이너리티 패러독스―

마키노 에이지(牧野英二)

호세이대학 대학원에서 문학박사 학위를 받았으며 현재 호세이대학 철학과 교수로 재직 중이다. 일본칸트협회 회장, 일본딜타이협회 회장 등을 역임했고 호세이대학 서스테이너빌리티연구교육기구 연구원으로도 활동하고 있다. 안중근의 동양평화론에 지대한 관심을 가지고 있으며 동일본 대지진 및 후쿠시마 원전 사고의 수습에 대한 인문사회학적 해결 방안을 제안하고 있다. 『칸트의 순수이성비판 연구』, 『칸트읽기 -포스트모더니즘 이후의 비판철학-』, 『칸트의 생애와 학설』을 비롯한 다수의 저역서가 있다.

번역 : 임상민 (동의대학교 일어일문학과 조교수)

1 들어가며

필자는 아래의 문제의식을 토대로 동아시아에 있어서 종교와 마이너리티의 관계를 살펴보기로 한다. 본 연구에서는 특히 불교와 크리스트교 중에서 마이너리티의 전형이며 「컬트교단」으로도 불리는 「옴진리교」와 「여호와의 증인」을 고찰 대상으로 한다. 종래의 연구에서는 동아시아에서 활동해온 이들 교단에 관해서는 종교학, 문화사회학, 사회심리학, 범죄학의 전문가나 저널리스트가 다루어왔다. 하지만, 이들 교단에 의해서 노출된 문제의 대부분이 아직도 충분히 해명되지 않았다. 그 주요 이유는 그러한 문제들이 철학적·윤리학적 관점에서 논의된 적이 없었던 점에 있다.

그러므로 본 연구에서는 철학적·윤리학적 관점에서 종래의 연구가 놓친 세 가지 과제에 대한 고찰을 하고자 한다. 첫째, 전후의 일본 사회를 공포에 빠트린 「옴진리교」의 테러와 폭력, 그리고 크리스트교의 한 종파인 「여호와의 증인」의 수혈 거부 사건 등을 통해서 「종교의 양의성」을 검토한다. 둘째, 이 종교의 양의성과 마이너리티 문제가 깊이 관련되어 있음을 밝힌다. 셋째, 특히 「마이너리티」와의 관련에서 종교와 폭력에 대한 윤리적 과제의 해결책을 고찰한다.

2 종교의 양의성과 마이너리티의 패러독스

　일찍이 모리 오가이(森鴎外)가 간파한 것과 같이, 종교에 대해서 논의하는 것에는 항상 곤란함이 동반된다. 오가이가 지적하고 있듯이, 「종교는 사람 사이에 충돌하는 것을 염려해서 이것을 전혀 입 밖에 내지 않기 때문에, 겁이 많다고 하지 않을 수 없다」[1]라는 의견에 필자 역시도 같은 생각이다. 종교에 대해서 논의하는 것은 종교의 사회적 역할뿐만 아니라, 이문화 이해, 이질적 타자, 소수자, 약자의 존재 및 그들에 대한 배제와 그에 대한 비판, 관용, 계몽, 윤리의 의의까지도 깊이 관계된 문제이기 때문이다. 또한 필자는 「마이너리티」(minority)라고 하는 용어를 「사회적 소수자」 및 「사회적 소수파」라고 하는 의미에서 사용한다.[2] 다만, 주의할 점은 「마이너리티」가 반드시 「사회적 약자」를 의미하는 것은 아니고, 과거의 남아프리카와 마찬가지로 소수의 부유한 백인층과 같은 지배적 강자·폭력적 권력자의 경우도 있다. 다른 한편, 「마이너리티」라고 하는 호칭이 사회의 일반적 가치관을 공유하지 않는 자, 예를 들면 장애자·동성애자를 나타내는 차별적인 작용을 하는 경우도 있다. 따라서 필자는 이와 같은 현상을 「마이너리티의 패러독스」라고 부르도록 한다. 후술하듯이, 이러한 패러독스는 「종교의 양의성」과 연결되어 「테러 및 폭력의 글로벌화」를 초래하는 하나의 요인이 되고 있다.

---

1) 모리 오가이의 『知恵袋』(고보리 게이치로 역·해설, 고단샤학술문고, 1980, p.47). 또한 본서의 종본은 A.F.V 크니케『인간교제술』(고단샤학술문고, 1993, pp.111-113)도 참고
2) 大場·井上·加藤·川本·神崎·塩野谷·成田編(2008)『現代倫理学事典』弘文堂, p.795

주지하듯이, 종교는 예로부터 사람이 태어나 병에 걸려 죽음을 맞이하는 일련의 과정 및 사후에도 중요한 역할을 해 왔다. 생전 및 사후의 영혼의 구제와 행복 추구, 그것과 불가결한 인간의 윤리적인 모습에 관한 종교의 역할은 과학 기술이 진보한 오늘날 역시 변하지 않고 있다.[3] 또한, 많은 나라에서는 이를 위해 현대 사회에서도 정교일치에 의한 정치를 관장하고 있다. 다른 한편, 현대 사회에서는 글로벌화에 의한 이문화 이해의 중요성이 재인식되고 있고, 이질적인 문화의 이해에 필요한 다양한 종교의 상호 이해와 공존의 의의가 공유되어 왔다고 할 수 있다.

그러나 현대 사회는 정치·경제·금융 등의 글로벌화와 관련해서 극히 복잡해진 종교 간·민족 간의 분쟁, 즉 새로운 「종교전쟁」의 시대에 돌입했다고 생각한다. 그것은 중세의 십자군과 이슬람 교도의 「성전(聖戰)」이나 기독교 신도 간의 종교전쟁과도 비교할 수 없을 만큼 큰 규모이며, 불가시 형태를 띠면서 세계 각지에서 발발하고 있다. 21세기는 이질적 종교 간의 공존·공유와 함께 종교에 의한 「테러 및 폭력의 글로벌화」를 초래했다. 그 발단이 된 예가 IS(이슬람국가)에 의한 세계적

---

[3] 일본어의 「종교」는 한역불전에 있었던 것이 메이지시대에 religion의 번역어로 채택되어, 그 이후에 널리 사용되게 되었다. 또한, religion은 라틴어의 relegere(재독하다), religare(연결하다)에서 유래되었다고 전해지고 있다. 이러한 서양어, 특히 라틴어 기원의 번역어 선택의 문제는 「종교」 연구의 현 단계에서도 아직까지도 서양 중심주의적인 방법론에 강하게 얽매여 있다. 본 서에서는 주제에서 이탈하기 때문에 한 가지 사례만을 소개하도록 한다. 데리다는 「Religion은 전세계적으로 유포되고 있는 영어 단어이며, (중략)기독교적인 세계 라틴화이다」라고 종교와 정치, 특히 언어와의 불가분의 관계에 대해서 깊이 사유하고 있다. 하지만 그의 이러한 뛰어난 견해 역시도, 유대·기독교적인 발상의 틀에 갇혀서 동아시아 종교를 적절하게 파악할 수 있는 시좌를 제공하고 있다고는 보기 힘들다. 자크 데리다(1996)『신과 지』(Jacques Derrida, Foi et Savoir, 미래사, 유아사 히로오·오오니시 마사이치로 번역, 2016, pp.76-77).

규모의 무차별 테러와 전쟁 행위이다.4) 필자는 종교가 가지는 이러한 소극적인 면과 적극적인 면을 「종교의 양의성」이라고 부르도록 한다. 따라서 필자는 이러한 사실을 「종교의 성선설」과 「종교의 성악설」이라는 개념에 의해 설명하는 것은 적절하지 않다고 생각한다.5)

이상과 같은 문제의식을 토대로 필자는 첫째, 전후 일본 사회를 공포에 빠트린 옴진리교의 「테러 및 폭력」과 함께, 기독교의 한 종파인 「여호와의 증인」의 수혈 거부 사건 등을 계기로 해서, 「종교의 양의성」을 검토한다. 둘째, 이러한 「종교의 양의성」과 마이너리티의 문제가 깊이 관계되어 있다는 사실에 대해서도 검토를 시도한다. 셋째, 「마이너리티」와의 관계성 측면에서 「종교와 폭력」에 대한 윤리적 과제에 대해서도 그 해결의 실마리를 탐색하는 것을 목적으로 한다.

---

4) 2015년 3월 23일 현재, 「이슬람국」에 대한 표기는 국내적·국제적으로 다수 존재한다. 2014년 6월 29일 「이라크·大시리아·이슬람국」(ISIS=Islamic State of Iraq and al-Sham)으로 개칭했다. 영어 표기에서는 그 밖에도 (ISIL=Islamic State of Iraq and the Levant)이 사용되고 있다. 각국 정부는 일본, 미국, 영국에서는 ISIL, 일본 미디어에서는 NHK, 아사히신문, 마이니치신문은 IS, 요미우리신문은 「이슬람국」으로 표기하고 있다(Cf. Asahi Shimbun Weekly AERA 2015.3.23., p.69) 2014년 6월 29일 이후의 사건에 대한 학둔적 분석에 대해서는 이케우치 사토시(2015) 『이슬람국의 충격』 분순신서

5) 「종교의 성선설」과 「종교의 성악설」이라는 이원적인 대립구조에 따라 옴진리교의 성격을 규정하는 경우의 전형적인 문헌으로서 다음의 서적이 있다. 이노우에 노부타카·다케다 미치오·기타바타케 기요야스 공편(1995) 『옴진리교란 무엇인가 – 현대사회에 물어야 할 것 –』 朝日新聞社. 필자의 고찰은 이러한 단순한 대립구조를 전제로 한 논의에 대한 문제점을 극복하기 위한 시도이다.

 3 동아시아의 종교와 폭력의 문제

 본 연구의 주제와 관련해서 우선 필자는 역사적 문맥상 확인해 두어야 할 논점을 세 가지로 검토하고자 한다.
 첫째, 동아시아의 일본 종교와 정치와의 관계이다. 이것은 특히 일본의 근대화 과정에서 일본제국주의가 동아시아공영권이라고 하는 슬로건 아래에서 동아시아의 여러 국가들을 침략할 때, 만세일계라고 하는 천황의 이름하에 타국민·타민족에 대해 신도와 일본 불교를 점령 지배의 도구로 활용한 역사가 있다. 이 시기에는 일본의 대학과 종교단체가 앞장을 서게 되는데, 제국대학은 물론이고 불교계와 신도계의 대학에서부터 「마이너리티」의 크리스트교계 대학까지 교육칙어를 봉독하고 군사훈련을 실시하여 당시의 사회적 요청에 부응하고 군국주의에 가담했다.6)
 또한 정치와 종교와의 불가분의 관계는 서양에서는 고대 로마가 당초 기독교를 탄압함으로써 제국의 지배를 강력하게 추진한 사실에서도 확실히 알 수 있다. 양쪽 모두 정치적·군사적 강자가 피지배자를 약자·마이너리티로 상정하고 있었다. 한일관계에 대해서 말하자면, 1945년 8월 15일에 일본은 패전국이 되었고, 한국은 「테러와 폭력」에 의한 식민지 지배에서 해방되었다. 그러나 역사 인식이나 종군 위안부, 그리고

---

6) 특히 중일전쟁과 태평양전쟁 전후의 시기에 있어서 일본의 종교계 대학과 학부, 학과가 상상하는 것 이상으로 「국가폭력」에 적극적으로 가담한 역사적 경위에 관해서는 다음의 문헌을 참고하기 바란다. 江島尚俊·三浦周·松野智幸編(2017) 『전시 일본의 대학과 종교』法藏館. 필자는 이들의 역사적 사실이 역사적인 「메이저리티」와 「마이너리티」의 구별 없이, 「전체주의국가의 폭력」에 회수되어가는 점에 주의를 촉구하고자 한다.

영토문제를 비롯한 한국과 일본과의 사이에는 진정한 「국교정상화」를 방해하는 과제가 산적해 있다. 최근에는 양국 관계에 부의 영향을 미치는 새로운 문제가 현재화하고 있다. 그것은 다름 아닌 일본의 재군비 강화에 의한 「국가의 폭력」과 「세대 간 윤리」에 관한 문제이다. 여기에는 야스쿠니신사·신도의 문제와도 관계되어 있다.

둘째, 인종차별과 마이너리티의 문제이다. 동 문제 역시 종교와 윤리에 깊이 연관되어 있다. 최근 일본 국내에서는 재일코리안 등을 표적으로 헤이트·스피치라고 하는 인종차별주의가 휘몰아치고 있다.[7] 이것은 마이너리티에 대한 전형적인 배제의 폭력이다. 국제사회에서는 2015년 2월 1일, 일본인 저널리스트인 고토 겐지(後藤健二)가 세계를 향해 「나는 겐지」(I am Kenji)라는 슬로건으로 해방에 대한 염원도 덧없이 끝이나, IS에 의해서 살해되었다. 이러한 측면에서 보더라도 동아시아의 테러 공포와 그 예방을 위한 윤리적·법적 과제는 중요하다. 특히, 옴진리교의 사건 배후에는 사회에서 배제된 살 곳을 잃은 마이너리티의 존재와 관계된 절실한 문제가 내재되어 있다. 동일한 문제는 IS의 급속도로

---

[7] 2009년 교토의 조선학교에 대한 「재일 특권을 용납하지 않는 시민 모임(재특회)」에 의한 습격사건은 아동과 교직원·보호자에 대한 「공포」(terror)를 안겨 주었다. 그런 의미에서 그들은 「테러리스트」(terrorist)이다. 일본 각지에서 그들이 재일코리안의 배제를 외치는 데모를 전개하고 있다. 그들은 「조선인은 죽여라」라고 하는 차별 발언·협박을 반복하면서, 주민과 보행자들에게도 공포를 주고 있다. 매스컴은 재특회에 반대해서 인권옹호와 인종차별주의자 비판을 호소하는 시민운동에 대해서는 논평을 피하는 경향이 강하다. 이것은 인간의 존엄을 짓밟는 언동을 용인하는 다수 국민의 「메이저리티의 침묵」과 정부·관료·학자에 의한 「표현의 자유」에 대한 존중이라는 표면적인 이유에 의한 「배제의 구조」가 작동하고 있는 것이다. 헤이트·스피치는 차별과 편견, 배제의 「표현」에 그치지 않고, 「인종적 편견, 편견에 의한 행위, 차별, 폭력 행위, 제노사이드」를 포함한 「증오의 피라미드」를 의미한다. 모로오카 야스코(2013) 『헤이트·스피치란 무엇인가』 이와나미신서. 그리스 국회는 2014년 9월 11일에 인종차별법의 개정안을 가결하고, 헤이트·스피치의 벌칙을 강화했다. 일본에서는 법제화가 실현되었지만, 표현의 자유에 대한 존중이라는 이유로 벌칙 규정이 없는 결함이 많고 불충분한 제도이다.

진행되는 확산과 동아시아 여러 나라에 대한 영향에 대해서도 말할 수 있다.

셋째, 일본의 종교상의 마이너리티·이슬람 신자의 존재에 대해서, 몇 가지 확인해 둘 필요가 있다. 일본에서는 수년 전, 일본인 대학생이 IS를 위해 출국하려고 하다가 체포되어 일본 사회에 충격을 준 적이 있다. 그들의 동기는 물론 모든 것이 확실히 밝혀진 것은 아니지만, 현재 일본 사회에 대한 불만이나 폐쇄감이 있었다는 것은 부정할 수 없는 사실이다. 다만, 그들은 이슬람 신자는 아니었다. 실제로 일본인 이슬람 신자는 극히 소수이며, 일설에 따르면 1000명에서 최대 11만 명이라는 설도 있지만,[8] 정확한 숫자는 불확실하다.

일본에 거주하는 외국인 이슬람 신자 역시 대부분이 인도네시아인, 방글라데시인, 파키스탄인, 이란인 등으로 동남아시아와 중동 출신자들이다. 그들의 모국은 일본이나 중국과 같이 지리적으로 근접해 있지 않다는 사정도 있기 때문에, 일본인 인구의 1%에도 미치지 않는 기독교 신자와 비교해 봐도 종교 인구로서는 예외적으로 소수파이다. 모국에서는 압도적 다수가 일본에서는 압도적 마이너리티인 셈이다. 일본의 이슬람 신자는 대부분 IS와는 무관함에도 불구하고, 이슬람 신자=IS의 지지자 또는 잠재적인 테러리스트로 간주되는 경향이 있다.

일찍이 일본 국내에서는 일본 거주의 이슬람 신자는 저임금 노동자로서 유용하게 취급을 받았고 지방에서도 일정 인원이 취직을 했다. 그런데 일본의 불황과 함께, IS의 국제적 포위망에 참여하는 일본 정부의 외국인 노동자에 대한 관리 강화와 세간의 시선이 엄격해짐에 따라, 위에서 언급한 바와 같이 편견과 차별이 심해져서 모국으로 돌아가는

---

8) 『아사히신문 BLOBE』(2014년 8월 3일).

사람이 많아지고 있다. 그들은 생활환경이 대부분 가혹하고 차별과 편견의 피해를 당하고 있다. 일본에서는 망자의 매장은 화장이 법제화되어 있지만, 이슬람 신자에게는 화장은 법률상 형벌에 속하는 이상, 절대로 인정할 수 없다. 이러한 점은 단순히 윤리적인 문제뿐만이 아니라, 법적 문제와도 관련되어 있기 때문에 사회적으로 큰 문제가 되고 있다.9) 일본사회에 있어서 예외적인 마이너리티인 이슬람 신자에 있어서 일본의 음식문화와 법 제도가 받아들이기 어려운 폭력을 의미한다. 이것은 후술하겠지만, 다문화 공생사회의 실현을 저해하는 종교와 폭력의 복잡한 관계를 만들어내고 있다.

 ## 4 옴진리교와 「마이너리티의 패러독스」

이번 절의 주제 고찰에 앞서, 종교학의 입장에서 옴진리교와 여호와의 증인 등의 종교의 일반적인 위치를 밝히고자 한다. 일본사회에서 이들 종교는 모두 「신신종교」로 불린다. 그러한 주된 이유에 더해서 간단히 고찰해 보기로 한다.

첫째, 「신종교」란 19세기초 이후, 바꾸어 말하면 에도시대 말기 이후

---

9) 또한, 1988년에 인도 출신의 영국 작가가 집필한 『악마의 시』(Satanic Verse)가 이슬람을 모독했다고 해서 이란의 호메이니 옹에 의해서 저자가 처형 선고를 받고, 동 소설을 일본어로 번역한 이가라시 히토시·쓰쿠바대학 조교수(당시)가 누군가에게 잔인하게 살해당했다(1991년 7월). 동 사건은 미해결로 남아 있는데, 원리주의자에 의한 도착된 신앙심의 반윤리성을 극단적으로 이야기하고 있다. 또한, 이슬람의 2대 종파 중 이란의 국교는 마이너리티인 시아파이며(이란 국내에서는 메이저리티이며, 권력자), 다수파·정통파는 수니파이다.

부터 발전해온 종교를 가리키는 것이 일반적이었다. 그 이전에 성립한 전통종교는 신도, 불교, 전통진종과 진언종 등이다. 이에 대해서「신종교」의 전형적인 예로서 천리교, 금광교, 대본교, 창가학회, 입정교성회 등의 교단명을 들 수 있다.

둘째,「신신종교」는 위의「신종교」의 존재와 역할이 구식으로 느껴지고, 그 교의나 활동에 부족함을 느끼는 사람들의 사이에서 성립되었다.「신신종교」는 대부분이 2차 세계대전 후, 특히 1970년대 이후 급속하게 발전하여 거대화된 교단이 많다. 진여회(眞如會), 산안회(山岸會), 행복의 과학 등 다수의 교단이 존재한다. 그 전형이 아함종(阿含宗)이며, 후술할 옴진리교의 창설자인 마쓰모토 지즈오도 잠시 이 교단에 소속된 적이 있다고 한다. 그 외에 본 연구의 고찰 대상이기도 한 여호와의 증인도 역시 미국에서 찰스 테이즈 러셀이 1926년에 설립한「신신종교」에 속한다. 단, 이 교단도 역시 1970년 이후 급속하게 발전했다. 따라서 필자의 관견으로는 이들의 구분도 잠정적인 것에 지나지 않으며 체계적인 구분을 하는 것은 쉽지 않다.[10]

다음으로 이번 절의 주제로 돌아가고자 한다. 옴진리교 사건은 옴진리교 대표인 마쓰모토 지즈오(松本智津夫, 아사하라 쇼코=麻原彰晃)의 지시에 따라서 교단이 1988년 이후에 많은 사건을 일으켰는데, 1995년 3월 20일 오전 8시 도쿄지하철 가스미가세키역을 통과하는 5번 선로 내에서 맹독성 사린을 산포하여 12명의 사망자와 5,500명 이상의 중독 환자가 발생하는 지하철 사린사건을 일으켰다. 옴진리교는 교단 조직이 그 때까지 다수의 반사회적 테러에 의해 많은 인명을 살상했다. 단,

---

[10] 위의 두 가지 보충 집필에 있어서는 다음의 문헌을 참조했다. 시마조노 스스무 (2001)『포스트모던의 신종교』東京堂, pp.5-14

일찍부터 지적되어온 바와 같이 많은 일반신자에게는 오랜 동안 이러한 범죄가 감추어져 그들과 일반시민에게는 교단에 의해서 부정되어 왔다.11)

첫째, 주목할 점은 마쓰모토 지즈오가 1984년에 불교계의 신신종교 교단을 창설하고 포교활동을 전개하는 과정에서, 두 번 인도에서 달라이라마 14세와 만나서 티벳의 고승과의 관계를 갖고, 초능력과 기적을 일으키는 힘을 체득했다고 선언함으로써, 많은 신자를 모았다는 점이다.

둘째, 마쓰모토 지즈오는 러시아와 동남아시아 여러 국가를 방문해서, 러시아와 스리랑카 지부를 창설하고, 1992년에 러시아어로 제작된 선전 방송을 개시하면서 단기간에 아시아지역을 중심으로 국제적인 포교활동을 활발히 전개했다.

셋째, 1980년대 이후, 일본 대학의 축제에서 여러 번 강연을 하면서, 젊은 학생들의 마음에 호소하는 전략을 실시했다. 이 전략은 현실에 불만을 품고 컬트적인 마력에 빠진 젊은이들의 마음을 잡았다는 의미에서는 어느 정도의 성과를 거두었다.

넷째, 마쓰모토의 주변에는 의사나 자연과학의 전문가뿐 아니라, 살아가는 의미를 찾지 못하는 많은 사람들, 특히 젊은이들이 모였다는 점이 특징적이다.

다섯째, 최종적으로 교단은 지하철 사린사건으로 마쓰모토 이하의 간부는 대부분 체포·기소되었고, 살인의 실행범으로 인정된 마쓰모토

---

11) 상세한 것은 다음의 문헌을 참조할 것. 西田公昭(2001)「옴진리교의 범죄행동에 관한 사회심리학적 분석」『社会心理学研究』日本社会心理学会編, 第16卷, 第3号, p.170

와 교단 간부에게는 사형 판결이 내려져, 교단은 해체되어 사건 그 자체는 해결된 것처럼 여겨지고 있다.

그런데 2000년에 교단이 소멸했음에도 불구하고 형무소를 출소한 간부들에 의해서 「알레프」(アレフ)라고 명칭을 변경해서 조직은 존속했고, 그 이후 「알레프(アレフ)」「Aleph」로 간판을 변경하면서 지금 계속해서 옴진리교 신자는 소멸되지 않고, 일정 수를 유지하면서 존재하고 있다. 그 후, 분파되어 2007년에 신종교단체 「히카리노와(ひかりの輪= 빛의 고리)」라고 하는 새로운 조직을 설립했고, 그 중심 멤버는 세상에 알려지지 않고 숨어서 생활하고 있다. 그들이 집단생활을 계속하고 있는 것은 그 나름대로의 이유가 있다. 달리 갈 곳이나 의지할 곳을 찾지 못하는 사회적 약자로서의 「마이너리티」의 삶의 방식을 모색하고 있다고도 해석할 수 있다. 혹은, 지금까지 과학 물질이나 무기 사용에 의한 반권력 투쟁의 희망을 버리지 못하고 테러의 기회를 탐색하고 있을 가능성도 있다.

실제로, 경찰청 등은 동 집단을 계속해서 감시 대상으로 지정하고 있다. 여기에서 주의할 점은 그들은 세포분열을 반복하듯이 분파하면서 「마이너리티」를 계속해서 유지하고 있을 뿐 아니라, 「마이너리티」임에도 불구하고 테러와 폭력에 의한 강자로서의 사회적 다수자의 폭력적 지배를 지향해 왔던 사실이 있다. 여기에서 필자가 앞서 지적한 신종교의 「마이너리티 패러독스」의 전형적인 예를 확인할 수 있다.

이러한 패러독스는 분명 반윤리적이고 위법적인 폭력적 행위에 의해서 발생되어 왔다는 사실에 대해서는 더 이상 말이 필요없을 것이다. 사회적 다수파·메이저리티나 국가권력에 의해서 배제되어 박해를 당해 왔다고 생각한 「마이너리티」 교단은 지하철 사린사건 등의 일련의 사건을 일으켜, 비열한 수단으로 종교적 문맥에서 정치적 레벨까지도 사회의 다수파·메이저리티로의 전환을 시도했다고 말할 수 있을 것이다.12)

 「여호와의 증인」과 「마이너리티의 패러독스」

「여호와의 증인」은 19세기 중반에 미국에서 창설된 종교단체이다.13) 그들은 자신을 신으로부터 선택받은 특별한 존재라고 주장하며, 일본에서도 적극적인 포교활동을 전개해 왔다. 그러나 그들은 삼위일체설을 부정한다는 등의 이유에서 기독교의 여러 종파로부터 이단시당해, 일본 종교자의 소수파 기독교 신도 안에서도 가장 소수파의 「마이너리티」에 속한다(일설에 의하면 일본 신자 수는 1000여 명 정도).14) 따라서, 특정 사건이 발생하기 전까지는 대부분의 일본 국민은 그들에게

---

12) 문부과학성에 의한 최근의 조사 결과에 의하면, 일본의 종교단체의 다수파「메이저리티」는 신도계 교단이며 그 수는 8?,060,680명이다. 두 번째로 많은 종교는 불교계 신자이며, 52,170,440명. 기독교 신자는 968,066명, 그 밖의 종교 신자 수는 4,863,864명이다. 또한, 총 신자의 수는 139,063,050명이며, 총 인구보다 천만 명 이상 많다. 이것은 일본인의 종교 의식의 특이한 특징을 잘 나타내고 있다. (문부과학성 홈페이지를 참고. 또한, 위의 수치는 2015년 12월 31일 현재. 총무성 통계국 2016년도 종교 통계 조사, 2017년 1월 13일 공표).
13) 그들은 「망루의 탑(ものみの搭)」이라는 잡지를 간행하고 있다. 일본 국내에서도 그들은 특별히 선민의식이 높고 선택받은 사람으로서, 「신에게 종사하는 자로서 신이 보고 계시는 곳에서 그리스도와 함께 이야기하고 있습니다」(고린트 22장 17절) 등을 근거로 매우 엄격하게 계율을 지키고 있다.
14) 자세한 내용은 다음 문헌을 참조. 이노우에 노부타카·다케다 미치오·기타바타케 기요야스 공편(1995)『옴진리교란 무엇인가-현대사회에 묻고 있는 것-』아사히신문사. 이노우에 노부타카 외 편(2011)『정보시대의 옴진리교』슌쥬사

큰 관심을 갖지 않았다.

그런데, 1992년에 여호와의 증인 신자인 환자가 병원에서 주치의의 진단에 대해서, 구명수단으로 그 어떤 수혈도 거부한다고 표명했음에도 불구하고 의사가 수술 당시에 환자의 의사를 무시하고 수혈한 점을 들어, 자기결정권·인격권을 침해했다고 해서 신자들이 소송을 걸었다. 1985년에도 교통사고를 당한 소년이 신자 부모님에 의한 수혈 거부로 사망한 사건이 있었다. 이러한 문제들이 크게 여론을 환기시키며 논쟁을 불러일으킨 이른바 「수혈거부사건」이다. 「여호와의 증인」은 성서가 수혈을 거부하고 있다고 하는 종교적 계율을 준수하며 분쟁을 금하고 있다는 이유에서, 자식들에게 학교에서 이루어지는 무도 및 그 밖의 경기를 금지시키며 원리주의적인 생활 태도를 강요하고 있다.

그 결과, 가정, 지역, 학교, 의료기관 및 그 밖에서 여러 문제를 일으켜서 매스컴에서도 크게 보도하면서 그들의 포교활동에 대한 사회적 불안과 반발이 강해졌고, 많은 피해자와 그의 가족으로 구성된 「여호와의 증인 피해자 전국 집회」 등도 개최되게 되었다.[15]

요점을 정리하자면, 문제의 소재는 「여호와의 증인」의 원리주의적인 계율이 일본국 헌법에서 보장되고 있는 신교의 자유, 사회적인 공공질서와 미풍양속, 그리고 사회 윤리와 법적 질서 등과의 정합성에 있다. 한편, 사회적으로도 그리고 기독교 종교계에서도 예외적 소수파의 특이한 존재자 「여호와의 증인」의 사람들에게도 인격권·자기결정권이

---

15) 여호와의 증인이 「파괴적 컬트 집단」이라고 하는 비판은 많은 피해자 집단 및 연락모임, 더욱이 옴진리교의 피해자 집단과의 연계 등의 활동에서 확인되고 있다. 전 교단 간부에 의한 고발에 대해서는 다음 문헌에 자세히 기록되어 있다. 레이몬드 프렌즈(2000) 『양심의 위기 「여호와의 증인」조직 중추의 갈등』 세세라기출판, 히구치 히사시 번역. 또한 현대사회의 신종교의 특징에 대해서는 다음 문헌을 참조. 시마조노 스스무(2001) 『포스트모던의 신종교』 東京堂

있다. 따라서, 위에서 설명한 「수혈거부사건」소송에서, 최고재판소가 신자·원고 측의 주장을 인정하고 환자의 승낙없는 의사의 구명행위가 지나쳤다는 판결을 내린 것은 타당하다고 볼 수 있다.16)

다른 한편, 자기도 모르는 사이에 속아서 교단에 입신되어, 교단에 속함으로써 생기는 금전적 문제와 심신의 피해, 탈회 후의 교단으로부터의 협박 등의 폭력 행위는 역시 「마이너리티 패러독스」에 해당된다고 생각한다. 실제로, 전 신자의 정신적 고통은 장기간의 카운셀러 등의 치료를 필요로 하며 심각한 사회 문제가 되고 있다.

종교학자 시마조노 스스무에 따르면, 신신종교의 공통적인 특성은 다음의 세 가지 유형으로 분류가 가능하다. 첫째는 일반사회의 인간관계란 이질적인 관계를 구축하여 신앙공동체 내부에서 막히게 되는 「격리형」 공동체이다. 둘째는 그와 정반대에 위치하며 개개인이 좋아하는 범위의 대부분의 「개인참가형」 공동체이다. 셋째는 그 「중간형」이다. 필자는 이 구분의 타당성의 음미는 하지 않은 것이며, 이 중에서 「격리형」 종교단체의 대표적인 예가 여호와의 증인과 옴진리교라는 점에 유의하고자 한다.17) 이 유형의 교단에 속하는 신자들은 일반사회에서 격리되고 일반사회와의 접촉이 금지되어 가족과 친족, 친한 친구와의 인연을 단절할 것을 교단에 의해 강요받으며 소위 세뇌와 마인드 컨트롤에 빠질 위험성을 피하지 못한다. 그 결과 위의 반사회적 범죄를 저지르

---

16) 생명 윤리학적으로 볼 때, 일본에서는 수혈거부는 환자의 인격권에 의해 옹호되고 존중받는 경향이 있다. 그러나 본인의 의사확인이 불가능한 경우도 있는 구명구급의 상황에서는 의사의 면책, 사전 동의 기준에 있는 자기결정권을 인정하는 기준이나 최저연령, 그 기준을 충족시키지 못하는 사람의 경우, 대리 결정자의 선택, 수혈 가부의 기준 등, 미해결된 문제 역시 많다. 사카이·나카자토·후지오·모리시타 편집(2010)『신판증보·생경윤리사전』다이요출판, p.130을 참조
17) 시마조노 스스무(2001)『포스트모던의 신종교』東京堂, pp.28-34

는 온상이 됨과 동시에 그러한 범죄에 대한 사회적 제재나 비난, 그리고 지나친 편견과 차별을 갖게 되는 패러독스가 재생산되는 결과를 낳게 된다.

6 결론 : 동아시아 종교의 과제

본래, 종교는 인간의 영혼에 대한 구제와 보다 나은 삶에 대해서 고민하는 것을 목적으로 해 왔다. 신종교는 물론, 종파를 불문하고 대부분의 신자는 자선활동, 빈곤층 구제를 위한 봉사활동, 병자에 대한 치료 행위, 복지나 평화 운동 등, 사회적으로도 중요한 역할을 담당해 왔다. 실제로 현대 종교의 사회적 의의를 강조하는 연구자는 사회복지의 기원이 종교에 있으며, 「종교적 자선 → 박애 → 사회사업 → (후생사업) → 사회복지」로의 변천을 지적하고 있다.[18] 이러한 종교의 역할에서 보더라도 여러 억압이나 빈곤에 고생하는 사람들 사이에는 신종교나 신신종교에 입신하는 약자가 끊임없고, 사회적 강자나 다른 종교에 의한 억압에 따른 의지할 곳·피난처로서 마이너리티에게는 신종교의 존재 이유가 되고 있다. 마이너리티의 표현의 자유 역시 보장되지 않으면 안 된다.

하지만, 역사적으로 볼 때, 아직까지도 종교에는 본래의 역할에 반하는 성격이 있고, 종교상의 「마이너리티」가 폭력과 테러, 가족 관계의

---

[18] 小原克博·勝又悦子編(2017)『종교와 대화-다문화 공생 사회 속에서-』敎文館, p.43

파괴 등의 반사회적 행위에 따른 「마이너리티 패러독스」라고 하는 성격을 가지고 있다는 것도 부정할 수 없다. 이러한 문제들은 정치·경제·민족 간의 이해 대립과도 불가분하며, 옴진리교와 여호와의 증인 등의 신종교에 한정되지 않고, 전통종교 상호 간의 「마이너리티 패러독스」역시도 그러한 문제를 내포하고 있으며, 특히 동아시아의 종교를 고찰하는 데 있어서 무시할 수 없는 문제라고 생각한다.19)

---

19) 「젠더·마이너리티」와 관련된 힌두교의 「사티」(sati)는 21세기에 들어와서도 여전히 계속되고 있는 비인도적이며 여성 차별적인 악습이다. 기독교, 이슬람교에 이어 세계 제3위의 커다란 전통 종교의 「아내의 순교」라고 불리는 비극이 생겨난 이유에는 「메이저리티」에 의한 죽음의 강제·자기결정권·인간의 존엄에 대한 부정이 잠재되어 있다는 점에 주의할 필요가 있다. 또한, 힌두교도의 신자 수는 인도가 약 8억 명, 인도네시아 말레이시아, 싱가포르, 네팔 등에서 약 1억 명, 합계 약 9억 명이 있다고 추정도며, 일본 극내에도 소수의 신자가 존재하고 있다고 추정되고 있지만, 정확한 신자의 수는 확실히 계산되지 않고 있다.

동아시아연구총서 제4권
동아시아 종교와 마이너리티

中國에 있어서 血盆齋의 宗敎·社會的 意味
― 女性의 社會的 地位와 關聯하여 ―

송요후(宋堯厚)

 동국대학교 문과대학 대학원에서 박사학위를 받았으며 현재 동국대학교 동국역사문화연구소 연구초빙교수로 재직 중이다. 네덜란드 Leiden 대학 중국학연구소 연구원, 인천대학교 인문학연구소 연구고수, 동국대학교 대외교류연구원 연구교수를 역임했다. 중국 명·청시대 민간종교 및 현대 중국의 종교 동향에 관심을 갖고 연구하고 있다. 『중국 역사상의 긴간 종교 운동: 백련교의 실체와 그 박해』, 『혈분경(血盆經)의 기원과 사회·종교적 의미―한·중·일 삼국에서 그 전파와 변용』, 『근대동아시아 외교문서 해제: 중국편(시리즈 4·13·22)』을 비롯한 다수의 저역서와 논문이 있다.

 서론

중국에는 혈분재(血盆齋)라는 의식(儀式)[1]이 있었다. 중국인들은 지옥에 피가 담겨 있는 연못이 있고 그 안에는 사망한 기혼 여성들은 물론 아이를 낳다가 죽은 여성 또는 해산하고 1개월이나 4개월 이전에 죽은 여성들이 떨어져 고통을 받게 된다고 믿었다. 따라서 혈분재를 행하는 목적은 사망한 모친의 영혼이 혈호(血湖)[2]에 떨어지는 벌로부터 구하는 것이었다.[3]

이러한 의식을 위해 사용된 경전을 포괄적인 명칭(the generic name)으로 '혈분경(血盆經)'이라 부른다면, 그러한 의식을 행하기 위한 용도로 쓰인 것만이 아니라 운명적으로 혈호지옥에 들어가야 할 여성들의 구원을 위해 만들어진 다양한 민간 종교 경전들도 여기에 포함시킬 수 있다. 이들 경전들이나 경전에 내포되어 있는 신앙 내용들은 사회적으로 하층 계급에서만이 아니라 지식층에게도 받아들여졌으며, 지리적으로는 중국의 광범위한 지역에 걸쳐 퍼졌을 것으로 생각된다. 그것은 혈분경이 위경(僞經)이었으나 혈분재는 불교, 도교, 그리고 민간 종교들에서 행하여졌다고 하는 사실로부터 추론할 수 있다.

혈분경과 혈분재가 언제, 어디서, 그리고 왜 기원하여 아주 최근까지 유포되었는가는 매우 흥미를 일으키는 문제인데, 그것들은 여성의 사회적 지위와 관련해 고려되어야 할 측면들을 많이 내포하고 있다고 생

---

[1] 불교에서 일반적으로 혈분재라고 하며, 도교에서는 파혈호(破血湖)라고 한다.
[2] 혈호는 혈분(血盆), 혈하(血河), 그리고 혈지(血池)로도 불린다.
[3] Justus Doolittle, *Social life of the Chinesefourteen years Missionary at Fuhchau* (Milton House, Lugate Hill, 1868), pp.147-148

각되기 때문이다.

혈분경에 내포되어 있는 사상과 관련하여, 현실에서 실행되었던 의식인 혈분재는 비록 서로 밀접하게 관련되어 있다고 할지라도 상황에 따라 다양한 의미들을 갖고 있었다. 혈분경에 내포되어 있는 사상은 여성의 신체적인 특징과 관련해 일방적으로 열등함과 불결함만을 강조했던 것이라기보다는, 혈족 내에서 여성의 지위나 힘이라는 점에서 긍정적으로 볼 수 있는 양면 가치적 측면이 있었던 것이 아닌가 한다.[4]

여기에서는 우선 위경으로서 혈분경이 성립된 대체적인 시기를 논하고, 나아가 경전의 성립 시기를 근거로 이 경전의 역사적 전개 과정을 추적하였다. 이를 통하여 혈분재이 발생했다고 추정한 시기에 접근하는 자료를 찾고자 하였다. 그리고 그 경전이 전승되어 간 모습을 다양한 문헌들을 통해 확인하고 가능한 한 현재와의 접속점을 찾고자 하였다.

그 경전 및 의식과 관련된 내용은 대장경(大藏經)이나 도장(道藏), 보권 류의 종교 경전들에 나타나기도 하지만, 희곡, 소설 그리고 민간 가요 등의 문학 작품은 물론 선강서(宣講書)와 같은 교화용 서적, 선교사들의 견문 기록이나 유학자들의 당시 풍속에 관한 비판적인 언설, 민국(民國) 시기 지식인의 회고담 등에서 보이고 있다. 아주 다양한 문헌들에서 그 경전이나 의식이 존재했음을 확인할 수 있다. 이러한 기록들을

---

[4] 양면 가치적 측면이라는 것은, Grant and Idema, *Escape from Blood Pond Hell: The Tales of Mulian and Woman Huang*(Seattle and London: University of Washington Press, 2011), p.34에 의거하면, 혈분경과 관련된 경전들의 내용에는 교훈적인 의도가 들어 있으면서도 그 이야기에는 긴장, 모순, 역설들로 채워져 있다는 것이다. 이것은 앞으로 논하여질 것이지만, 중국의 민간 종교들은 유교, 불교, 도교 등의 다양한 사상과 관념들을 혼합하여 무언가 새로운 것을 만들어내고자 시도하고 있다는 것을 염두에 둘 때 이해가 가능하다. 예를 들면, 불교적인 구원과 효, 은혜를 베풀었지만 죄 많은 모친에 대한 자녀들의 사랑, 여성들의 생래적인 불결과 여성의 종교적인 힘, 현세에서의 쾌락과 내세에서의 고통 등이 그러한 것이다.

통해 보면, 이 의식은 종교적으로 여성을 구원하기 위한 추선(追善)의 법사(法事)로서, 종교적 기능 외에도 향촌 민중의 오락 등, 다양한 사회적 기능을 하였음을 알 수 있다.

특히, 종교 경전이나 문학 작품들에 나타나는 혈분경이나 혈분재는 유학자들의 언설-일반적으로 종교적 구원 문제를 도외시하고, 비합리적이라든가 승려나 도사들의 금전적 탐욕에서 나온 것이라는 부정적인 시각이 깔려 있다-과는 달리, 여성 사후에 있어서 영적 구원의 완성 문제와 관련되어 있음을 보이고 있다. 따라서 혈분경과 그와 관련된 의식은 다양한 매체들을 통하여 광범위한 지역에서 중국인들의 내면에 깊이 스며들어 갔을 것으로 생각된다.

필자는 현지조사를 통하여, 중국에서 혈분재(파혈호)가 1949년 중화인민 공화국의 성립 이후, 정치적 상황의 변화로 봉건적이고 미신적이라고 탄압받으면서도 살아남아, 현재의 사회·경제적 상황에 맞게 변용을 겪으면서 매우 왕성하게 행하여지고 있음을 확인하였다. 향촌과 도시 내에서 지역에 따라, 또한 의식 집행자가 승려인가, 도사인가, 또는 비교적 최근에 새롭게 나타난 종교 집단으로 여겨지는 석교도사(釋敎道士)[5]인지에 따라, 다양하게 변형된 모습으로 의식 절차가 행하여지고 있었다. 그들은 활력이 넘치고 매우 분주한 나날을 보내고 있었으며 그들 간에는 나름의 네트워크가 형성되어 있었다.

---

[5] 파혈호 의식을 행하는 석교도사는 도교의 도사나 불교의 화상(和尙)들은 물론 일반 민간인들에게서도 별개의 집단으로 인식되고 있다. 그리고 자신들도 스스로를 석교도사라 불렀다. 그들의 신분증을 보면 불교 협회 소속으로 되어 있지만, "석교(釋敎)를 한다."고 해서 자신들을 불교와 구분짓고 스스로를 도사라고 하였다. 석교는 양쯔강 하류 지역에서 존재하는 지방적인 종교라 하겠다. 그들의 세력 범위는 매우 작지만 그들 나름의 문화는 부인할 수 없다는 것을 정규 도사나 화상들은 인정하고 있다. 중국의 현실 종교 상황을 이해하기 위해 연구할 만한 가치가 있는 집단으로 생각된다.

이 의식이 오늘날까지 오랜 기간에 걸쳐 광범위하게 행하여져 온 데에는 분명히 이러한 의식의 지속을 가능하도록 하였던 어떤 메카니즘이 있었을 것으로 생각된다. 그것은, 앞에서 언급한 것처럼, 이 경전이 성립될 무렵의 사회·경제·종교 및 사상에 있어서의 변동과 밀접하게 관련되어 있을 것이다. 그리고 그 종교 의식은 종족 제도가 성립되고 확산·정착되면서 가족과 종족 질서 내에서 여성의 사회적 지위와 긴밀하게 얽혀 있었다고 생각된다.

불교와 도교 및 민간 종교 속에 그려진 전체 지옥의 체계에서, 여성이 사망한 뒤에 떨어져 고통을 당한다는 혈호지옥은 통상적인 지옥에서 벗어난 특이한 위치를 차지하고 있다. 이들 종교 경전들에서는 여성들의 사후의 영적 구원이 남성들의 그것과는 다르게 인식되고 있었고, 따라서 승려, 도사나 민간 종교 집례자들의 언설도 그 영향 아래에 있었다.

종족 제도하에서 종족 집단의 귀속성을 유지하고 위신을 높이고 협동 기능을 수행하기 위한 수단으로 편찬[6]된 족보들에는 여성과 관련된 내용들이 많이 보인다. 그것들은 대부분이 여성에 대한 통제에 관한 것이어서, 여성들의 독립성이 말살되고 남성에의 종속성이 강조되고 있던 사회적 상황을 잘 말해 주고 있다. 이러한 것은 사후(死後)의 영혼의 구원에 있어서 남성 가족원들에의 의존성을 보여 주고 있는 혈분경과의 연관성을 생각하게 한다. 따라서 지금도 중국에서 널리 행해지고 있는 이 의식은 오늘날조차도 완전히 소멸되었다고 볼 수 없는 전통 시대의 종교 및 사상과 사회 영역에 존재하고 있던, 여성에 대한 인식과

---

[6] 로이드 이스트만 지음, 이승휘 옮김(2006)『중국 사회의 지속과 변화-중국 사회경제사 1550-1949』돌베개, p.39

깊은 관련이 있음에 틀림없다. 다만, 오늘날의 상황과 관련하여 변형된 형태로 나타나고 있는 것에 불과하다고 생각한다.

혈분경이나 혈분재는 우리나라에서는 다소 생소한 민간 종교 현상이지만, 여기에는 유교, 불교 및 도교와도 다른 중국 민중들의 세계관, 구원론, 윤리 및 도덕 관념 등이 내재되어 있으며, 시기 시기마다의 정치·경제·사회적인 상황과 깊이 관련되어 전개되어 나왔다. 어떻게 보면, 이러한 종교적 현상은 피상적으로 드러나 보이는 전족(纏足)과도 같은 사회적 의미를 갖고 있었음에도 불구하고, 중국의 혈분경에 관해서는 그다지 관심이 쏠리지 않았다.

혈분경과 혈분재(파혈호)는 중국 전통 시대에 있어서 여성의 사회적 지위가 다양한 측면에서 규정되고 구조적으로 그것이 상당 기간에 걸쳐 유지되어 왔었다는 것을 확인해 주는 아주 좋은 실마리가 될 수 있을 것이다. 또한, 지금도 중국에서 변용된 형태로 수행되고 있는 혈분재는, 우리가 그 현대적 의미를 짚어보는 데에서 더 나아가, 중국에서의 민간 종교의 상황도 살펴볼 수 있는 하나의 창(窓)이 될 수 있을 것이다.

 혈분경의 기원과 성립

1) 혈분(血盆)의 의미, 혈분 사상과 혈분경의 성립

다케미 모모코(武見李子)는 일본에서 나타난 다양한 종류의 혈분경을 논하는 과정에서, 이 경전은 피로 인한 오염 때문에 지옥에 떨어진 여성들의 구원을 위한 방법을 가르치고 있으며 명대 이래로 중국에서 널리 유포되었던 것 같다고 하였다.7) 이 분야의 유명한 전문가인 미셀 스와미에(Michel Soymié)도 다치미씨와 일치된 견해를 보이고 있다.8)

원래 혈분은 출산 때 사용되는 큰 대야(盆)을 가리키며 그 때문에 "임산(臨産)"이라고 하는 것 대신에 "임분(臨盆)"이라든가 "상분(上盆)"이라고 하는 동의어가 사용되고 있다.9) 이것이 언제부터 일반 사람들에게 널리 사용되었는가는 알 수 없지만, 둔황(敦煌) 변문(變文) 자료들 중 「대목건련명간구모변문병도일권병서(大目乾連冥間救母變文幷圖一卷幷序)」에,

> 목련(目連)이 부처의 위력을 받아, 몸을 구부리고 아래를 향하여 마치 바람을 가르고 날아가는 화살과 같이 순식간에 아비(阿鼻) 지옥에 이르렀다. 공중에서 그는 50명의 소의 머리와 말의 머리를 한 지옥의 옥졸들을 만났다. 그들은 나찰(羅刹)과 야차(夜叉)로 이빨은 검수(劍樹) 같고, 입은 혈분(血盆) 같으며, 목소리는 천둥소리 같으며, 눈은 번쩍이는 번개와 같았다.10)

고 하였다. "이 고사는 서진(西晉) 때 월지(月氏)에서 온 삼장(三藏) 축법호(竺法護)가 번역한 『불설우란분경(佛說盂蘭盆經)』에 부연을 더한

---

7) Takemi Momoko, "'Menstruation Sutra' Belief in Japan," *Japanese Journal of Religious Studies* 10/2-3(1983), p.229.
8) M・スワミエ「血盆經の資料的硏究」Michel Soymié 編修, 『道敎硏究』第1冊(昭森社, 1965), p.110.
9) 위의 논문, p.128. 『주례(周禮)』지관(地官)・우인(牛人)에는 고대 제사에서 동물 등을 죽일 때에 사용되었던 혈분 즉, 피를 받아내는 대야(盆)의 의미가 있었음을 보여 주고 있다. 그 후에 혈분은 다수 등이 크게 입을 벌리고 있는 것을 형용하는 데 많이 쓰였다고 한다(『漢語大詞典』제8권, 漢語大詞典出版社, p.1343).
10) 潘重規 編著(1994) 『敦煌變文集新書』 文津出版社, p.701

것을 근거로 하고 있다. 그 내용, 문구 및 구조가 완전히 서로 같은 것이 모두 9권이 있다. 매 권마다의 뒷면에 기록되어 있는 대운사(大雲寺), 삼계사(三界寺)의 승니의 이름의 수가 누천백(累千百)이나 되어 그 전하여지고 읽혀짐이 광대했음을 알 수 있다."11)라고 한 것으로 봐서 혈분이라는 것이 당시에 일반적으로 통용 및 이해되고 있었다는 것을 알 수 있다. 둔황에서 출토된 변문이라는 이름의 통속 문학 작품은 속강(俗講) 때 법사(法師)가 저본12)으로 사용했던 것이므로 이러한 것을 더욱 짐작할 수 있다.

여기에서 더 나아가, 혈분이라는 말이 혈분경의 간칭으로도 널리 사용되었는데, 혈분경이 언제부터 나타났는가에 대해서, 일본에서 1734년(享保19)에 쓰여진 『고칸메이소로쿠(孝感冥祥錄)』의 주문(注文)에,

> 세상에 두찬(杜撰)의 「여인혈분경(女人血盆經)」이 있다. 누구의 망령된 작품인가? 글의 뜻이 속되고 천박해서 사용하기에 족하지 않다. 또한 당(唐) 건양(建陽)의 서림(書林) 범(范) 씨의 판본(板本)으로, 『대승법보제품경주(大乘法寶諸品經呪)』라는 이름의 2책(二策. 이것은 二冊의 잘못인가?: 필자 주)이 있다. 그 말권에 「목련정교혈분경(目連正教血盆經)」이라고 이름하는 작은 종이의 경전을 싣고 있다. 곧 세상에 유포되어 있는 본(本)에 비하면 글의 뜻이 조금 고상함에 근접한다고 해도, 이것 역시

---

11) 위의 책, p.716
12) 邵紅(1970) 『敦煌石室講經文硏究』國立臺灣大學文史叢刊, p.8. 사오훙(邵紅) 씨는, "당대(唐代)에 '속강'이 크게 일어났다. 속강은 불경을 통속적으로 강의하듯이 쉽게 풀어서 이야기한 것으로, 불교 승려가 교의가 사회 각 계층에 널리 깊이 파고 들어가도록 하기 위해서 정식으로 경전을 쉽게 설명하는 것 외에, 반드시 내용이 재미 있는 경전을 가려 취해 경의를 간명하며 이해하기 쉽게 설창(說唱)하기도 하고 서술하기도 하는 방식으로 하층 계급의 평신도들에게 전달하였다. 시대의 요구에 의해 나타난 속강은 이미 광대한 민중을 위해 마련된 것에 그 필연적인 특색이 있다."라고 하고 있다.(邵紅, 위의 책, p.1)

위조(僞造)의 경전이다. 원래『대장경록(大藏經錄)』에도 실려 있지 않다. 그러나 이조(異朝)에서도 오래 행해진 것으로 보인다.『제경일송(諸經日誦)』이라고 하는 당(唐)의 척에도, 역시 이 경을 싣고 있다. 또한『지장본원경(地藏本願經)』에서 이야기하고 있는 음혈지옥(飮血地獄)이 이것이다.13)

라고 나와 있다. 위 인용문에 나와 있는『대승법보제품경주』,『제경일송』, 그리고「목련정교혈분경」은 현재 어떤 경전인지 확실하지 않다. 만약 이들 경전들이 당대(唐代)에 즈성(智昇)의『개원석교록(開元釋敎錄)』이 나오기 이전에 유행했다던, 이 경전은 즈성에 의해『개원석교록』에서 언급되었을 것이다. 따라서, 당대라고 할지라도 730년 이후에 유행했던 것으로 추정되는데, M. 스와미에 씨도 지적하고 있지만, 둔황 유서(遺書) - 변문, 강졷문(講經文), 불경 - 에서 혈분경은 나오지 않고 있다.

인용문에 나오는 '당'이라는 용어는,『고칸메이소로쿠』의 주문을 쓸 당시 일본인들이 중국을 가리켜 부르던 이름이었으므로, 중국에서 오래 유행했다고 하는 것은, 명 이전에도 널리 행하여졌음을 말해 주는 것이다.14) 다만, 여기에서 말하는『제경일송』이 명판(明版)『가홍대장

---

13)『織田佛敎大辭典』(大藏出版社, 1966), p.403上
14) M. 스와미에씨에 따르면,『諸橋大漢和辭典』및 中國版 話本選 上冊(北京, 人民出版社, 1959, p.269 註36. 僞作의『中國歷代短篇小說選』中冊, 香港, 上海書局, 1960, p.426 註36은 같다)에『고칸메이소르쿠』의 주문과 거의 같은 주를 단 것이 나오고 있다. 필자가 조사한 바에 의하면,『漢語大詞典』제8권(漢語大詞典出版社, 2006), p.1343와『辭源』(商務印書館, 1987), p.1520에서도, "『대장경』에 실려 있지 않으나, 당 건양의 서림 범씨의 판본『대승법보제품경주』와『제경일송』에 실려 있다."라고 하는데, 이러한 설명들은『고칸메이소르쿠』의 주문의 일부만을 옮겨 놓은 것에 불과하여, 마치 실제의 '당조(唐朝)'에서 출현한 것이라는 오해를 일으킬 수 있다.

경(嘉興大藏經)』권44에 실려 있는『제경일송』과 같은 것이 아닌가 한다.『가흥대장경』은 강남 지역에서 1589년에 목판 대장경의 판각 사업이 시작되어 늦어도 1722년에 완성되었기 때문에,『고칸메이소로쿠』가 쓰여진 때와 시기적으로 잘 맞기 때문이다.

M. 스와미에 씨가 제시한 '혈분 사상'이라는 개념은 혈분경의 유래나 그 전개를 추적하는 데 큰 도움이 될 것으로 생각한다. 그는 1194년(南宋 紹熙 甲寅; 紹熙5)의 서문이 있는『여여거사삼교대전어록(如如居士三教大全語錄)』에「고첩문(誥牒門)」참혈분첩(懺血盆牒)이라는 항목이 있다는 사실에 관심을 기울였는데, 그 내용은 다음과 같다.[15]

> 어머니의 고통에 보답하기는 어렵다. 태어난 후 3년 동안 그녀의 깊은 은혜를 입었다. 부처의 법륜(法輪)은 확대되었다. 어머니 모(某) 씨가 천 번이나 태어나고 죽는 불행이 소멸되고 열 가지의 악한 죄가 없어지며, 혈분이 연분(蓮盆)으로, 업해(業海)가 법해(法海)로 변화되며, 그리고 이 세상에서 해로운 별(灾星)은 복성(福星)으로 변하며, 저 세상에서, 세속적인 도(人道)로부터 불도(佛道)로 돌아간다.

그는 이것에 근거하여, 현재로서는 불교의 혈분경이나 그 사상이

---

[15]『重刊增廣如如居士三教大全語錄』卷之下「誥牒門」懺血盆牒. 이 책은 목판본이며 목차의 끝 부분에 '洪武丙寅孟春翠巖精舍新刊'이라는 글이 각인되어 있다. '洪武丙寅'은 1386년(洪武19)에 해당한다. 원문은 한국종교 편집부,「[原文]『如如居士三教大全語錄』(영인본)」, 원광대학교 종교문제연구소,『한국종교』제26집 부록(2002. 12), pp.247-310을 참조하라. 목록의 앞 부분에 "이 글은 如如 顔公 居士가 지은 것이다."라고 있다. 양은용,「[解題]顔丙文集『如如居士三教大全語錄』과 三教一理論」, 원광대학교 종교문제연구소,『한국종교』제26집(2002.12), pp.235-240에서 거사 안공이 중국 송대(宋代)의 인물인 옌빙(顔丙, ?~?)이라 하고 그 인물에 대해 간략히 소개하고 구체적인 행장 등에 대해서는 연구가 필요함을 말하고 있다. 許興植,「三教語錄의 서지와 藏書閣本의 중요성」,『장서각』제13집(2005)에는『如如居士三教大全語錄』에 대한 서지와 옌빙에 대해 좀 더 자세한 설명이 제시되어 있다.

1194년까지 거슬러 올라간다고 결론을 짓고16), 위의 내용을 볼 때, 혈분경은 목련존자(目連尊者), 지옥, 모친에의 보은 등을 논하는 우란분경(盂蘭盆經)을 생각나게 한다고 하고 있다.17)

그러한 요소들의 일단은 둔황 문서들을 통해서도 살펴볼 수 있다. 『우란분경강경문(盂蘭盆經講經文)』에는,

> 옛 『부모은중경(父母恩重經)』에 이르기를, 부모에게는 열 가지 은혜가 있다. 첫째는 임신하고 지켜준 은혜, 둘째는 고통을 받고 출산한 은혜, 셋째는 자녀를 낳고 시름을 다 잊어버린 은혜, 네째는 (자녀를 위해 : 필자 주) 쓴 것은 삼키고 단 것은 뱉어 준 은혜, 다섯째는 자녀에게 마른자리를 내주고 자신은 진자리를 잡은 은혜, 여섯째는 젖을 먹이고 양육한 은혜, 일곱째는 깨끗하지 않은 것을 세탁해 준 은혜, ……18)

라고 하고 여기에서 특히, 두 번째 은혜에 대해 "자녀를 낳으며 고통을 받을 때에 목숨이 가느다란 실과 같다. 붉은 피가 큰 비 퍼붓듯이 나온다. 혼백이 흩어지고, ……"19)라고 부연해서 설명하고 있다. 『부모은중경강경문(父母恩重經講經文)』에도, "달이 차서 자녀를 낳을 때 갖은 고통을 당함이 돼지와 양을 죽임과 같아 피가 흘러 땅에 두루 뿌려진다.20)"라고 하고, 역시 둔황에서 출토된 불교 가곡(歌曲)인 『십은덕(十恩

---

16) M·スワミエ, 「血盆經の資料的研究」 앞의 논문, pp.132-133
17) 위의 논문, p.128
18) 『盂蘭盆經講經文』(潘重規, 『敦煌變文集新書』 앞의 책, pp.490-491).
19) 위와 같은 주.
20) 『父母恩重經講經文(一)』(위의 책, p 454);『父母恩重經講經文(二)』(위의 책, p.483). 여기에서 『父母恩重經講經文(一)』은 프랑스 국립 도서관 소장의 白字二四一八號 本을, 『父母恩重經講經文(二)』는 北京圖書館 所藏의 河字十二號本을 말한다. 위의 인용문은 강경문에서 『부모은중경』의 경문을 인용한 것이다. 샤오훙은 이 경전이 아주 널리 통용되었을 것이라고 한다. 이 경전은 현재 발견되지 않아 위의 강경

德)」에는, "(열 가지 은덕 가운데) 둘째는 임산애은(臨産愛恩)이다. 오늘 너희에게 이야기하는데, 모친의 내장을 칼로 자르는 것 같으니 얼마나 고통스럽겠는가. 칼로 베어내는 것 같고 피가 대야(盆)에 가득 찬다."[21]

이들 둔황에서 발견된 강경문이나 경전 및 불교 가곡은 당, 오대, 송 초에 걸쳐 나온 것들로, 보낭은(報娘恩)의 사상[22]을 잘 보여 주고 있다. 이들 문헌들은 여인들이 출산 때에 많은 출혈과 함께 고통을 당한다는 것과 관련해 모친에 대한 자녀들의 효를 강조하고 있는데 이 사상이 혈분경에 계승되어 나타나고 있다.

『불설대장정교혈분경(佛說大藏正敎血盆經)』에는 출산 때에 여성의 출혈과 관련해서 다음과 같은 이야기가 나온다.

옛날에 어느 때인가, 목련존자가 우주 추양현(羽州 追陽縣)을 지날 때, 너비가 84,000유순(由旬)[23]이나 되는 혈분지(血盆池) 지옥을 보았다. 연못 안에는, 120개나 되는 철제 들보와 기둥, 죄인의 목에 씌우는 철로 만든 칼과 발에 채우는 쇠사슬들이 있었다. 그는 인간 세계(南閻浮提; 특히 이 용어는 중국을 가리킨다고 함)의 많은 여성들이 산발을 하고 목과 손에는 칼과 수갑을 차고 지옥에서 고통을 당하고 있었다. 죄인에 대한 벌을 담당한 귀왕(鬼王)은 하루에 세 번 핏물을 죄인들에게 마시도록 한다. 이때 죄인이 그에게 복종해 마시고자 하지 않으면, 옥주(獄主)가 철봉으로 때려

문을 통해 그 내용을 알 수 있을 따름이다(邵紅,『敦煌石室講經文硏究』앞의 책, pp.102-105). 즈성은『개원석교록』권18 小乘經 單譯 別錄 僞妄亂眞錄第七에 '父母恩重經一卷'이라 기록해 놓았다.
21) 邵紅, 위의 책, p.102. '애(愛)' 자의 위나 아래에 한 글자가 빠진 것이 아닌가 한다 (위의 책, p.107 주4).
22) 澤田瑞穗(1968)『地獄變』法藏館, p.38.
23) 고대 인도의 이수(里數)의 단위이다. 산스크리트 어 Yojana의 음역. 유선나(瑜繕那). 유순나(由旬那). 유암나(瑜闍那). 유연(由延)이라고도 한다. 소달구지가 하루에 갈 수 있는 거리로, 대유순(大由旬)·중유순(中由旬)·소유순(小由旬)의 세 가지가 있다. 대유순은 80리, 중유순은 60리, 소유순은 40리이다.

비명을 지르게 한다.

목련이 슬퍼하며 옥주(獄主)에게 물었다.

"인간 세계의 남자들은 여기에서 고통을 당하고 있는 것을 못 보았다. (왜) 다만 많은 여인들만이 이러한 고통을 당하는 것을 보는가?"

옥주가 목련에게 대답하였다.

"남자와는 관계없는 일이다. 여인들은 매달 월경을 하고 출산으로 피를 흘리는데, 이 피가 땅에 스며들어 지신(地神)을 모독한다. 또한 피로 더럽혀진 옷을 냇물에 세탁함으로써 물이 더럽혀지고, 아무 것도 모르는 착한 남녀들(善男女)이 물을 떠다가 차를 끓여 여러 신들(諸聖)께 그것을 바침으로써 그들로 하여금 부정(不淨)하게 하였다. 하늘의 대장군(大將軍)이 이것을 적고 그의 공죄(功罪) 장부에 표시해 두는데, 백 년 뒤 그들이 죽은 후, 이 고통스런 응보를 받는다."

목련은 슬퍼하며 옥주에게 물었다.

"장차 어떻게 하면, 모친께서 나를 낳아준 은혜에 보답하여 혈분지 지옥을 벗어나게 할 수 있는가?"

옥주는 목련에게 답하기를,

"다만 효순(孝順) 남녀가 도도록 조심하고, 삼보(三寶; 佛·法·僧)를 공경하며 나아가 모친을 위해 3년간 혈분재를 지내고, 또한 성대한 혈분승회(血盆勝會)를 열어 승려를 초청해 하루 종일 이 경전을 읽도록 할 뿐만 아니라 참회(懺悔) 의식을 연다. 그러면, 모친들을 태워 내하(奈河)를 건네 줄 반야선(般若船)이 있을 것이며, 그들은 혈분지(血盆池) 가운데 다섯 송이의 연꽃이 나타난 것을 볼 것이다. 죄인들은 기뻐하고 다음 깊이 뉘우쳐, 불국토에 환생할 수 있을 것이다."

여러 대보살(大菩薩)과 목련존자는 알려 권하기를,

"인간 세계의 신앙이 있는 남녀는 빨리 깨달아 수양을 하여 크게 공명을 이루며 실수하여 영원히(萬劫) 회복하기 어려움이 없도록 하라."

부처께서 여인들에게 말하기를,

"혈분경을 믿는 마음으로 필사하여 몸에 지닌다면, 전세와 현세와 내세(三世; 三界)의 모친들을 전부 하늘에서 환생할 수 있게 할 것이다. 그곳에서 그들은 쾌락과 의복과 음식을 저절로 받고 장수를 누리며 부귀하여질 것이다."
　　이때 천룡팔부(天龍八部)24), 인간과 천계(天界)와 명계(冥界)의 중생(非人)25)이 모두 크게 기뻐하며, 봉행할 것을 믿음으로 받아들이고, 경례하고 물러났다.26)

여기에서 혈분지 지옥은 남성들과는 무관하며 여성들만이 떨어진다는 것이다. 그 이유는 월경과 출산 중에 피를 흘린 것이 하늘과 땅의 신을 더럽힘으로 불경죄를 범하고 또한 그 의류를 세탁하는 과정에서 물을 더럽히고 착한 남녀들이 그 물로 차를 끓여 여러 신들(諸聖)께 바치도록 함으로써 부정을 초래했다는 것이다. 이러한 이유 때문에 죽은 후에 혈분 지옥에 떨어져 하루에 세 번 핏물을 강제로 마셔야 하는 고통으로써 보응을 받는다는 것이다.
　위 인용문에서 혈분경을 구성하는 중요한 요소들을 들면 다음과 같

---

24) 팔부중, 천룡팔부중이라고도 부른다. 불교에서 불법을 수호하는 여덟 수호신이다. 제천(諸天), 용(龍)으로부터 귀신(鬼神)까지 팔부(八部)로 나눈다. 팔부 가운데서 천과 용의 두 개의 부를 가장 앞에 두기 때문에 천룡팔부라고 이른다(『漢語大詞典』 第2卷 下冊, pp.1448-1449).
25) 중생(非人) : 인간에 대응해서 말하는 천계와 명계의 중생(衆生)으로, 천룡팔부 및 야차(夜叉) 같은 부류를 말한다. 『法華經·提婆品』: "天龍八部, 人與非人."(『漢語大詞典』 第11卷 下冊, p.779)
26) 『佛說大藏正敎血盆經』, 『新纂大日本續藏經』 第一卷(東京: 國書刊行會, 昭和55年), p.414; 『卍續藏經』 第87冊 中國撰述大乘釋論部(新文豊出版社, 民國65年), p.921. 이 두 원전에 실린 『佛說大藏正敎血盆經』의 내용은 물론 주석의 내용도 똑 같다. 원문의 주(註)에는 『佛說大藏正敎血盆經』의 내용에 판본에 따라 약간의 이동(異同)이 있다는 것을 보여 주고 있다. 그에 관해서는 위에 제시한 두 문헌을 참조하기 바란다. 澤田瑞穗, 『地獄變』 앞의 책, pp.38-39에 따르면, 이 경전은 속경전(俗經典)의 일종으로 『大日本續藏經』 第1輯에 실려 있는데, 논의의 여지도 없이 명백한 중국제(中國製)라고 하고 있다. 이 경전의 각본(刻本)으로 사와다(澤田) 씨가 보았던 가장 오래된 것은 1437년(明 正統2)에 신관복보(信官福寶: 內廷의 宦官?)가 중간인시(重刊印施)했다고 간기(刊記)가 있는 『佛說大藏正敎血盆經』이라고 하고 있다.

다. ① 모친이 온갖 고통을 통해 많은 피를 흘리며 자녀를 낳았다는 것, ② 이 과정에서 땅과 물을 더럽혀서 신(神)들의 노를 일으켜 죄를 얻었다는 것, ③ 그 결과 죽어서 혈분 지옥에 떨어져 온갖 고통을 받는 다는 것, ④ 자녀들이 모친의 은혜를 생각해 모친이 혈분 지옥에서 빠져 나와 극락에서 다시 태어날 수 있도록 하는 방법이 제시 되고 있다는 것, 그리고 또 하나 중요한 점은 이 경전이 의식용의 주문(呪文)과 같이 사용되었다는 것 등이다. 위의 네 가지 요소들은 위에 제시된 『불설대장정교혈분경』에서 보는 바와 같이 서로 잘 얽혀서 완벽한 설화를 만들어내고 있다. 이러한 요소들은 혈분 사상이 형성되기 전부터 민간 종교나 문화를 구성하는 상징들로서 떠돌아다니다가 다양한 내용들을 가진 그렇지만 유사한 줄거리를 갖춘 설화들로 나타나게 되었을 것이다.

　M. 스와미에와 사와다 미즈호(澤田瑞穗)는 불교 계통의 '혈분경(血盆經)'과 도교 계통의 '혈호경(血湖經)'을 구분하고 있다. M. 스와미에는 도교의 혈호경이 불교의 혈분경을 모방했을 것이라는 입장에 의거해 도교의 경문(經文) 작성 연대를 추정하고 있다. 『영보영교제도금서(靈寶領敎濟度金書)』 권115～117 「과의입성품(科儀立成品)」에는 혈호도장(血湖道場)에서 읽는 표문(表文)이 실려 있다. 그 일부를 보면, "경전에 이르기를, 대철위산(大鐵圍山) 협석 지옥(硤石地獄)의 북쪽 끝에 또 하나의 지옥이 있는데, 피를 모아 호수를 이루어, 혈호라고 한다. 세간의 부녀가 출산으로 인해 죽으던 혼은 그 가운데 떨어진다."라고 한다. 이 책에는 닝취엔전(甯全眞, 1101～1181)이 전수(傳授)하고, 린링전(林靈眞, 1239～1302)이 편집한 것으로 나와 있는데, M. 스와미에는 그 작성 연대를 늦게 봐서 후자의 때로 하면 안전할 것이라 하고 있다. 사와다도 이 책이 대략 남송 말에는 성립하였고 그 무렵에는 이미 도가

의 혈호도장, 즉 아이를 낳다 죽은 부녀에 대한 추선(追善)의 법사(法事)가 완성되어 있었다고 보고 있다.27)

또한, 스와미에는 혈분 사상의 특징으로 월경, 출산, 유산(이것은 혈호경에만 있다고 함)의 오혈(汚血)을 포함시키고 있다. 도교의 감응편(感應篇)에 "손자타태(損子墮胎)28)"의 죄가 나오는데, 이에 상응하는 출혈과 신에의 불경으로 인한 혈분 지옥이 나오지 않는 것은 아직 혈분사상이 나타나지 않은 때문이라고 한다. 감응편이 남송 초인 1137년에 만들어진 책인 점과 관련하여, 혈분사상은 1137년 무렵까지 없었다고 하는 절대적인 증거는 아니라 하더라도 그러한 것을 시사하는 한 자료라고는 할 수 있을 것으로 주장하고 있다.29)

앞에서 인용한 『고칸메이소로쿠』의 주문에서, "『지장본원경』에서 이야기하고 있는 음혈 지옥이 이것이다."라고 하여 혈분경 출현이 『지장

---

27) 前川亨「血湖儀典小考─その原初形態ならびに全眞教龍門派との關連─」, 村山吉廣教授古稀記念中國古典學論集刊行會編 『村山吉廣教授古稀記念中國古典學論集』(汲古書院, 平成12年), pp.788-789에서, "이 1302년이라는 연대도 아마도 안전하지는 않다. 권두에 있는 「영보영교제도금서사교록(靈寶領教濟度金書嗣教錄)」(門人 林天任의 撰)에 의하면, 린링전이 선집(選集)한 것은 겨우 '제도지서(濟度之書) 10권, 부장오지(附章奧旨) 2권'으로 합하여 12권에 불과해, 현행의 321권과의 차이가 너무나도 크다. 이것은 린링전의 편집 이후 다량의 문장이 속속 그곳에 중첩된 것을 의미한다. 린링전의 편집 이후 부가한 쪽이 압도적으로 많은 것은 대략 확실하기 때문에, 현행본은 린링전의 편집본과는 다른 저작으로 여기는 것이 타당할지도 모른다. 그런데 어떤 것이 린링전 이후에 부가된 것인가를 분별하는 것은 매우 어려운데, 당면한 혈호 의전(儀典)의 부분에 관해서도 그것이 린링전의 편집 이후에 부가되었을 가능성은 상당히 높다고 하지 않을 수 없다. 그 제작 연대가 명 초까지 내려갈 수도 있을 것 같다."라고 하고 있다.
28) 자녀를 상하게 하여 낙태하다. 즉, 인공 유산하다.
29) M·스와미에 「血盆經の資料的研究」, 앞의 논문, pp.132-135. 사와다 미즈호는 불교 계통의 혈분경과 도교 계통의 혈호경의 선후는 아주 미묘한 문제인데 모두 자녀를 낳다 죽은 부녀의 공양이라는 실제적 필요에서 발생한 법사이기 때문에 그다지 큰 격차는 없었을 것이고, 따라서 연대가 불명한 『불설혈분경(佛說血盆經)』도 도가의 혈호 도장(道場)을 실마리로 해서 그 연대를 추정할 수 있을지도 모른다고 하고 있다(澤田瑞穗 『地獄變』앞의 책, p.40).

본원경』에 나오는 음혈 지옥의 영향을 받았음을 시사하고 있다. 이렇게 혈분경을 음혈 지옥과 깊은 관련을 갖게 한『지장본원경』은 10세기 초에, 늦어도 중국 오대(五代) 후진(後晋, 936~946)의 천복(天福, 936~943) 무렵에 비로소 세상에 나왔다.30) 이러한 가설에 입각할 경우 적어도 혈분사상은 대체로 936년 전후로부터 앞에서도 인용된『여여거사삼교대전어록』고첩문의 서문이 작성된 연대인 1194년(南宋 紹熙5)의 사이에 형성되어 나온 것이 아닌가 한다. 그리고, 이 시기 동안에 포괄적인 의미의『혈분경』들이 만들어졌던 것으로 생각된다. 이 경전은 불교의 정통 경전을 바탕으로 한 위경(僞經)이며, 이것이 이후 언제인지는 정확히 할 수는 없지만, 일본에 전해져 유행하였고, 이를 모방하여 중국과는 다르게『여인혈분경』이라는 이름 등으로, 새로운 내용들이 첨가되면서 일본 나름대로의 혈분경이 전개되어 간 것으로 보인다.

왜 이 당시에 이러한 경전이 제작되고 널리 유행하게 되었던 것인가?

---

30) Stephen F. Teiser, *The Scripture on the Ten King—and the Making of Purgatory in Medieval Chinese Buddhism—* (University of Hawaii Press, 1994), p.47 註.33에 따르면『지장본원경』은 730년과 800년에 편집된 불서 목록에 실려 있지 않으며 현존하는 당대(唐代)의 문헌들에도 인용되어 있지 않다. 또한 당대의 일본인 순례자들에 의해서도 언급되고 있지 않다고 하고 있다. Karl Ludvig Reichelt, *Truth and Tradition in Chinese Buddhism—A Study of Chinese Mahayana Buddhism—* (The Commercial Press, Shanghai, 1934), p.104에서 역시 꼬집어서 시기를 제시하고 있지는 않지만, 이 경전이 산스크리트 경전을 번역했다기보다는 온전하게 중국적인 색조를 띠고 있다는 것과 경전에 묘사된 매우 발달된 지옥의 기구(機構)들을 볼 때, 중국의 대장경 중에서 가장 늦게 나온 경전들 중의 하나로 볼 수 있다고 한다. 望月信亨,『佛敎大辭典』(世界聖典刊行協會, 1958~1963), pp.3602c~3c에는『개원석교록』(730)과『정원신정석교목록(貞元新定釋敎目錄)』(800)에 실려 있지 않다는 것, 송과 원의 여러 대장경에는 실려 있지 않고 다만 명의 대장경 목록에만 들어가 있다는 것, 당대의 문헌 중에 이 경전에 관해 기술한 것 없는데, 989년(宋太宗 端拱2) 작인 창진(常謹)의『지장보살영험기(地藏菩薩像靈驗記)』의 처음에 이 경전의「분신집회품(分身集會品)」을 인용해 싣고 있는 것을 보면, 이 경전은『지장보살상영험기』에 기록된 대로 후진 고조(高祖) 천복 무렵에 비로소 세상에 나왔다고 인정해야 할 것 같다고 한다.

이것은 앞에서도 언급되었던 둔황에서 발견된 불교 경전들이나 강경문, 변문 등에서 설명될 수 있지 않을까 한다. 우선 이들 불교 경전들은 정통적인 불교 전승의 흐름 밖에서 존재하고 있던 소위 위(僞) 또는 의(疑)라고 표지가 붙여진 경전들이었다.

무차별적으로 비불교적(非佛敎的) 사상들을 통합했다고 비난되었던 중국 토착의 불경들인 위경들은 대부분 5세기에서 8세기 동안 중국에서 만들어졌다. 둔황에서 발견된 토착 경전들은 불교의 생명력이 쇠퇴해 가고 있던 시대에 만들어졌고 불교도들은 민중들 사이에 불교를 전파하고자 노력하였다. 그것들은 정통 불교계에서 유행하고 있던 종교적 주제들의 장려와 선전에 있어서 비불교적인 민간 종교에 대한 불교적인 접근 방법인 방편(方便)[31]을 보여 주고 있다. 많은 경전들이 평불교도들의 교화를 위해 승려들에 의해 쓰여졌으며 그것들을 보조한 것이 변문과 강경문[32]이었다.

강경문들을 보면, 부모에의 효를 위해 민간 신앙적인 방법보다는 불교적인 방식을 따를 것을 권한다든지, 민간 신앙에서의 제사를 위해 짐승을 살육한 것이 결국 사망 후 지옥에 떨어지는 원인이 된다고 한다.

---

31) William E. Soothil and Lewis Hodus, *A Dictionary of Chinese Buddhist Terms*(佛敎文化服務處, Taipei, 1962), p.154에 의하면, 이 용어는 '접근 방식', '임기응변의 조치', '책략', '방책'이라는 뜻의 '구화(傴和 upya)'를 번역한 것이다. 그 의미는 청취자의 능력에 따라 방책이나 책략을 포함한 적절한 방법에 의해 가르치는 것인데, 수용자에게 이로운 이러한 임기응변의 조치는 널리 받아들여지고 있었다.

32) Daniel L. Overmyer, "Buddhism in the Trenches : Attitudes toward Popular Religion in Chinese Scripture Found at Tun-Huang"(*HJAS* Vol.50-1, 1990), pp.197~203. 이 논문에서 언급하고 있는 것처럼, 이들 경전들이 교코 도쿠노(Kyoko Tokuno)의 주장처럼 불교의 대중화의 경향을 보이는 것인지, E. 쥐허(E. Zürcher)의 주장대로 불교적 요소와 도교적 요소의 융합(Buddho-Taoist hybridization)인가는 각자가 마음에 두고 선택한 경전들에 의해 좌우될 수 있다고 본다. 다만 필자는 본 연구 주제와 관련하여 강경문 등을 전반적으로 볼 때, 도쿠노와 다니엘 오버마이어(Daniel Overmyer)의 견해에 보다 무게를 두고자 한다.

또한 유교적인 고사나 유교 경전을 인용하며 효를 강조함으로써 지식층에게도 호감을 주고 효라는 도리의 실행에 있어서 불교와 차이가 없음을 보이고 있다.

위와 같이 교화를 통해 불교를 민중 사회에 널리 침투시키는 한 방편으로 이용하고자 한 외에도, 지옥의 순례를 통해 무서운 지옥의 모습을 보여줌으로써 공포심을 조성하여 불교에의 귀의를 권하고 있다. 또한 민중들의 세속적 및 종교적 욕망의 해결도 불교와의 깊은 연관 속에서 찾도록 하고 있다.

이들 언설들은 신들의 비위를 맞추기보다는 업(業)과 자신의 불성(佛性)에 대한 잠재력을 이해시키고자 하는 것이었다. 당시 이러한 흐름의 성공 여부나 그 귀결에 대한 논의를 떠나서 다만 중국에 있어서 혈분경의 발생과 전파는 이러한 종교적 상황과 깊은 관련이 있었을 것으로 생각된다.

2)『정통도장(正統道藏)』에 보이는 혈호지옥에 관하여

도교에서는 혈호지옥에 대하여 구체적으로 어떻게 서술하고 있는가? 위에서 본 바와 같이 불교에서는 『불설대장정교혈분경』이 『대장경』에 실려 있고 이것은, 앞으로 논하여질 것이지만, 다양한 종류의 문헌들에서 볼 수 있는 혈분경들 가운데에서 가장 전형적인 것이라고 할 수 있다. 『불설대장정교혈분경』은 위에서 언급한 것처럼 네 가지의 구성 요소로 이루어져 있고 그 바탕을 이루는 것은 보낭은 사상이었다.

여기에서는 『정통도장』[33])에 실려 있는 『태일구고천존설발도혈호보

---
33) 酒井忠夫 外 지음·최준식 옮김(1990)『도교란 무엇인가』, 종교문화연구원 세계종교

참(太一救苦天尊說拔度血湖寶懺)』34)을 통해서 도교에서 말하는 혈호지옥의 모습을 살펴보고 그것이 불교에서 말하는 혈분지옥과 어떻게 다른지를 논하겠다. 이 경전에서는 우선 혈호지옥의 위치에 대해 다음과 같이 설명하고 있다:

> 신(臣)이 지금 욕계(慾界)를 내려다 보니, 풍도나산(酆都羅山)에 여러 다른 이름의 구유지옥(九幽之獄)이 있고 다음에는 24옥, 36옥, 108옥, 아비(阿鼻)지옥, 대악봉인십팔(岱岳鋒刃十八)지옥, 대소철위무간(大小鐵圍無間)지옥, 오호사해구강천곡(五湖四海九江泉曲)지옥, 맹진황파유사(孟津黃波流砂)지옥, 응화뇌함팔만사천유옥(應化牢檻八萬四千幽獄)이 있는데, 무릇 사은(赦恩)을 만나 모두 인자함으로 큰 은택을 받는 것이 허락되었다. 그런데, 혈호(血湖)라는 한 옥이 있는 것을 전혀 몰랐다. 대철위산(大鐵圍山) 남쪽에 따로 대옥(大獄)이 있다. 그 옥의 이름이 무간지옥(無間地獄)이다. 그 옥 중에 옥이 있는데, 협석지옥(硤石之獄)이라 부른다. 옥의 동북땅을 혈호라 하는데, 길이가 1만 2천리, 둘레가 8만 4천리이다.

연구총서1, 민족사, pp.74-75에, 『도장(道藏)』은 도교의 모든 경이라는 의미로 불교의 『대장경』에 상응하는 것이다. 오늘날까지 많은 종류의 『대장경』이 간행되어 온 것처럼, 『도장』도 여러 차례 간행되어 왔다. 현재의 『도장』은 명의 정통(正統) 10년(1445년)에 480함 5305권의 도교 경전이 수집된 것이다. 이것을 『정통도장』이라고 부른다. 그후 만력 35년(1607년)에 정일교(正一敎) 제50대 천사 장귀상(張國祥)이 명을 받아 32함 180권의 도교 전적을 수집했는데, 이것이 『속도장(續道藏)』이다. 오늘날 간단히 줄여 『도장』이라고 하면 『정통도장』과 『속도장』을 가리키는 것이다.

34) 이 경전은 『정통도장』에 실려 있는 혈호지옥에 관한 두 경전 중의 하나이다. 胡孚琛 主編, 『中國道敎大辭典』(中國社會科學出版社, 1995), pp.288-312에서는 이 경전의 발생 시기에 관해서, 송, 원대로 보고 있다. 馬建華 著, 道上知弘 譯, 「女性の救濟──莆仙目連戲と『血盆經』─」, 野村伸一 編著, 『東アジアの祭祀傳承と女性救濟──目連救母と藝能の諸相』(東京: 風響社, 2007), p.387에서는 대체로 남송 후에 발생한 것으로 보고 있다. 前川亨, 앞의 논문에서는 이 경전과 앞 절에서 나온 『영보영교제도금서(靈寶領敎濟度金書)』에 실려 있는 혈호의전(血湖儀典)은 늦어도 명초까지의 대략 같은 시기에 잇달아 나타났다고 봐도 좋다고 하고, 이러한 것은 남송 말부터 원대에 걸쳐서 혈호의례가 보급되고, 혈호의전에 대한 수요의 증가를 반영한 것이 틀림없다고 한다.

아래에 한 문이 있는데, 이름하여 복파(伏波)35)라고 한다. 곧 혈호대신주(血湖大神主)의 이름이다. 그 옥에는 5개가 있는데, 하나가 혈농지옥(血膿之獄), 둘이 혈냉지옥(血冷之獄), 셋이 혈오지옥(血汚之獄), 넷이 혈자지옥(血資之獄), 다섯이 혈호지옥(血湖之獄)이다. 다만 이 한 옥만이 또 협석무간(硤石無間)이라는 호를 가진 5개 속에 속한다.36)

위에서 풍도나산(酆都羅山)은 불교의 영향을 받지 않은 중국 고유의 신앙에서 나온 사후세계(死後世界)에 대한 총칭으로, 나풍산(羅酆山)과 풍도산(酆都山)을 결합시킨 것 같다. 나풍산이 북방에 존재한다37)고 이

---

35) '복파(伏波)'는 한(漢)나라의 두 장군(將軍)을 가리키는데, 모두 복파장군(伏波將軍)이라 봉함을 받았다. 기원전 112년(西漢 武帝 元鼎5), 남월(南越)을 평정하고 그곳에 9개의 군(郡)을 설치한 루보더(路博德)을 '전복파(前伏波)'라 한다. 기원후 40년(東漢 光武帝 建武16) 마웬(馬援)은 교지군(交趾郡)에서의 반란을 진압하고 두 개의 현을 설치하여 역사상에서 '후복파(後伏波)'라 한다. 바로 뒤에 '혈호대신주(血湖大神主)'라고 나오는 것으로 봐서, 이들 장군들을 가리키는 것으로 보인다.
36) 『太一救苦天尊說拔度血湖寶懺』, 『王統道藏』제16冊 洞玄部 威儀類(新文豊出版公司, 1962), p.606上.
37) 나풍은 북방의 산 이름이고, 높이 2천 6백리, 주위가 3만리에 달한다. 그 중에 동혈(洞穴; 洞天)이 있고 넓어 1만 5천리, 산상(山上)과 동천(洞天) 중에 각각 제1궁(第1宮)부터 제6궁까지 6개의 궁방(宮房)이 있어서, 현인과 성인을 비롯해 죽은 자들은 모두 와서 생전의 죄과와 선행의 종류에 따라 심판을 받는 곳이다. 따라서, 이곳은 지옥이라기보다도 사자의 공죄를 심판하는 곳으로서의 색채가 짙다. 4세기에는 '나풍'이라는 사후세계가 구성되어 있었다. 이후 도교에서 지옥의 수가 증가하여 24지옥, 또 36지옥으로 되어 갔다. 이들 지옥의 모양은 불교의 지옥설의 영향을 받아, 훨씬 공포로 가득 찬 것으로 되었다(南澤良彦, 「道敎の地獄」, 坂出祥伸 編輯, 『『道敎』の大事典―道敎の世界を讀む―』, 東京: 新人物往來社, 平成6年, pp.314-316). 중국의 전통적인 사자의 세계는 본래 불교의 지옥과는 관계가 없는 것이었는데, 불교의 윤회사상의 영향을 강하게 받은 도교에서는, 생전에 죄과를 범했기 때문에 죽은 사람들(鬼)이 사는 세계를 지옥으로 상정한 것이다. 5세기 초에 만들어진 영보경(靈寶經)에 가서야, 비로소 지옥이라는 관념이 기록되어 나온다. 초기 영보경의 하나인 『동현영보장야지부구유옥궤명진과(洞玄靈寶長夜之府九幽玉匱明眞科)』에 나오는 구유(九幽)지옥은 영보경들에서 말하고 있는 주요한 지옥인데, 무극세계(無極世界) 및 장야지부(長夜之府)라고도 불리며, 어디에 있는 것인지, 그 구조는 어떻게 되어 있는지 구체적으로 잘 알 수 없다. 다만, 땅 속 깊은 곳에 있는 전혀 빛이 없는 완전한 암흑의 세계이다. 여기에는 축생도와 아귀도 등이 기록되어 있고, 지옥의 광경은 대략 불전(佛典)에서 말하여진 지옥에 의거하고 있어, 명백하게 불교의

야기되고 있는데 반해, 풍도산은 당대(唐代) 말경부터 사천(四川)의 평도산(平都山)이라는 실재의 산에 해당하는 것처럼 되었다. 이것은 산동(山東)의 태산(泰山)에 대한 서방(西方)의 풍도산이라는 대립 개념에 의해 상정된 것으로 생각된다. 풍도라는 이름은 이미 육조(六朝) 말에 나타난다. 타오훙징(陶弘景)의 『진령위업도(眞靈位業圖)』의 제7계위(階位)는 사자(死者)의 세계를 다스린다고 하는 귀관(鬼官)의 위계를 기록하고 있는데, 그 주신(主神)이 '풍도북음대제(酆都北陰大帝)'이다. 그가 천하의 사자의 영(靈)의 두령(頭領)으로서 나풍산을 다스린다고 한다. 결국 나풍산의 주신은 풍도대제이고, 이러한 관련에서 나풍(羅酆)과 풍도(酆都)는 동일시되었다.

그 안에 있는 대소철위산(大小鐵圍山), 그리고 또 그 안에 있는 무간지옥, 또 그 안에 협석지옥, 그리고 그 동북의 땅을 혈호라 하고 그 안의 5개의 옥 중의 하나가 혈호지옥(血湖之獄)이다. 이 지옥은 협석무간이라는 이름을 가진 5개의 지옥들 중의 하나라고 하는 것을 보면, 가장 죄가 무거운 자가 떨어지는, 지옥 중의 가장 저층의, 윤회로 벗어날 수 없는 끝없이 극심한 고통을 당하는 지옥을 가리키고 있는 것으로 생각된다.

그래서, 대소철위(大小鐵圍)의 산은 모두 피를 머금고 있는 혼(魂), 비린내와 더러움이 한없는 무리들, 더 나아가 식태(食胎)·황구(黃球)의 귀(鬼)에 이르기까지, 흥송삼관(興訟三官)[38]·청고(靑姑)[39]·흑치(黑

영향을 받은 것이었다(小林正美(1998)『中國の道敎』東京:創文社, pp.188-189). 나풍의 사상이 중국 고유의 신앙 속에서 나온 것임에 반해, 영보경은 불교 사상을 기반으로 해서 무극세계(구유지옥)를 구성하였는데, 이후에 가서야 양자가 뒤섞여 하나의 지옥을 만들어 내게 되었다.
38) 李叔還 編纂,『道敎大辭典』(臺北: 巨流圖書公司, 民國68年), pp.11, 20-21에 의하면, 도가(道家)에서는 상원천궁(上元天官)이 사복(賜福)을 주관하고, 중원지관(中元地

齒)40)의 신이 땅 속의 가장 낮은 곳에 있는 혼을 단속하는데, 천랑(天狼), 천구(天狗)가 서로 다투어 삼키고 먹는 위세에는, 육갑(六甲)·육정(六丁)41)도 보호하여 지키는 힘을 베풀지 못한다. 그리고 억겁(億劫)을 거쳐도 벗어날 기약이 없다42)고 한다.

　이러한 지옥에 떨어지는 자들은 이 세상에서 아이를 낳다가 죽은 혼과 혈상(血傷)한 혼이다. 그들이 이러한 응보를 받은 까닭은 어떠한 죄업(罪業) 때문인가? 그것은 대개 생전에 사납고 남에게 손해를 끼치며, 물건을 훼손하고, 남을 해쳐 상하게 하며, 불효·불충·불인(不仁)·불의(不義)하고, 탐음(耽淫), 오탁(五濁)43)으로 정신과 식견이 미혹에 잠겨 삼도(三塗)44)에 빠짐으로 육체와 정신(形神)이 산란해졌기 때문

官)은 사죄(赦罪)를 주관하며, 하원수관(下元水官)은 해액(解厄)을 주관하는데, 이들을 칭하여 삼관대제(三官大帝)라 하며, 세상 사람들에 의해 숭봉된다.
39) 위의 책, pp.8-9에 의거하건, 『운급철첨(雲笈七籤)』에, "사람의 몸 안에 있는 삼시신(三尸神: 三彭, 三尸蟲이라고도 한다) 중에서 상시(上尸)를 팽거(彭倨) 또는 청고(青姑)라고 하는데, 보물(寶物)을 좋아하여 사람으로 하여금 미혹에 빠지게 한다. 중시(中尸)는 팽질(彭質), 백고(白姑)라고 하는데, 오미(五味)를 좋아하여 희노(喜怒)가 많아지게 하며 양선(良善)을 가벼이 하여, 사람의 의식(意識)을 미혹시킨다. 하시(下尸)는 팽교(彭矯), 혈고(血姑)라고 하-며, 색욕(色慾)을 좋아하여 사람을 어지럽힌다. 삼시는 사람을 일찍 죽이고자 하여, 사마(邪魔)라고 일컫는다. 늘 경신일(庚申日)에 위로 천조(天曹)에 아뢰고, 아래로 지부(地府)에 소송(訴訟)을 걸어 사람의 과오(過誤)를 진술한다. 그러므로 마땅히 나오지 못하도록 지켜야 한다."라고 있다.
40) 옛 나라의 이름이다. 옛 전적(典籍)에 언급된 바가 다 달라서 확실하게 지적하기가 어렵다(漢典: http://www.zdic.net이 의거함). 남쪽 야만인(?).
41) 육갑은 도교에서의 신의 이름으로 천제(天帝)가 부리는 양신(陽神)이다. 도사가 부록(符籙)을 써서 불러내 기양구귀(祈禳驅鬼)를 청할 수 있다. 육정 역시 도교에서의 양신으로 천제에 의해 부림을 당한다. 도사는 마찬 가지로 부록을 써서 불러내 부릴 수 있다고 한다.
42) 『太一救苦天尊說拔度血湖寶懺』, 『正統道藏』第16冊 洞玄部 威儀類(新文豊出版公司, 1962), pp.606上-下.
43) 세상의 다섯 가지 더러움인, 명탁(命濁), 중생탁(衆生濁), 번뇌탁(煩惱濁), 견탁(見濁), 겁탁(劫濁)을 말한다.
44) 화도(火途: 地獄道), 혈도(血途: 畜生道), 도도(刀途: 餓鬼道). 도교에서는 사람이 죽으면 거의 모두 삼도(三塗: 三惡道. 地獄·餓鬼·畜生)로 간다고 생각하였다. 이

이다.45) 이러한 '죽은 자의 혼(罪魂)'들은 원수들과 모순들을 만들어 내기에 이르러 응보를 받고, 몸소 재앙을 당하게 된다는 것이다.

그리고 그들이 당하는 산사(産死)와 혈상(血傷)의 구체적인 실상이 뒤를 이어서 제시되고 있다:

> 피의 시체로 목숨이 끊어지는데, 산사(産死), 낙태(落胎)로 해서, 모친은 살고 자녀가 죽거나, 모친이 죽고 자녀가 살거나, 모친과 자녀가 모두 죽는다. 임신하였으나 마침내 분만을 하지 못하고 죽었거나 혹은 남녀를 낳고 월내(月內)에 순식간에 죽었거나, 혹은 혈병(血病)으로 죽음에 이르렀거나 혹은 칼로 인해 죽음을 당해 천수를 다하지 못한 것은 곧 요상(夭喪)이 된다. 혹은 전쟁 중에 죽어 혼이 전쟁터에서 날아다니거나, 혹은 나쁜 병(惡病)을 품고 죽거나 혹은 나라의 법(國法)을 범해 형벌을 받아 신체가 어지럽게 흩어지고 신기(神氣)가 어지럽고 흐릿해지는 것 일체가 혈사(血死)의 무리들이다. 신체가 두루 흩어져 비린내와 누린내가 나고, 몸과 뼈에서의 악취와 더러움이 영원히 벗어날 기약이 없다. 하물며 깊숙한 음부(陰府)에서 지극한 고통의 업보는 가장 심하니, 협석지옥(硤石之獄)은 보고 들을 수가 없다. … 죄인을 불로 지지고 삶아 심신(心身), 골육

러한 도교의 특유한 사고방식은 탈산(奪算) 사상와 불교에서 받아들여진 윤회사상이 결부되어 나온 것이다. 탈산 사상은 도교의 독특한 인과응보설인 '공과사상(功過思想)'에서 나온 것이다. 사람이 선한 행위(功)를 하면 질병과 재액(災厄)을 제(除)할 수 있고 많은 선행을 쌓으면 불사(不死)의 신선으로 될 수 있는데, 악한 행위(過)를 하면 병과 재액을 초래해 수명을 단축시키게 된다. 이렇게 수명을 단축시키는 것을 '탈산('산'은 3일을 말하므로 수명을 3일 빼앗긴다는 의미이다)'이라고 한다. 도교도들에게 있어서, 죽음은 병이나 재액과 마찬 가지로, 자신이 저지른 죄과에 대해 신들이 내린 벌이었다. 불행한 죽음이 아니라, 노쇠에 의한 자연사의 경우에도, 신선이 되지 않는 한, 죽음은 생전의 죄과의 응보로서 도래한 것이다. 죽은 자의 혼은 죄를 띠고 있기 때문에 '죄혼(罪魂)', '죄한(罪恨)'이라고도 불린다. 죽음에 대한 이 특이한 사고방식에 불교의 윤회사상이 결부되어, 악행을 범했기 때문에 사망한 사자는 모두 죄인이며 따라서, 사후에 환생하는 생존의 형태는 삼악도 중의 하나로 생각되었던 것이다.

45) 『太一救苦天尊說拔度血湖寶懺』, 『正統道藏』第16冊 洞玄部 威儀類(新文豊出版公司, 1962), p.606下

(骨肉)이 썩어 문드러져, 고초를 이겨내기가 어렵다. 억겁을 지나도 광명을 보지 못한다. 천은(天恩)의 명령이 결코 도달할 수 없다. 음부(陰府)의 관원이 밤낮으로 고문함에 멈춤이 없다. 골수를 뜯고 심장을 먹으며, 시체를 헤집고 신체를 던지니, 여러 지옥의 고통 중 가장 심한 것이 혈호이다. 한 번 이 문으로 들어가면, 어느 때에나 벗어날까?[46]

위 내용을 보면, 산망(産亡)하거나, 산후(産後) 한 달 내에 사망한 여성들만이 아니라, 질병이 원인이 되거나 살해당해 천수를 다하지 못한 자들, 전쟁이나 형벌 등으로 피를 흘리고 죽은(血死) 사람들이 다 혈호지옥(血湖之獄: 血湖地獄)에 떨어져 고통을 당한다고 하여, 산망한 여성들에 대해 초점이 맞춰져 있으면서도, 실제로는 남녀의 구별이 없다. 예를들면, '혈호옥(血湖獄) 속에 전쟁으로 죽은(戰亡陣死) 남자 혼(男魂) 등의 무리', '사납게 싸우며 살상하는(狼鬪殺傷) 무리', 그리고 '횡포하게 강탈(劫掠)하는 무리'의 구원에 관한 이야기가 나오기 때문이다. 이 경전에는 그리고 지옥의 고통 중에서 가장 혹독한 것이 혈호의 고통이며 이곳에서는 도저히 벗어날 수 없다는 것을 강조하고 있다.

이렇게 공포심을 일으키는 지옥의 모양은 위에서 언급한 것처럼, 불교의 지옥설의 영향을 받은 것이었다. 먼 고대의 중국인들은, 영혼은 자손의 공양을 받는 묘 속을 본거지로 한다고 생각하였다. 한대(漢代)가 되면, 사후 세계도 상당히 정비되어, 묘주들은, 지방마다의 명산·대하(大河) 등의 특정 장소에 모여지게 되었다. 그러한 장소 가운데 가장 유명했던 것이 태산(泰山)이다. 이 산중에 사자의 영혼이 모이고, 태산부군(泰山府君)이라는 신의 재판을 받는다고 생각되었다. 태산부군의

---

46) 위의 책, pp.606하-607二

판결에 의한 형벌은, 주로 채광(採鑛)과 하천(河川)에서의 토목작업 등의 중노동이고 그것으로 지옥과 같은 고통을 맛보는 것은 확실한데, 불로 지지고 삶는다든지, 용해된 금속을 마신다거나, 도검에 의해 몸이 절단되는 등의 고문이 가해지는 것은 없었다.[47]

여기에서 이러한 고통에 빠져 있는 영혼들의 구원은 도교의 신을 통해야만 가능함을 분명히 밝히고 있다. 이것은 사회적 도덕관으로부터 벗어나, 이제 교단(敎團)과 종교 교리(敎理)에 근거한 도덕관이 성립되었음을 말해주는 것이다. 오직 구원은 자신의 교단의 최고신(最高神)의 자비(慈悲)가 미쳐야 한다는 것이다.

> 이때 구고천존(救苦天尊)이 여러 중생을 위하여 「태상진부유광보부단대왕책비현영장(太上眞符流光寶符丹臺王冊飛玄靈章)」을 널리 설교하고 모든 지옥의 깊게 잠궈진 문(門戶)에 배포하니 곧바로 협석혈호(硤石血湖)에 도달하고, 널리 광명을 발해 깊은 어두움을 비추니, 철성(鐵城)이 깨져 무너지고 혈호가 깨끗이 마르고 회하(灰河)[48]는 벽옥(碧玉)의 못으로 화하였으며, 협석은 청량지좌(淸凉之座)로 변하였다. …… 혈호지옥 중의, 왕법(王法)을 거슬러서 사망한 모든 무리들은, '생신장(生神章)'을 들음으로 신체와 정신이 다시 회복되고 원시록(元始籙)을 지녀, 악업이 순간적으로 사라지게 하기를 원한다. 이로써, 태을구고천존(太乙救苦天尊)이 아홉 가지 색의 상서로운 빛을 발해 두루 모든 지옥에 비춰 '죽은 자의 혼(罪魂)'을 사면하고, 널리 일체의 산액(産厄)으로 혈호에 떨어진

---

47) 南澤良彦,「道敎の地獄」앞의 논문, pp.314-316
48) ①『장아함경(長阿含經)』제19「지옥품(地獄品)」에서는 8개의 대지옥 중 제1 대지옥인 상(想)지옥에 딸려 있는 16개의 소지옥들 중 11번째의 소지옥을 말한다. ②『증일아함경(增一阿含經)』제36에서는, 환활(還活) 등의 8개의 대지옥 각각에게 16개의 격자(隔子)가 있다고 하고 그 가운데 하나가 회하(灰河)지옥이라고 한다. ③『관불삼매해경(觀佛三昧海經)』제5「관상품(觀相品)」에서는 아비(阿鼻)지옥에 18개의 회하지옥이 있다고 한다.

'죽은 자의 혼'으로 하여금 고뇌로부터 벗어나 햇빛(陽光)을 볼 수 있도록 하고, 이로써 향을 태워 몸과 목숨을 돌이키고 …49)

여기에서 보면, 구고천존의 자비에 의해 만들어진 경전의 배포와, 그 것의 암송을 통해 지옥의 영혼들에게 들려주는 것이, 그들의 구원에 큰 역할을 한다는 것을 코이고 있다. 경전에 나타난 지옥의 이름이나 모습은 위의 인용문에서드 보는 바와 같이, 불교에서 차용해 온 것임을 알 수 있다.

이 경전의 후반부에는 여성들이 저지르는 허물들을 하나하나 나열하면서 참회를 권하고 있다:

이때 구고진인(救苦眞人)이 이르기를, 단(壇) 아래의 선남신녀(善男信女) 및 극락세계로 인도된(薦度) 바의 망혼(亡魂)이 전세부터 금생까지 여류(女流)의 몸을 갖고 태어나서 많은 죄와 허물을 저지른 것을 다시 참회하라고 한다;

혼인한 후에 살림을 차리고 일을 처리하고 생계를 꾸려 가면서 고의로 잘못을 범한 죄, 부정(不淨)한 손으로 양치질하고 경전을 읽은 죄, 재(齋)의 규정을 지키지 않고 계율을 범하며 음양(陰陽)을 믿지 않은 죄, 술을 마시고 취하여 심신(心神)을 어지럽힌 죄, 자신은 옳다고 하고 남은 틀리다고 하며 남의 장·단점(長短)을 말한 죄, 무거운 저울과 든 되로 자기 것을 받은 죄, 가벼운 저울과 작은 되로 남에게 준 죄, 삼광(三光)을 기피하지 않고 음욕(淫慾)을 절제하지 않은 죄, 아들과 딸을 낳아 기르며 낙태한 죄, 남녀를 대단히 미워하여 물에 빠지게 하고 내버려 둔 죄, 풀을 멋대로 써서 강하(江河)를 더럽힌 죄 바람을 꾸짖고 비를 욕하며 추위와 더위를 싫어하고 미워한 죄, 쌀을 씻을 때 쌀알을 흘린 죄, 곡물과 채소를 귀하

---

49) 『太一救苦天尊說拔度血湖寶懺』, 『正統道藏』第16冊 洞玄部 威儀類(新文豊出版公司, 1962), pp.607上-608上

게 여기지 않은 죄, 폐백(幣帛)을 멋대로 잘라 옷을 만든 죄, 고살(故殺)·오살(誤殺)·교살(敎殺)·자살(自殺)한 죄, 뜨거운 물을 땅에 뿌려 벌레와 개미에게 해를 끼친 죄, 시부모·부모·백부·숙부·형제를 가벼이 능멸한 죄, 까닭 없이 귀신을 부르고는 저주하고 거짓되게 맹세한 죄, 외롭고 가난한 자가 구걸할 때 주지 않은 죄, 부귀를 탐하며 만족할 줄 모른 죄, 밭을 갈아 농사를 지으면서 구멍을 뚫고 땅을 파서 영혼에 손해를 끼친 죄, … 지금 삼청(三淸)[50]의 어전(御前)에 하나하나 참회한 후 몇 번이고 환생하더라도 눈 같이 깨끗하고 얼음 같이 맑게 하여 죄를 쌓은 허물을 깨끗하게 씻어낸다.[51]

여기에 나열된 여성들이 저지르는 허물들은 대부분이 일상생활에서 일어날 수 있는 일들이다. 이들 허물들로 인하여, 죽은 후 혈호지옥에 떨어지게 되니, 살아 있을 때, 삼청의 어전에서 일상 생활 속에서 저지른 잘못들을 참회함으로써 죄를 멸하고, 아무리 환생을 하더라도 깨끗함을 계속 유지할 수 있도록 하고 있다. 이러한 언설들에는 유교, 도교, 그리고 불교적인 요소들이 뒤얽혀 있음을 알 수 있다.

그러면 이렇게 '몇 번이고 환생하더라도(生生世世) 눈 같이 깨끗하고 얼음 같은 맑음(雪淨水淸)'을 이루어 죄를 쌓는 허물을 깨끗하게 씻어내는 목적은 무엇일까?

이때 구고천존(救苦天尊)이 묘행진인(妙行眞人)에게 다시 유(諭)하여 이르기를, 나는 지금 이 경참(經懺)을 만국구주십방세계(萬國九州十方世

---

50) 원시천왕(元始天王)이 현화한 법신(法身)으로, 옥청원시천존(玉淸元始天尊), 상청영보천존(上淸靈寶天尊), 태청도덕천존(太淸道德天尊)을 삼청이라 칭한다(李叔還,『道敎大辭典』앞의 책, p.15).
51)『太一救苦天尊說拔度血湖寶懺』,『正統道藏』第16冊 洞玄部 威儀類(新文豊出版公司, 1962), pp.611下-612上.

界)에 퍼뜨린다. 만약 도를 받드는 사람, 세간의 남녀가, 삼원(三元)52)·팔절(八節)53)·오랍(五臘)54)·직일(直日)·삼복(三伏)·재일(齋日)·생신(生辰)·기일(忌日)에 당해 무상(無上)의 도의(道意)를 발하고, 모든 산난(産難) 및 일체의 액난(厄難)을 당한 모든 인연(因緣)에게 널리 지옥의 고난을 벗어나도록(超度) 설교하고 제대천존(諸大天尊)·진인(眞人)·천사(天師)의 명위(名位)에게 향을 태워 바치고 참배하는(燒香朝禮) 자는, 혼이 천당에 태어나 자유자재하며 구속을 받음이 없다(逍遙自在). 이에 구고천존이 칭송(說頌)하여 이르기를, …… 산혈난(産血難)을 구원해 삼도(三塗)의 고통을 벗어나고, 유광옥원부(流光玉元符)가 혈호지옥에 비춰 깨뜨리니, 노탄(爐炭)에서 청련(靑蓮)이 피어나고, 도검(刀劍)에서 건림(騫林)55)이 나며, 화지(火池)가 온천(溫泉)으로 변하며, 확탕(鑊湯)이 춘포(春圃)56)로 되며, 장야혼(長夜魂)57)을 구원하며, 극락국(極樂國)에 왕생한다.58)

결국, 도교 교리의 전파(傳道)와 이를 통해, 사람들―부모와 조상―의 근신과 영적 구원을 이루게 하고자 한 것으로 생각된다. 결국, 그 구원이라는 것은 영혼이 천당에 태어나 그곳에서 소요자재(逍遙自在)하는 것, 달리 불교적인 것으로 말하자면, 극락국에 왕생하는 것이니, 불교와 도교가 궁극적으로 이상으로 삼고 있는 것에 있어서는 합일을

---

52) 음력 정월, 7월과 10월의 15일을 각각 상원(上元), 중원(中元), 하원(下元)이라 하고, 합칭하여 삼원이라 한다.
53) 24절기 중의 8개 주요한 절기를 가리킨다: 입춘, 춘분, 입하, 하지, 입추, 추분, 입동, 동지.
54) 천랍(天臘)·지랍(地臘)·드덕랍(道德臘)·민세랍(民歲臘)·후왕랍(侯王臘)의 합칭. 도교에서는 이 다섯 납일(臘日)에 선조께 수재(修齋), 제사(祭祀)해야 한다고 여기고 있다.
55) 전설 상의 달 속의 수림(樹林).
56) 봄날의 과목(果木)과 채소를 심은 밭.
57) 영원히 흑암(黑暗) 가운데 처해 있는 혼.
58) 『太一救苦天尊說拔度血湖寶懺』, 『正統道藏』第16冊 洞玄部 威儀類(新文豊出版公司, 1962), pp.612下-613二.

이룬 것이라 하겠다. 그러나, 이는 불교에서의 윤회·보응 사상과는 다른 특징을 보이고 있으며, 이 이상을 달성할 수 있는 유일한 길은 도교의 신들을 통해야만 이루어질 수 있는 것이다.

마젠화(馬建華)는 "(이 경전에서는) 효도가 없어졌고, "숙생원대수보(夙生冤對受報)59)"의 사상이 돌출해 있다"고 주장하고 있다.60) 그러나 생전에 내세의 영적 구원을 위해 자신의 노력도 필요하지만, 위 인용문에서 "세간의 남녀가, …… '재일(齋日)', '기일(忌日)'에 무상(無上)의 도를 발한다"고 있는 것을 보면, 죽은 자의 구원을 위한 것이고, 이러한 의식은 결국 자녀 등 유족과 지인(知人)에 의해 행해질 수밖에 없는 것이다. 이러한 것도 위에서 언급된 것처럼 도교적 특성을 보여주는 것이라 하겠다.61)

다만, 불교의 『불설대장정교혈분경』에서 여성은 누구나 산난(産難)으로 인한 사망은 말할 것도 없고, 산혈이나 월경으로 인해 사망한 후에 운명적으로 혼이 혈분 지옥에 떨어져 영원한 고통을 받아야 하는 것으로 규정되어 있음에 반하여, 여기에서 분석한 이 도교 경전에서는 산혈이나 월경으로 인해 천지의 신들에게 불경을 범한 죄에 대한 언급이

---

59) 전세(前世)의 원한(冤恨: 怨恨)과 그 응보.
60) 馬建華, 「女性の救濟―莆仙目連戲と『血盆經』―」 앞의 논문, p.387
61) 사자(死者)는 죄인이기 때문에 삼도에 떨어진다는 윤회설은 도교에서는 아주 철저하여, 사망한 자신의 부모와 조상도 삼도에 있다고 생각하였다. 이렇게 생각하는 것은 그들이 죄과를 범한 죄인임을 인정하는 것이기 때문에, 중국의 전통적인 효 윤리 및 조상숭배 감정과 어긋나는 듯이 보인다. 그러나 도교도는 이러한 것을 불효라든지, 조상에 대한 모독으로 생각하고 있지 않았다. 그들은, 부모와 조상이 죄를 범한 것은, 모두 자식들과 자손들을 위해 저지른 것이기 때문에, 자식과 자손은 그 심정과 행위에 감사하고, 지금 그 죄 때문에 지옥에서 고통당하고 있는 죽은 부모와 조상을 구제하지 않으면 안 된다고 하는 것이다. 따라서 도교에서는 죽은 부모와 조상의 구원이 종교 활동의 주요한 목적이었다고 할 정도로, 이 문제에 적극적으로 몰두했다고 한다(小林正美, 『中國の道敎』앞의 책, pp.181, 186-187).

없다. 그리고 산난으로 인한 죽음에 대해서도 생전의 죄로 인한 액난의 하나로 규정하고 있다. 또한 여성들이 죽은 후 혈호지옥에 떨어지게 하는 허물들도 위에서 보듯이 일상 생활에서 저지르는 죄들간이 언급되어 있을 뿐으로 불교와는 다른 양상을 보이고 있다.

전체적으로 볼 때, 도교에서의 지옥 개념의 발전은 불교 교리에 의해 확장되었음에 틀림없다. 지옥의 종류나 위치 등에 관한 서술은 불교의 『지장보살본원경』「관중생업연품(觀衆生業緣品)」에 나오는 무간지옥(無間地獄)의 정체에 관한 설명이나, 「지옥명호품(地獄名號品)」에서의 지옥의 명호에 대한 설명 내용과 유사함을 알 수 있다. 혈호지옥도 남녀 불문하고 떨어질 수 있지만, 대체로 여성과 관련하여 설명되고 있다. 이러한 것은 불교의 영향으로 남녀 차별적인 인식이 반영되어 나온 것으로 생각된다. 그리고 이후 시간이 흐르면서 불교에서의 혈분 사상 내용이 점차 도교에 깊이 반영되어 가게 된 것이 아닌가 한다.

3) 목련구모 설화(目連救母說話) – 목련희(目連戱)와 혈호지옥(血湖地獄)

혈분재(파혈호) 의식이나 그 경전의 내용에 늘 관련되어 나오는 것이 '목련구모'라는 설화이다. 2010년 6월 30일 중국 장쑤성(江蘇省) 난퉁시(南通市) 쥬화진(九華鎭)에 소재한 리쩌(李澤)씨 댁에서 돌아가신 모친을 위해 행하여진 5·7재(五七齋)를 현지조사할 때, 필자가 "목련희에 대해 아는가?"라고 질문하자, 이 집안의 인척이 되는 한 노인이 '목련구모'를 언급하며, 이 희곡은 실제로 마을 사람들의 마음속에 뿌리내려져 있다고 할 수 있다고 말하였다. 이렇게 '목련구모' 설화는 오랜 역사를 두고 전승해 내려오면서 중국인들의 심성 깊은 곳에 영향을 주어왔다.

목련구모 설화는 우선 축법호(竺法護 Dharmaraksa, 266~313 번역 활동기)의 『불설우란분경』으로부터 시작해서, 당말·송초에 걸쳐서 나타난 둔황문서인 『목련연기(目連緣起)』, 『목련변문(目連變文)』과 『대목건련명간구모변문병도일권(大目乾連冥間救母變文幷圖一卷)』 그리고 그 선후 관계를 명확하게 밝힐 수는 없지만, 『불설대장정교혈분경』 등과 같은 혈분경류와 목련희, 보권 등에 나타나고 있다. 특히 현재 유포되어 있는 아주 다양한 혈분경류와 다양한 판본의 목련희들을 볼 때, 오늘날까지도 목련구모 설화는 중국인들에게 종교적으로 뿐만 아니라 사회적으로도 영향을 끼치고 있음을 알 수 있다. 특히, 『불설우란분경』, 목련변문, 그리고 혈분경류 및 목련희에 보이는 일관된 모티브는 모친에 대한 '효'와 함께 모친의 영적 구원이라는 종교성을 띠고 있는 것이다.

(1) 『불설우란분경』

중국에서 '목련구모'와 관련된 이야기는 서진(西晉) 때 삼장법사(三藏法師) 축법호가 인도에서 들어온 경전을 중국말로 번역한 『불설우란분경』에서 처음 나온다.[62] 그 내용을 보면, 부처의 10대 제자 중 신통(神通)이 제일이었던 대목건련(大目犍連)은 본래 부모의 은혜에 보답하기 위해 출가, 수도해, 사체법(四諦法)에 의거해 단혹증진(斷惑證眞)해서 아라한(阿羅漢)임을 증명하고 육통(六通)[63]을 얻은 것에서 시작된다.

---

[62] 아마도 4세기나 5세기에 중국에서 창작된 것으로 보기도 한다. 그 이유는, 그 문헌은 어떠한 다른 불교 언어로 된 것이 발견되지 않았고, 목련이 지옥으로부터 자신의 모친을 구원한다는 이야기는 인도의 어떤 자료에서도 상응하는 것이 알려져 있지 않기 때문이다(Grant and Idema, *Escape from Blood Pond Hell: The Tales of Mulian and Woman Huang* 앞의 책, p.9).

[63] 육신통(六神通)이라고도 한다. 천안통(天眼通)·천이통(天耳通)·타심통(他心通)·숙명통(宿命通)·신족통(神足通)·누진통(漏盡通)의 여섯 가지 신통력을 말한다.

그 뒤 그는 부모를 구원하여 자신을 낳아 길러준 은혜(乳哺之恩)에 보답코자 했다. 그는 도안(道眼)을 써서 돌아가신 모친이 아귀(餓鬼) 지옥에 떨어져 음식을 보지 못하고 피골이 상접해 있는 것을 보았다. 목련은 슬퍼하며 곧 바리때(鉢)에 밥을 담아, 모친에게 가서 음식을 대접하고자 했다. 그러나, 평소의 좋지 못한 습관은 바꾸기 어려운지, 모친은 바리때의 밥을 보자 곧 왼손으로는 그릇을 가리고, 오른손으로는 밥을 확 움켜쥐고 먹었으나, 음식이 입에 들어가기 전에 불이 일어나 재로 변하니 결국 먹을 수가 없었다. 목련은 이 사실을 부처에게 알리니, 부처는 십방(十方; 東西南北, 四圍上下)의 중승(衆僧), 위신(威神)[64]의 힘이라야만 해탈시킬 수 있다고 한다. 부처가 말하기를,

> 십방의 중생은 7월 15일 승려가 하안거를 마치는 날, 7세 부모(七世父母)[65] 및 현재 부모로 고액환난(苦厄患難)[66] 중에 있는 자를 위해, 밥, 갖가지 진귀한 맛의 음식, 5과(五果), 목욕도구, 상부와구(床敷臥具), 향(香), 기름과 밝게 비추는 등을 갖추어 바치는데, 온 정성을 다한 백미(百味) 5과를 우란분회 중에 십방, 대덕(大德) 중승에게 공양한다. …… 이들 하안거를 마친 승려를 공양함으로, 현세부모, 이미 사망한 육친권속(六親[67] 眷屬)은 삼도(三途)[68]의 고통에서 벗어나 그 즉시 해탈 자유자재하며, 의식(衣食)이 자연스럽게 풍족할 수 있다. 만약 부모가 현재 존재하다면 그를 위해 제물을 바쳐 복을 구한 즉, 자연스럽게 현세에 복락을 누리고 평안하고 건강해, 장수무병하며 백년 후에 천상에서 태어날 수 있다. 만약

---

64) 부처가 가진 인지(認知)르는 헤아릴 수 없는 영묘(靈妙)하고도 불가사의한 힘을 말한다.
65) 과거 먼 겁의 일체의 부모.
66) 죽어서는 지옥·귀(鬼)·축(畜)에 있고, 살아 있는 자는 곧 병통가금(病痛枷禁) 상태인 것.
67) 부(父), 모(母), 형(兄), 제(弟), 처(妻), 자(子)를 가리킨다.
68) 지옥, 아귀(餓鬼), 축생(畜生)의 세 악도(惡道).

7세 부모라면 이러한 효성스런 제물, 공덕의 힘으로 천당에서 태어나 자연히 환생함으로 하늘의 묘화(妙華)⁶⁹⁾의 광명(光明)의 속에 들어가 자연의 쾌락을 향수한다.

그때 부처가 십방의 중승에게 권계(敕)하여, 모두 먼저 시주가(施主家)를 위해 진실한 마음으로 부처에게 기도해 빌고, 7세 부모 모두 삼도고(三涂苦)를 벗어나 마음이 번뇌의 속박을 떠난 즐거움(自在樂)을 얻도록 기원하게 하였다. 이어서 (십방의 중승으로 하여금) 의업(意業)⁷⁰⁾을 청정하게 한 후에 자비평등의 마음으로써 규율대로 식사를 하도록 하였다. (십방의 중승이 부처의 권계에 복종하여) 수식(受食)하기 전에, 먼저 시주가가 바친 음식을 부처의 앞에, 혹은 불탑 중의 사리(舍利)의 앞 및 전당(殿堂) 안의 불상의 앞에서 바치고, 중승이 함께 시주가를 위해 축수(祝禱), 기원해 복이 다하기를 구한 후에 공양을 접수하고 비로소 홀로 수식(受食)한다.

그때, 목련 비구 및 많은 보살의 무리가 모두 크게 기뻐하였다. 목련의 슬피 울며 흐느끼는 소리가 개운하게 없어졌다. 그때, 목련의 모친은 바로 이 날, 겁(劫)과 아귀(餓鬼)의 고통에서 벗어날 수 있었다. 목련이 다시 부처에게 아뢰기를, "제자를 낳은 모친은 삼보(三寶)의 공덕의 힘, 중승의 위신(威神)의 힘을 얻을 수 있었습니다. 만약 미래세에 일체의 불제자 역시 우란분을 바쳐서 현재의 부모 내지 7세부모를 구도(救度)하는 것이 가능한지요?"

부처가 이르기를, "… 선남자(善男子)여! 비구, 비구니, 국왕, 태자, 대신, 재상, 삼공(三公), 백관, 만민, 서인 같이 노인공경(慈孝)을 행하는 자는 모두 먼저 자신을 낳은 현재의 부모, 과거의 7세 부모를 위해, 7월 15일, 부처가 기뻐하는 날, 승려가 하안거를 마치는 날, 여러 가지 좋은 맛으로 만든 음식(百味飯食)을 우란분 중에 바쳐 십방의 하안거를 마친 승려에게 베풀어야 한다. (그래서) 현재의 부모로 하여금 백세까지 장수하도록, 무병하고 일체의 고뇌의 염려가 없도록 하고, 7세부모는 악귀의 고통에서

---

69) 신묘(神妙)하고 눈부시게 아름다운 천화(天花).
70) 마음의 움직임.

벗어나 극락에서 태어나 복락이 무궁하도록 기원한다. 불제자, 효순한 자는 마땅히 경문을 읽는 중에도 늘 부모 및 7세부모를 기억해서, 매년 7월 15일 늘 공경으로써 낳은 부모를 기억해 우란분을 만들어 부처 및 승려에게 베풂으로써 부모의 길러주시고 사랑을 베풀어주신 은혜에 보답한다. 일체의 불제자라면, 응당 이 법을 받들어 지켜야 한다."71)

이 이야기는 289년『불설우란분경』을 통해 중국에 소개된 이래로 둔황 변문, 명·청대 전기(傳奇), 지방희(地方戱) 등 다양한 형태로 재생산되어 왔다. 원형단계인 불경을 통해 소개되었던 불교 의례인 우란분재는 지금도 사찰의 천도(薦度)행사로서 꾸준히 행해지고 있다. 음력 7월 15일 백중날에 우란분절이라고 해서 행하여진 우란분재는 도현(倒懸)이라는 의미로 거꾸로 매달린 조상의 영혼을 천도한다는 의미의 불교의 의례이다. 이 의례의 기원이 바로 목련구모 이야기인 것이다.72) 이 이야기에서의 주인공인 목련은 인도 사람이었는데 중국에서 오랜 시간에 걸쳐 전승되면서 자연스럽게 중국 사람으로 인식되는 경향을 보인다. 결국 목련을 주인공으로 거행되는 행사들의 전승 경로에 있어서 그 발단을 보면 불교 의례에서 시작되었고 그것이 반복되면서 도교나 민간 신앙과 결합되어 혈분경으로 발전되거나, 목련희 같이 지역적인 놀이문화로서의 모습으로도 나타난 것이다.73)

---

71) 釋昌蓮(2008)『佛說盂蘭盆經與佛敎孝慈之道』宗敎文化出版社, pp.116-223
72) 金映志(2003)『目連硏究』서울대학교 대학원 中語中文學科 문학박사학위논문, p.19 주)55.
73) 위의 논문, p.55에서, 목련희는 서진(西晉), 당대(唐代), 명대, 청대의 기록 자료가 남아 있고 송대와 원대의 기록으로는 공연 상황에 대한 단편적인 기록과 원 잡극으로 공연된 극목만 전해지고 있다고 한다. 따라서, 이들 내용의 시대적인 변천과정을 추적한다면, 대체로 언제쯤 혈분경과 관련된 내용이 목련희 가운데 포함되어 들어갔는지를 알 수 있지 않을까 한다.

(2) 『대목건련명간구모변문병도일권(大目乾連冥間救母變文幷圖一卷)74)』

『대목건련명간구모변문병도일권』에서는 목련이 세존(世尊)의 불력과 염라대왕의 도움으로 어머니를 만날 때까지 모친이 소재한 지옥을 찾아 지옥의 공간들을 순례하는데 그 과정이 아주 자세하게 설명이 되어 있다. 내하(奈河)지옥, 남자(男子)지옥, 도산검수(刀山劍樹)지옥, 동주철상(銅柱鐵床)지옥, 모(某)지옥을 거쳐 아비(阿鼻)지옥에 도달한다. 이들 지옥을 보면, 혈호(혈분)지옥이라는 개념이 아직은 나타나 있지 않다.

목련의 모친인 청제(靑提) 부인이 지옥에 떨어진 이유도, 목련(어릴 때의 이름은 羅卜)이 교역을 하러 집을 얼마간 떠나면서, 재보를 주고 모친으로 하여금 후에 재반(齋飯)을 마련해 승려와 구걸해 오는 자들을 공양하게 했다. 그러나 목련이 떠난 후, 모친에게 인색한 마음이 일어나 모든 부탁한 자재(資財)를 몰래 은닉했다. 목련이 돌아왔을 때, 모친이 말하기를, "너의 부탁에 의거해 재(齋)를 열어 복전(福田)을 이루었다"고 범성(凡聖)75)을 속여 곧바로 목숨이 끊어져 아비지옥에 떨어졌다76).

또한, 목련이 모친을 찾아가기 전에, 사망한 후 천궁(天宮)에 있는 부친을 찾아갔을 때, 부친이 목련에게, "너의 모친은 세상에 생존할 때, 나와 업인(業因)을 쌓은 것이 달랐다. 내가 10선5계(十善五戒)77)로 수

---

74) 項楚(2006)『敦煌變文選注(增訂本)』(上·下), 中華書局, pp.842-945. 끝부분에 "貞明柒年辛巳歲四月十六日淨土寺學郞薛安俊寫"라고 있는데, 정명7년(貞明柒年)은 A.D.921년이고 정토사(淨土寺)는 당·오대 시기 둔황의 큰 절이다(위의 책, p.945).
75) 범부(凡夫)와 성자(聖者).
76) 項楚, 『敦煌變文選注(增訂本)』 앞의 책, p.842
77) 十善은 십악(十惡)을 하나도 범하지 않고 십계를 엄격히 지키는 것. 십악은, 몸, 입, 뜻의 세 가지에서 나는 열 가지의 악업(惡業)을 말한다. 곧 살생(殺生), 남의 물건을 훔침(偸盜), 남녀간에 불륜을 범함(邪淫) 따위의 신업(身業)과 거짓말(妄語), 교묘하게 꾸미는 말(綺語), 이간질하는 말(兩舌), 남에게 악한 말을 하는 짓(惡

행하여 사후에 영혼이 천상에서 깨어날 수 있었는데, 너의 모친은 평생 살면서 널리 여러 죄를 지어 죽은 후 곧 지옥에 떨어졌다"78)고 해서, 모친이 지옥에 떨어진 이유가 설명되고 있다. 목련 관련 설화들을 보면, 육식, 개훈(開葷)을 한 것들이 지옥에 떨어진 이유들로 나타나고 있는데, 이것들은 일반 사람들이 봤을 때, 그다지 죄가 될 만한 것들이 아니다. 따라서, 이 변문들에 나타난 세계관은 불교적이며, 청제(靑提) 부인은 불교의 입장에서 당연히 해야 할 의무를 소홀히 하고 죄악을 범한 악인이었다. 그러나 이것은 중국적 가치관은 아니고, 아마도 인도에서 이식된 가치관이었을 것이다. 인도에서 이식된 가치관만으로는 지옥이 이야기의 중심이 될 수 있는데, 지속적으로 전승되는 과정에서 중국적인 인식이 개입되지 않을 수 없었다.79)

여성이 자녀들을 낳으면서 피를 흘려 그것이 하늘과 땅의 신을 범하고, 그 결과 지옥의 한 곳에 그 더러운 핏물이 모여 혈호를 이루며 자녀를 낳다가 죽거나, 자녀를 낳은 경험이 있는 여성들이 죽은 후에 운명적으로 혈호에 떨어져 그 혈수를 다 마셔야 하는 고통을 당한다고 하는 것은 아주 중국 토착적인 사고나 신앙에서 나왔음에 틀림없다.

아무튼, 『불설우란분경』에서 변문으로 넘어가면서 목련구모설화의 내용은 폭과 깊이가 깊고 넓어지며 다양해져 가고 있음을 알 수 있다. 이러한 경향을 보이게 된 것은 앞 절에서 본 바와 같이 당시의 종교·사회적인 상황과 깊은 관련이 있음에 틀림이 없다.

口) 따위의 구업(口業)고- 탐욕(貪慾), 자기의 뜻이 어그러짐을 노여워함(진에 瞋恚), 진리를 분별하지 못하는 어리석은 마음(우치 愚癡)를 말한다. 五戒는 신자들이 지켜야 할 다섯 가지 금계로, 살생·남의 물건을 훔침(偸盜)·남녀간에 불륜을 범함(邪淫)·거짓말함(妄語)·음주(飮酒)를 말한다.
78) 項楚, 『敦煌變文選注(增訂本)』 앞의 책, p.864
79) 金映志, 『目連硏究』 앞의 논문, p.115

(3) 『불설목련구모경(佛說目連救母經)』

이 경전의 권말에 있는 발(跋)에,

> 대원국(大元國)의 절동도(浙東道) 경원로(慶元路) 은현(鄞縣) 영은문외(迎恩門外), 초군묘계(焦君廟界) 신당보(新塘保)에 살았고 또한 삼보(三寶)를 받들고 경전을 받아 항상 잊지 않고 머리에 새기며 독송한 제자(弟子) 청지류(程季六), 이름은 천정(臣正)이라는 자가 신해년 10월 22일에 올렸다. 대덕(大德) 8년 5월에 광주(廣州)에서 구입하고, 널리 세상 사람들에게 권하여 오래오래 이것을 영전(領傳)시키고자 하였다. 대일본국(大日本國) 정화(貞和) 2년 7월 15일에 중간(重刊)하였다. 소비구(小比丘) 법조(法祖).[80]

라고 하여, 1251년(元 憲宗1) 청지류라는 사람이 만든 간본을 1304년(元 成宗 大德8) 누군가 광주에서 구입하였다. 이것을 일본의 1346년(貞和2) 7월 15일에 법조라는 승려가 중간하였다고, 이 경전의 내력이 기록되어 있다. 그 뒤에, 1558년(永祿1) 3월 당시, 선예조보(仙譽祖寶)라는 승려가 소지하게 되었다고 한다. 그러다가, 미야 쓰기오(宮次男)씨가 교토(京都) 곤코지(金光寺)절의 다케타 겐 선사(武田賢善師)에게서 판본을 제공받아 처음으로 공개되었다.[81] 이 경전이나 그 내용은 중국의 송·원대에 중국에서 만이 아니라, 일본에 전해져 영향을 미쳤음을 알 수 있는데, 한국에도 전하여졌음에 틀림없다.[82]

---

80) 宮次男(1968)「目連救母説話とその繪畵―目連救母經繪の出現に因んで―」『美術研究』第225, p.178
81) 위의 논문, pp.156-157, 171
82) 閔泳珪(1963)「月印釋譜 第二十三 殘卷」『東方學志』第6輯, p.2는 『월인석보(月印釋譜)』권23의 잔권(殘卷)에 있는 권말 간기가 1559년(明 嘉靖38. 朝鮮 明宗14) 전라도 순창 구악산(龜岳山) 무량사(無量寺)에서 출판(開版)된 것임을 밝히고 있다. 여기에는 『우란분경』과 목련경이 실려 있는데, 그 구체적인 제목은 제시되어 있지

이 경전의 내용의 흐름은, 목련이 출가하기 이전인 나복(羅卜) 시기, 어머니 청제가 사망하고 나서 3년간 모친의 분묘 옆에 암(庵)을 짓고 복상한 뒤 석가를 뵙고 부모의 브리(菩提)를 위해 출가하여 이름을 목건련(目犍連)으로 고침, 모친이 지옥에 있다는 것을 안 뒤의 지옥편력(좌대[剉碓]지옥 → 검수[劍樹]지옥 → 석개[石磕]지옥 → 아귀[餓鬼]지옥 → 회하[灰河]지옥 → 확탕[鑊湯]지옥 → 화분[火盆]지옥 → 아비[阿鼻]지옥), 인과응보와 불력에 의한 순차적인 해탈(아비지옥에서 소흑암[小黑闇]지옥으로, 다시 아귀지옥에 태어난 후, 방생[放生]하고 신번[神幡]을 세우고 49개의 등을 점화하는 등의 공양으로 왕사성[王舍城] 중의 구신[狗身]으로 변함, 우란분재를 중승에게 배설함으로써 여신[女身]을 회복함, 목련과 함께 석가에게의 정례[頂禮] 그리고 도리천[忉利天]에서 태어남), 경전으로 얻을 수 있는 공덕에 대한 언급으로 이어지고 있다.

이 경전은 모두 13매의 종이로 되어 있고, 상·하 2단으로 구분되어, 회인과경(繪因果經)처럼 상단에는 그림이, 하단에는 경문이 인쇄되어 있다. 전체적인 내용은 바로 앞에 제시한 변문인 『대목건련명간구모변문병도일권』과 비슷하다. 지옥 순회 과정에서, 세존에 의한 파지옥(破

않다. 필자는 그 한문(漢文) 원문의 내용을 일본 교토 곤코지(金光寺)절의 『불설목련구모경』과 대조하여 본 즉, 몇 자 정도의 출입이 있을 뿐, 그 전체가 거의 완벽하게 일치하고 있다 박도화, 「『佛說大目連經』의 成立經緯 再考와 版畵의 圖像」, 『美術史學』제12집(1998), p.30에서는 곤코지의 『불설목련구모경』과 조선시대에 간행된 연기사본(烟起寺本 1536년간), 흥복사본(興福寺本 1584년간) 및 수암사본(水岩寺本 1654년간)의 『불설대목련경(佛說大目連經)』을 대비해 보니 3자만이 다를 뿐 전문이 일치하고 있다고 한다. 『월인석보』 권23의 잔권에 있는 목련경은 『불설대목련경』과 동일한 것임에 틀림없다. 또한, 박도화는 우리나라에서는 1106년(高麗 睿宗元年)에 우란분재를 열고 '목련경'을 강하였다는 『고려사』의 기록이 목련경에 대한 최초의 것인데 이때 강설한 목련경은 현재 전해지는 『불설대목련경』과 같은 내용일 것이라고 추측하고 있다(위의 논문, p.32). 『불설목련구모경』은 중국의 송대에 나온 것이 일본은 물론이고 한국에까지 전래되어, 이후 한국에서도 계속 유통되어 왔다는 것을 알 수 있다.

地獄)은 마찬 가지로 이야기되고 있는데, 아직 혈호지옥이나 십전(十殿)지옥83)이라는 개념은 나타나 있지 않다. 그렇지만 『대목건련명간구모변문병도일권』에 비해 다소 종류가 다른 지옥이 8개나 보이고 있다. 이러한 것들은 후에 목련희에서 목련이 어머니를 찾아 십전을 헤맨다는 구성의 기초가 되었다고 할 수 있다. 이 경전의 마지막 부분에 나오는 조경(造經) 등으로 얻게 될 공덕에 관한 내용은, 변문인 『목련연기』, 『목련변문』과 『대목건련명간구모변문병도일권』에는 없는데, 그 내용이 『불설대장정교혈분경』의 끝부분과 유사하다. 조경, 사경(寫經) 등을 통해 『불설대장정교혈분경』은 모친만을 구원의 대상으로 하고 있는데 반하여, 『불설목련구모경』은 부모를 구원의 대상으로 삼고 있다.84)

(4) 목련희와 혈호지옥의 결합

혈분경의 기원과 관련해서 관심을 끄는 것은 목련 설화에서 나온 목

---

83) 도교의 지옥 사상은 불교와 거의 그 발전을 공유하고, 특히 육조(六朝)의 송(宋)으로부터, 당대(唐代)에 걸쳐서, 양자는 각각의 지옥을 묘사한 경전을 만들어내었다. 그 대표적인 경전이 『시왕경(十王經)』이다. 이는 『불설염라왕수기사수역수생칠왕생정토경(佛說閻羅王授記四修逆修生七往生淨土經)』의 약칭이며 『불설예수십왕생칠경(佛說預修十王生七經)』이라고도 하는데 정해진 경명이 없다고 한다. 지옥에는 10개의 궁전이 있고, 그곳 각각에는 왕이 있어서, 죽은 자는 한 전(殿)씩 돌면서 그 각각의 왕으로부터 생전의 죄업에 대해 심판을 받는다는 내용이다. 이것은 본래 불교 경전은 아니고, 중국에서 만들어진 중국 찬술(撰述) 경전(僞經이라고도 한다)인데, 당·송(唐宋)시대에 널리 민중사회에 퍼졌다. 도교 경전으로서 시왕(十王)을 설명하고 있는 것이 『태상구고천존설소건멸죄경(太上救苦天尊說消愆滅罪經)』이며, 이들 불·도의 경전에 의해 지옥십왕설(地獄十王說)이 널리 유포되었다(山田利明, 「死の思想と道敎」, 福井文雅·山田利明·前田繁樹 編 『道敎と中國思想(講座 道敎 第4卷)』雄山閣出版, 2000, pp.110-129)

84) 宮次男, 「目連救母說話とその繪畫―目連救母經繪の出現に因んで―」앞의 논문, pp.175-178에 실려 있는 원문에서 그 부분을 인용하면 다음과 같다: "爲父母印造此經. 散施受持讀誦. 令得三世父母. 七代先亡. 卽得往生淨土. 俱時解脫. 衣食自然. 長命富貴. 佛說此經時. 天龍八部. 人非人等. 皆大歡喜. 信受奉行. 作禮以退. 佛說目連救母經終."

련희가 이미 당·송 시기에도 널리 전파된 상황이었고 명부터 청 중엽까지는 거의 전국적으로 유행되었다[85]는 것이다. 특히 목련희와 파혈호 의식이 결합되어 있는 것은 흥미를 끄는 것인데, 목련희가 이미 당·송 시기에 널리 행해지고 있었다면, 뒤에 나타난 파혈호 의식이 목련희의 내용이 확대되는 과정에서 포함되어 들어간 것인지, 아니면 혈분경이 출현하면서 목련 설화를 이용했는가 하는 것이다.『불설대장정교혈분경』등과 같은 혈분경류에서 보이는 목련 관련 내용이 언제부터 혈분경 안에 들어가게 되었는가 하는 것이다. 즉, 이는『불설대장정교혈분경』을 불교에서 최초로 나타난 혈분경의 원형이라 볼 수 있는가 하는 질문과도 관련이 있다.

목련 고사에는 아주 긴 시기에 걸친 유전 과정이 있었는데, 송대에 이미 희극 무대에 올려졌다. 그러나, 목련 고사는 유구한 유전 과정 중에 기본적으로 분산된 상태에 처해, 총체적 조직 구조를 형성하지 못했다. 둔황 변문인『목련연기』에는, 비록 유청제(劉靑提)가 갱세를 어겨 개훈(開葷)하고 승려를 모욕해 지옥에 떨어진 원인을 설명하고 있지만, 비교적 간략하고 중심은 '구모(救母)'라고 하는 줄거리에 두고 있다. 그 밖에 몇 가지 변문은『목련연기』만큼도 그 이야기의 내용이 풍부하지 못하다. 송 잡극의『목련구모(目連救母)』는 극본과 그와 관련된 상세한 기록이 없기 때문에 상황을 알 수 없다. 금 원본(院本) 및 원 잡극 이후, 목련 고사를 제재로 한 극목이 부분적인 줄거리에 있어서 끊임없이 풍부해져, 총체적인 줄거리라는 면에서 하나의 통합된 일체를 이룰 수 없었던 것 같다. 명대 중엽 이후의 희곡 선본(選本)에 있어서 하나의 총체적 구성을 갖춘 것이 민간에 존재했을 가능성은 배제할 수 없지만,

---

85) 金映志,『目連硏究』앞의 논문, p.3

현존하는 극목이 기재된 것을 고찰하면, 집중되지 못하고 흩어진 것으로 완벽하고 치밀한 희곡이 아니었다.

이러한 목련 고사를 하나의 완벽한 희곡 작품으로 만들어내는 임무를 완성한 이가 정즈전(鄭之珍)이며, 그가 1582년(明 萬曆10)에 편찬한 『목련구모권선희문(目連救母勸善戲文)』이 바로 그것이다. 그는 명 중엽 이전에 장구하게 유전되어 내려온 목련 고사를 가공(加工), 개조하고 집중시켜 하나의 완벽한 줄거리를 갖춘 희곡 작품을 만들어냈다. 전체 극은 모두 104개 단락(齣)으로, 상·중·하 3권으로 이루어져 있는데, 부가향불(傅家向佛) - 유씨위서개훈타지옥(劉氏違誓開葷墮地獄) - 목련서행구불(目連西行求佛) - 목련지옥심모구모(目連地獄尋母救母)라는 기본적인 이야기 구조를 세워놓고 이왕의 각종 목련 관련 고사를 그 속에 꿰어 엮음으로써 내용이 풍부해지고 '구모(救母)'를 주된 줄거리로 하는 희곡을 만들어낸 것이다.[86]

『목련구모권선희문』 권하(卷下)에는 목련이 제일전(第一殿)에서 제십전(第十殿)까지 각각의 대지옥(大地獄)에 쫓아가서 모친을 찾아 구하는 내용이 나온다. 그 중 제81단락(齣)「삼전심모(三殿尋母)」에서는 목련의 모친 유씨가 삼전철상(三殿鐵床)·혈호지옥에서 옥관(獄官)에게 부녀의 '삼대고(三大苦)'(자녀를 낳고, 기르고, 사망하는 것)를 창(唱)하여, 옥관(獄官)을 감동시키고 그녀가 이 지옥에서 고통을 받는 것을 면하였다는 이야기가 나온다;

[야차(夜叉)] "한가한 얘기하지 말라. 유씨 청제, 맹세를 어기고 개훈(開

---

86) (明)鄭之珍 撰, 朱萬曙 校點(2005)『新編目連救母勸善戲文』安徽古籍叢書, 黃山書社, pp.1-6

輩)해서, 전하(殿下)가 문초할 것이니, 이곳에 와서 죄를 받으라."

[옥관] "일어나 가라! 수하는 이 유씨를 먼저 철상에 올려라! 그리고 다시 혈호에 내던져라.'

[유씨] "나리, 혈수는 더러운데, 부인이 어쩔 수 없는 것이다. 엎드려 비오니 아쉬운 대로(참겠습니다만)."

[옥관] "혈수가 삼광을 더럽히는 것은 부득이한 것이다. 맹세를 어기고 개훈한 것은 그만두고자 해도 할 수 없는 것이다. 음사의 법도에는, 몸에 더러운 피가 있는 것은 더럽다 생각하지 않으나, 마음에 더러운 피가 있으면 심히 더럽다 할 만하다. 철상에 끌어 올려라."

[유씨] "… 제가 삼광을 더럽힌 것이 부득이한 원인 때문임을 나리께 알게 하도록 해 주십시오."

…

〈칠언사(七言詞)〉 [유씨] "사람이 태어나거든 부인의 몸으로 되지 않기를, 부인이 되면 괴로움이 많다. 부인(며느리)의 고통 역시 본래 같은 것인데, 또한 어머니가 되는 고초(苦楚)를 이야기해 사람들에게 들려주겠다."

이어서 제1대 고초(懷躭十月苦·乳哺三年苦), 제2대 고초(젖을 끊은 후, 자녀가 자라 결혼 후 모친 사망 때까지), 제3대 고초(자녀가 효순하지 않아 七七齋까지 道場을 열지 않을 것에 대한 두려움. 죄로 인해 지옥에서 당할 고초에 대한 두려움, 그리고 단지 삼광이 미워하기 때문에 혈호에서 재앙을 당한다)를 창(唱)한다.

[옥관] "혈호의 재앙은 본래 부인은 부득이한 것인데, 스스로 잘 참회하면, 벌은 마땅히 가벼워진다. 너가 지금 네 형벌을 용서하고, 네 앞길을 데리고 가겠다."

[유씨] "… 저의 혈호 재앙을 면하게 하셨으니, 이 은혜를 어찌 잊겠는가?"[87]

혈호지옥이 여러 혈분경류에서 보는 바와 같이 불교에서 말하는 지

---

87) 위의 책, pp.372-376

옥과 별개로 존재해 있는 것으로 여겨지고 있는데 반해, 이 희곡에서는 10전 지옥 중 제3전 지옥에 위치해 하나의 거쳐 가는 곳으로 나타나고 있다. 그렇지만 모든 기혼 여성들이 혈수로 삼광을 더럽히는 것이 부득이하니, 이 지옥의 고통을 면할 수는 없다는 것을 분명하게 명시하고 있다. 다만, 유 씨가 칠·칠재까지 도장을 열기를 자녀들에게 바라는 창을 한 것으로 볼 때, 사·칠(四七)에서 칠·칠(七七)까지의 사이에 '파혈호' 의식이 불교 승려나 도교의 도사 등에 의해 수행되고 이로써 혈호지옥에서의 고난으로부터의 구원이 가능하다는 인식이 존재하고 있었던 것으로 생각된다. 만약 그렇다면, 이 경우는 단순히 혈호지옥에서 당할 고통으로부터의 해방을 말할 뿐이지, 그곳으로부터 직접적인 천상으로의 초생(超生; 超度)이라고 보기는 어렵다. 옥주도 감동해, 형을 면하게 하고 다음 전으로 가게 했다고 해, 이야기는 여기에서 끝나 버린다. 즉,『혈분경』의 일부 내용을 흡수했을 뿐이고, 혈호 속의 죄인은, (사망한 후부터 칠·칠재까지 그녀의 구원을 위한 도장이 열리지 않는다면) 몇 만년을 거치더라도 제도(濟度)되지 못하는 것이다[88]

다나카 잇세이(田仲一成) 씨는 결국 명대 정즈전 본의 목련희는 당말·오대의 목련 변문에 비해 구조가 매우 복잡한데, 당 말부터 명대까지의 5백여 년간 매우 큰 발전이 있었다고 하고, 그 사이에 도교의 초도(超度)도 발전했고, 필연적으로 목련희에 영향을 주었을 것이라고 보고 있다.[89] 다나카 잇세이는 또 다른 논문에서는, 중국 민간 장례(葬禮) 의전(儀典)인 파지옥(破地獄; '打城'이라고도 한다)은 지옥에 떨어진 친

---

[88] 馬建華(道上知弘譯),「女性の救濟—莆仙目連戲と『血盆經』—」앞의 논문, p.371
[89] 田仲一成(1991)「超度—目連戲以及祭社戲劇的産生」『戲曲硏究』37輯, pp.138-139, p.141

척의 망령(亡靈)을 구원하기를 바라는 것인데, 지역에 따라 형식은 다양하지만 이 의식 속에는 목련구모의 공연이 함유되어 있어, 파옥(破獄)과 목련 사이에 역사상의 관계를 추론케 한다고 하였다. 예를 들면, 민북(閩北) 푸톈(莆田) 건초(建醮) 중의 '탑참(塔懺)', 객가(客家) 상례(喪禮) 중의 '목련구모', 하이난(海南) 초도(超度) 중의 '파옥(破獄)', 그리고 광둥(廣東) 건초 중의 '팔문공덕(八門功德)' 등의 의례 속에서, 승도(僧道)는 목련존자로 분장하여 머리에는 보관(寶冠)을 쓰고 손에는 석장(錫杖)을 잡고 옥문을 깨뜨리고 망혼(亡魂)을 구원하였다. 이로부터 볼 때, 목련구모 의식은 민간의 장례(葬禮) 추천(推薦) 공덕 속에 깊이 뿌리를 내리고 있음을 볼 수 있다.[90] 그런데, 이러한 모습은 필자가 장쑤성 루가오(如皋) 쥬화진(九華鎭)과 난퉁시(南通市) 류차오진(劉橋鎭) 잉슝촌(英雄村)에서 본 파혈호 의식에서도 그대로 확인할 수 있었고 이는 목련이 지장보살(地藏菩薩)임을 상징하는 것이다.

따라서, 불교와 도교에서의 '도-혈호', '파지옥(破地獄)'의 종교 의식과 목련과 관련된 설화들이 각기 따로 발생하고 성장하여 가면서 상호 간에 영향을 준 것이라고 생각된다. 『불설대장정교혈분경』도 그러한 것으로 생각되는데, 다만 문제는 역사적 관점에서 보았을 때 먼저 목련희가 성립되고 나서 초도의식(超度儀式; 파혈호)이 그 기초 우에서 탄생되어 나온 것인지, 아니면 이와는 반대로 먼저 초도 의식(파혈호)이 있고 나서 목련희가 초도 의전(儀典) 형식에 의거해 탄생되었는가 하는 것이다. 즉, 목련 관련 설화 속에 언제부터인가 혈호에 관한 서술이 나타나고 그것이 목련희에도 삽입되어 들어간 것인지, 도는 혈분경이 성립하

---

90) 田仲一成(1994)「廣東鄕村裏的目連破獄儀式―八門功德」『中華戲曲』第17輯(1994), p.152

는 과정에서 목련 관련 설화를 이용한 것이 아닌가 하는 것이다.

그에 대해서는 혈분경이 성립되었을 것으로 추정되는 시기부터 정지진이 『목련구모권선희문』을 편찬한 1582년(만력10) 사이의 기간에 나타난 목련 관련 설화 자료들을 확인함으로써 대략이나마 혈분경의 성립 시기를 좁혀 감과 동시에 양자의 관계를 확인할 수 있을 것으로 생각한다. 다만, 좀 더 구체적으로 그 가능성을 생각해 볼 때, 다양한 판본의 목련 관련 설화나 목련희가 혈분경이 이제 막 발생한 시기에 곧 바로 혈분경을 흡수했을 가능성은 적었을 것으로 생각된다. 아무래도 혈분경이 널리 유행되어 가던 시기 이후에나 받아들여졌을 것으로 보인다. 따라서, 혈분경 발생기인 북송 초기에 혈분경을 흡수했을 가능성은 적고, 가장 성행한 시기인 명대에는 도리어 혈분경의 내용이 삭제되고 있다. "이것으로부터, 목련희가 혈분경을 수용한 시기는 혈분경의 발전기에 해당하는 남송부터, 원대까지의 시기"[91]가 아니었을까 한다. 그러나 반면에, 혈분경의 성립을 중심으로 볼 경우에는, 당 말·오대에 이미 목련 변문 등이 널리 성행하였으므로, 혈호지옥과 목련 설화의 결합은 보다 쉽게 이루어질 수 있었을 것이다.

결국, 혈분경이나 혈분재는 『불설우란분경』을 근거로 하면서 목련희와는 계통을 달리하여 중국적인 고유 신앙과 결합된 것으로, 앞에서도 언급한 바와 같이 넓게 봐서 둔황 변문 이래 형성된 후 목련희에 삽입되고 발전해 나간 것이다. 다만, 『불설대장정교혈분경』이 혈분경의 원형인가의 여부는 계속적으로 자료에 대한 조사가 이루어져야 할 것이다.

---

91) 馬建華, 「女性の救濟―莆仙目連戱と『血盆經』―」 앞의 논문, p.391.

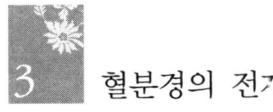

3 혈분경의 전개

1) 역사적 전개

20세기 초에 중국 향촌에서 행해지고 있던 혈분재의 실제 모습은 주로 서양의 선교사들에 의해 비교적 자세하게 관찰·보고되었다. 일본은 1930, 40년대 중국의 화북과 화중 지역을 점령하면서 국가의 정책적 지원을 통해 민간 신앙에 대한 조사를 행하였고 이 과정에서 혈분재와 관련된 것들도 수집되었던 것으로 보인다.[92] 서양의 선교사들이나 일본의 관행(慣行) 조사자들은 이러한 의식들이 미신적이고 비합리적이며 의식 집례자들의 파렴치한 물질적 욕구를 지적해 부정적 평가를 하고 있지만, 이러한 의식들에 대해 비교적 소상하게 기술해 놓은 것은 이들 행사들이 중국 민중들의 의식이나 일상생활과 깊은 관련이 있었음을 잘 보여 주는 것이라 하겠다.

『중국민간가곡집성(中國民間歌曲集成)』은 중국의 여러 성(省)들에서 다양한 민족의 민중들 사이에서 불리고 있는 노래들을 대량으로 채집한 것이다. 여기에는, 농업과 관련된 앙가(秧歌) 등과, 아동용 노래 및 혼인(紅事), 장송(葬送) 등 풍속과 관련된 민가(民歌), 종고(불교와 도

---

92) 1937년 7월 루거우차오(盧溝橋) 사변 후 일본군은 화북 지역을 점령하고, 1938년(昭和13) 12월 베이징(北京)에 고아인(興亞院)을 설립했다. 얼마 뒤 고아인 화북연락부(華北連絡部)가 화북 지역 민간 신앙 결사에 대한 조사를 진행했고, 1942년 고아인 화중연락부(華中連絡部)는 호지모토 지토오(藤本智董, 1906~1984), 오노 효에(小野兵衛, 1884~1966)가 주론한 조사를 기초로『中支における民間信仰の實情』華中調査資料第四〇六號(昭和十七年六月)를 출판했다. 이 책의 제3장이 "白事, 死と葬式", 제4장이 "死者の爲の祈願·護符", 제5장이 "死に關する種種なる迷信"에 대해 조사한 내용이며, "파혈호" 같은 혈분재 관련 서술이 나온다.

교) 관련 가곡(歌曲)들이 실려 있다. 그들 가운데 필자가 혈분경 관련 가곡으로 확인할 수 있었던 것으로,『중국민간가곡집성 호북권(湖北卷)』하권에「혈분경」이 있었고, 그 외에,『중국민간가곡집성 절강권(浙江卷)』에서「보낭은(報娘恩)」93)과「십월회태(十月懷胎)」94),『중국민간가곡집성 복건권(福建卷)』상권에서「십월회태」95)를 확인하였다.

1980년대 말에 나온『중국민간가곡집성 호북권』하권의 호북민가가 서세목표4(湖北民歌歌序細目表四)에 악서남구민가(鄂西南區民歌)가 나오고 그 중 의창시(宜昌市) 의창 지구(宜昌地區)의 민가 가운데, 풍속가(風俗歌)·상사가(喪事歌)·도상고(跳喪鼓)의 항목에「혈분경」이 나온다. 이것은 한족(漢族)들에 의해 불려졌고, 채집지(采集地)는 악서남(鄂西南) 장양(長陽)현으로 나와 있다.96)

이 노래에 대한 주(注)에는, "옛날에 부녀가 사망했을 때, 도사가 그 죽은 자를 위해 염송하는 경을「혈분경」이라 칭한다. 여기에서의「혈분경」은 곧 민간의 구전(구비)문학이다. 도상고(跳喪鼓)에서 전용(專用)하며, 또한 죽은 자(亡者)가 부녀인 상사(喪事)에서만 쓰이고, 춤추면서 창(唱)한다."라고 나와 있다. 이를 보면,「혈분경」이 사망한 부녀만을 위한 것임을 알 수 있다. 또한 그 가사는 총 26절로 이루어져 있는 가운

---

93)『中國民間歌曲集成 浙江卷』漢族民歌 儀式歌 596번「報娘恩」(海鹽縣),《中國民間歌曲集成》全國編輯委員會主編《中國民間歌曲集成 浙江卷》編輯委員會編纂(北京: 人民音樂出版社, 1993), p.554.
94) 위의 책, 漢族民歌 儀式歌 605번「十月懷胎」(嵊縣)(1993), p.560.
95)『中國民間歌曲集成 福建卷』上卷 閩南民歌 風俗歌 578번「十月懷胎(洗佛歌)」(漳浦縣),《中國民間歌曲集成》全國編輯委員會主編《中國民間歌曲集成 福建卷》編輯委員會編纂(北京: 中國ISBN中心, 1996), p.612.
96)『中國民間歌曲集成 湖北卷』(下卷) 鄂西南區民歌 宜昌市宜昌地區民歌 風俗歌·喪事歌·跳喪鼓 1102번「血盆經」(鄂西南 長陽縣),《中國民間歌曲集成》全國編輯委員會編(北京: 人民音樂出版社, 1988), pp.1215~1217.

데, 1절부터 11절까지가 '십월회태'의 월별 내용이 나오고, 제일 마지막 절인 26절에,

> 이것이 혈분경이다(此是一本血盆經).
> 세상 사람들에게 이야기하니, 자세하게 듣고(說與世人仔細聽)
> 남녀 모두는 효순에 정성을 쏟아야 한다(男女都要講孝順).
> 사람들은 모두 부모의 은혜에 보답해야 한다(人人都報父母恩).

라고 하여 보낭은(報娘恩)에 대한 언급이 있는 것을 보면, 자녀를 낳은 모친의 상사(喪事)를 대상으로 해서만 이 혈분경이 염송되었음이 분명하다. 「혈분경」과 관련된 내용을 집약적으로 보여 주는 것은 제20절의 내용이다.

> 한 아이에 한 대야의 물[97](一個孩兒一盆水)
> 대야마다 지옥문이 붓는다(盆盆潑在地獄門).
> 아들은 이 세상에서 호걸 노릇을 하지만(兒在陽間做好漢)
> 모친은 지옥에서 고난을 받는다(母在陰間受苦難).

분명하고 직접적으로 언급을 하고 있지는 않지만, 여성이 산혈로 천지의 신들을 모독하여 사후에 핏물이 고인 지옥(혈분지)에서 고난을 당하는 것임을 보이고 있다.

위에서 이미 언급된 둔황에서 발견된 당(唐), 오대 그리고 송 초의 강경문이나 경전 및 불고 가곡들에 나타난 보낭은(報娘恩) 사상은 연면하게 지금까지도 계승되어 오고 있음을 알 수 있다. 「십월회태」는 지금

---

97) 이것은 '산혈(産血)'을 의미하는 것으로 생각된다.

도 혈분재(파혈호) 의식이 행하여질 때 염송되고 있다. 혈분경과 혈분재가 20세기 중반에 정치적인 곡절을 겪은 중에서도 단절됨이 없이 불교, 도교 및 민간 종교에서 지금까지 왕성하게 행하여져 온 것은 매우 흥미를 끄는 것이다.

2) 보권(寶卷)과 『혈분경』

보권은 남송대에 보명선사(普明禪師)가 만든 『향산보권(香山寶卷)』이 가장 이른 것이라고 하는데, 그것은 변문을 직접 계승하여 나온 것이다. 당대(唐代) 7세기 말 이전, 사원에서 일종의 속강(俗講)이 유행했는데, 이를 기록한 문자를 변문이라 하였다. 속강은 구어(口語)에 가까운 문자를 이용해 쓰여졌는데, 중간에 산문(說)과 운문(唱)이 있었다. 설창(說唱)의 재료는 대부분 불경이나 역사의 고사(故事)를 취하였다. 변문의 통속성과 불교 종지(宗旨)를 어지럽히는 경향 때문에, 송 진종(眞宗, 998~1021 재위) 때 승려가 변문을 설창하는 것을 금지하였다. 그러나 하층 민중의 이에 대한 애호로 담경(談經), 설원(說諢), 설참청(說參請)이라는 것이 나오고, 이후 담경, 원경(諢經)이 발전하여 보권이 되었다. 변문을 직접 이어받은 보권의 구성은 변문과 다르지 않으며 강창한 내용 역시 인과응보 및 불도(佛道)의 고사를 위주로 하였다.

그런데 명대에 들어와 16세기 초 나조(羅祖)의 『오부육책(五部六冊)』의 출현은 이러한 보권 문학의 내용과 구조를 급격하게 변화시켰다. 유불도(儒佛道) 삼교귀일(三敎歸一) 사상이 보권에서도 나타나며, 하층 민중들의 교리에 대한 이해가 쉽지 않은 상황을 고려해서 통속화한 보권 형식에 대구(對句)의 중첩과 반복이라는 특수한 형식을 만들어 내었고 이후 보권들에서 이러한 형식이 널리 이용되었다. 그리고 명 말의 다양한 민간종교 집단의 개조(開祖)들이 자신들의 교리를 선전하기 위해 이러한 문학 형태를 이용한 결과 보권들이 우후죽순처럼 나타나게 되었다.98)

명·청대에 들어와서도, 도교나 불교적인 혈분 의식은 계속 행하여져 갔는데, 이와 더불어 민간 종교의 성행과 함께 민간 종교에서도 나름대로의 혈분 의식이 행하여졌다. 이것은 민간 종교의 경전인 여러 보권들에 혈분경과 관련된 내용이나 의식이 실려 있는 것을 통해서 알 수 있다. 이것 또한, 여성이 운명적으로 여러 지옥 중에서 혈분 지옥에 떨어진다는 것과 이들의 구원 방법 등과 관련된 민간의 전승이 넓고 깊게 민중들의 의식 속에 퍼져 있었음을 확인할 수 있게 해 준다. 여기에서는 많은 보권들 가운데에서 두 권의 보권을 예로 들어 그 안에 나타나 있는 혈분경 관련 내용을 소개하도록 하겠다.

(1) 『소석혼원홍양혈호보참(銷釋混元弘陽血湖寶懺)』

이 보권은 명대에 발행된 홍양교(紅陽敎)의 경전이다.99) 이 경전은 남염부제(南閻浮提: 中國)의 여인들만을 대상으로 하고 있다. 악한 행위를 한 여인은 생명이 끝날 때에 임해서 반드시 십팔중지옥(十八重地獄)에 떨어져 끝이 없이 고통을 받는다고 하며 이생에서 행한 다양한 죄악과 18중지옥을 하나하나 결부시키고 있다. 재미있는 것은, 이 18중지옥도 불경에 나오는 것과는 다른 민간 신앙적인 것이지만, 이 가운데에는

---

98) 宋堯厚(2001)『明淸時代 民間 秘密宗敎 硏究』東國大學校 大學院 博士學位論文, pp.38-39
99) 이 보권의 찬(讚)에 태상표고노조(太常飄高老祖)가 1594년(明 萬曆22) 정월 15일에 설법을 베풀었다고 나와 있다.

혈호지옥이 보이지 않고 그 뒤를 이어서, 따로 혈호지옥과 관련된 내용이 나온다. 이것은 아마도 혈호지옥이 오로지 여성들만을 대상으로 하는 것이었기 때문일 것이다. 먼저, 종태선사(宗泰禪師)와 조사(祖師: 太上飄高老祖)와의 대화에서는 왜 여인들이 혈호지옥에 떨어지는가를 이야기하고 있다.

> 세상의 모든 여인들은 다행히 중국에서 태어나, 여자로서 음양이 회합해 자녀를 낳아 기르면서 더럽고 정결하지 못하게 혈수가 뿜어 나와 나쁜 냄새가 얽혀 있거나 혹은 피 묻은 옷을 빨아 세탁하면서 깨끗한 물을 더럽히고 어지럽게 뒤섞여 혼탁하게 한다. 혹 아래로 흘러내려가거나 웅덩이에 고여 있다가 물이 얼 때, 어떤 선인(善人)이 물을 사서 부처에게 바침으로 혈기(血氣)가 성진(聖眞)을 모독한다. 지금 사직공조(四直功曹)[100]가 이름을 살펴 선악의 명부에 붙여져 있다가, 목숨이 다할 때에 이르러 반드시 혈호지옥에 떨어져 응보를 받는다.[101]

이를 통해 보면, 여인들이 혈호지옥에 떨어지는 이유는 오직 아이의 출산으로 인한 출혈과 관련되어 있다. 그는 또한 혈호지옥의 모습과 이곳에서 여인들이 겪는 고통을 다음과 같이 설명하고 있다.

> 혈호지(血湖池)는 아주 크다. 사방이 백리이다. 완전히 둘러싼 철성(鐵城)이 만길(萬丈)이나 되고 독룡(毒龍)이 둘러싸고 있다. 안에는 한 못이 있는데, 이름을 혈호라 한다. 왜 혈호라 하는가? 부인이 자녀를 낳아 기르

---

100) 신의 이름이다. 도가에서는 신령(神靈)의 묘부(廟府)를 조직하고, 각 부(部)마다 공조(功曹)라는 신장(神將)을 두어 당직관(當直官)으로 삼았는데, 이름하여 당직공조(當直功曹)라 일컫는다.(李叔還, 『道教大辭典』앞의 책, p.131)
101) 『銷釋混元弘陽血湖寶懺』, 王見川·林萬傳 主編『明淸民間宗教經卷文獻』第6冊(新文豊出版公司, 1999), p.864下

며 얼룩진 옷을 세탁하면서, 이 세상에서 더러워져 깨끗하지 못한 물이 음사(陰司)에 이르러 이곳에 모였으므로 이름하여 혈호지옥이라 하였다. …(중략)… 이 세상에서 계율을 범한 여인들은 모두 이곳에 보내 응보를 받는다. 개인마다 대접을 갖고 혈수를 마신다. 마시는 자는 괜찮지만, 만약 마시지 않는 자가 있으면 곁에서 대단히 강한 힘이 있는 귀왕(鬼王)이 손에 이리의 이빨 같이 날카로운 큰 몽둥이(狼牙大棒)을 들고 무자비하게 고통스럽게 때린다. 혈수를 다 마시고서야 비로소 나올 수 있으니 이것이 곧 여인 혈호지옥의 고통이다.[102]

이렇게 일체의 여인이 이 세상에서 아녀들을 위해 지은 죄업 때문에 지옥의 혈호에서 한없이 고통을 받는 것은 숙명적인 것으로 보인다. 표고노조는 중생, 특히 모든 여성들에게 그들의 구원을 위해 자비를 베풀어서 이 세상의 여인들이 사망 후에 혈호의 고통에 떨어지지 않는 방법과 죽은 여성의 영혼을 혈호에서의 고통으로부터 구원하는 방법을 제시하고 있다.

조사(祖師)가 이르기를, 이 세상에서 만약 여인이 혈호의 고통을 면하고자 한다면 홍양도를 믿는 무리(弘陽道衆)에게 간청해서 혈호성회(聖會)를 여는데, 하루나 이틀 또는 21일간 열도록 한다. 또한 어느 하룻날 밤에는 법사(法事)를 행하기를 청한다. 홍양 제품(諸品)과 사죄해 주는 진경(眞經)을 소리 높여 읽으며 혈호보참, 향등(香燈)과 과품(菓品)을 불조(佛祖)의 앞에 예물로 바치면, 천 가지의 죄과를 용서해 풀어 주어 이 세상의 일체 부녀는 모두 혈호의 고통에 떨어지는 것을 면한다.[103]

뒤에 이어지는 표고조(飄高祖) 강림범게(降臨凡偈)에서 이것을 다시

---

102) 위의 책, pp.865上~下
103) 위의 책, pp865下~866上

확인할 수 있다.

> 남염부제(중국)의 여인들은 자녀를 낳고 기르면서, 얼룩진 것을 세탁하고 펼쳐 놓아 더러운 기운이 하늘의 신과 땅의 신을 범하였다.
> 공조(功曹)가 이름을 헤아려 10명의 염라대왕(閻君)에게 주면, 임종이 이르기를 기다렸다가 (그 행적을 돌아보는 것이) 밝은 거울에 비추는 것 같이 분명하다.
> 선한 자는 천당으로 보내고 악한 자는 혈호성(血湖城)에 보내는데, 혈호는 크기가 백 무(畝)나 되고 옥졸들의 머리털은 헝클어져 있다.
> 혈호의 물을 다 마셔야 이제 비로소 극락왕생할 수 있다.
> 조사께서 자비를 드러내 방편(方便)의 문을 널리 열어 중생의 고통을 면하게 하여 많은 여인을 구원하며,
> 여인의 어려움을 구원하여 혈호성을 벗어나오게 하시기를 원하였다.
> 만약 선남녀(善男女)가 혼원문(混元門)에 귀의하여 혈호회(血湖會)를 열어 구고경(救苦經)을 암송하며
> 혈호참(血湖懺)을 예배하며 성인(聖人)의 이름에게 경건하고 정성스럽게 축원하며, 부처 앞에서 참회를 구하면 혈호성에 떨어지지 않으며
> 인간 세계에서 벗어 나와 이제는 정토에서 태어난다.[104]

여성들에 대한 구원의 궁극적인 목표는 혈호의 고통을 면하게 하는 것에서 더 나아가 인간 세계, 즉 생사의 윤회를 벗어나 정토에서 태어나는 것임을 보이고 있다. 이것은 달리 "끝없는 모든 더러운 죄를 참회하여, 원통함도 없고 죄도 없이 소요(逍遙)하며 곧 바로 용화회(龍華會)에 도달해, 용화삼회(龍華三會)에서 상봉하기를 원한다."[105]라고도 표현되어 있다. 이 보권에는 혈분경이라는 것이 제시되어 있지는 않지만, 혈분

---

104) 위의 책, pp867下-868下
105) 위의 책, p.868下

사상의 전모가 보이고 혈호지옥을 면하는 것은 물론 정토에 도달하는 궁극적인 구원은 오로지 '혼원문에 귀의'를 통해야만 가능하다는 종파 보권으로서의 특징을 아주 잘 보여 주고 있다.

(2) 『지옥보권(地獄寶卷)』

『지옥보권』106)「탄차애하지옥여인호고품(嘆嗟愛河地獄女人好苦品)」에서는, 애하(愛河)107)를 혈호와 상응하는 것으로 제시하고 있다;

> 대다수가 이 세상에서 악한 행위를 한 사람들이다. 여인은 모두 남녀를 기르면서 피 묻은 옷, 치마를 정결하게 하지 못하여 하늘의 신과 땅의 신 및 수의 선령(仙靈)을 불쾌하게 함으로써 내하(漆河)에 밀어 떨어뜨려 영원히 잠기게 한다.108)

그러나 여인들이 살아 있을 때, "내내 채식을 하고 술을 금하며 수행해 도를 행하고 부처에게 참예해 향을 피우기를 부단히 하면, 이로 인해

---

106) 『地獄寶卷』, 張希舜·濮文起·高可·宋軍 主編, 『寶卷初集』第25冊(山西人民出版社, 1994)은 초본(抄本) 상·하권으로 이루어져 있다. 車錫倫 『中國寶卷總目』(北京燕山出版社, 2000), p.39에서는, 구초본(舊抄本)으로 현재 두 종이 남아 있는데, 『소석명증지옥보권(銷釋明證地獄寶卷)』은 명대에 환원조(還源祖)가 편찬하였고 『지옥보권』, 『명증권(明證卷)』, 『명증지옥보권(明證地獄寶卷)』으로 간단히 칭하기도 한다고 하였다. 위의 책, pp.325~326에서는 간본으로 1591년(萬曆19) 1책, 1900년(光緒26) 2책, 그리고 구 간본(舊刊本) 1책이 남아 있다고 하였다. 李世瑜 『寶卷綜錄』(中華書局, 1961), p.53에는 명 간본 『소석지옥보권(銷釋地獄寶卷)』이 남아 있다고 한다. 黃育楷, 『破邪詳辯』卷1, 中國社會科學院歷史硏究所淸史硏究室編, 『淸史資料』3(中華書局, 1982), pp.23-24에서 황은 『명증지옥보권(明證地獄寶卷)』이라는 이름의 한 보권을 논박하고 있다. 여기에 나오는 각 품(品)의 명칭은 이 논문에서 논한 『지옥보권』과 거의 동일하나, 내용면에서는 다소 다른 점이 있는 것 같다. 황은 명대에 나온 각본(刻本)을 이용했을 것으로 생각된다.
107) 내하(漆河), 내하(奈河) 내하(奈何)라고도 한다.
108) 『地獄寶卷』 앞의 책, p.22

내하교(奈河橋)를 지나지 않으며, 이 세상에서 남녀가 일찍부터 미타(彌陀)를 외우면 지옥의 고통을 당하지 않는다."109)라고 한다. 또한 자녀들이 내하(奈河)에서 고통을 당하고 있는 모친이 해, 달, 그리고 별의 삼광(三光)을 범한 죄에서 구해야 한다고 하고, "혈분110)을 소리내어 읽고 혈호에 재배(再拜)하면 죄가 가벼워질 수 있다."111)라고 한다. 여기에서 주목이 되는 것은 모친의 사후에 효성스런 자녀들이 혈분경을 염송하는 것이 모친의 구원에 효력이 있음을 보여 주고 있다. 또한 위에서도 이야기되었지만, 여성이 갖고 있는 숙명과 함께 그것을 벗어남에 있어서 자신의 책임이 강조되고 있다.

> 지금 내하(奈河)에 떨어지는 것은 아무도 대신하지 못한다. 자신이 저지르고 스스로 고생을 당하는 것이다. 여인이 경을 읽는 것은 부처의 몸이다. 자녀를 낳고 기르는데, 깨끗하지 못하며 달을 채우지 않고 문을 나섬으로 음간(陰間)의 내하에서 고생을 당한다.112)

이 보권에서는 무위진인(無爲眞人: 羅祖)의 화신(化身)인 환원노조(還源老祖)가 영산고불(靈山古佛: 燃燈古佛이라고도 하고 있다)의 도움으로 받은 불력(佛力)113)과 고불(古佛)의 화생(化生)인 동자(童子)의 인도114)로 지옥을 순유하며 본 지옥의 모습을 그려 놓고 있다. "금일 지옥

---

109) 위의 책, p.23
110) 위의 책, p.6에도 "또 보니, 서남쪽에서 흑풍(黑風)이 일어났다. 흑풍의 속에는 악인(惡人)이 있는데, 머리와 얼굴은 태어나면서부터 흉악한 형이며 선홍색 두발, 녹색의 눈동자, 입을 벌린 것이 혈분 같다"고 '혈분'이라는 말이 나오는데, 여기에서는 앞 장에도 나온 바와 같이 특정 용도의 기물(器物)의 모습을 말한 것이다.
111) 위의 책, p.26
112) 위의 책, p.27
113) 선장(禪杖), 첩문(牒文), 그리고 금의(金衣)를 가리킨다.
114) 『地獄寶卷』 앞의 책, pp.2-10

권(地獄卷)을 남긴 것은 아무런 손괴(損壞) 없이 죄인을 구원하고 복이 있어 환원의 모습을 보며 진결(眞訣)로 곤륜(崑崙)을 관통한다. 여래의 대의(大意)는 사람들 모두에게 있으나, 단지 남녀가 찾고자 하지 않았다. 나는 이제 공(功)을 다 채우고 가향(家鄕)로 돌아가니 후대의 아손(兒孫)은 심혈을 기울여 들으라."115)라고 한다. 이 보권에는 무생노모(無生老母)는 보이지 않지만 나조(羅祖)와 그의 화신인 환원노조가 나오는 등, 민간 종교적인 요소와 불교 및 도교적 요소가 깊숙이 관련되어 제설 혼합적인데 어느 하나를 특별히 내세우기가 어려운, 특이하며 독창적인 모습을 보이고 있다. 또한, 진결로 곤륜116)을 관통한다고 하는 것은 도교에서의 내단의 명상술을 통해 궁극적인 구원, 즉 여래의 대의117)를 우리 몸 안에서 달성하는 것이 가능함을 말하고 있는데, 그것은 가향으로 돌아가는 것으로 상징되어져 있다.

여기에서 언급은 안 되었지만, 『태산동악십왕보권(泰山東嶽十王寶卷)』, 『미륵불설지장십왕보권(彌勒佛說地藏十王寶卷)』, 『혈호보권(血湖寶卷)』 등의 여러 보권들에 보이는 혈분경과 관련된 내용을 고찰해 보면, 볼프람 에버하르트(Wolfram Eberhard)가 보였던 것처럼118), 중국인들은 민간 종교적 시각에서, 운명이라는 사고와 개인적 책임이라는 사고 사이에 긴장을 유지해 왔음을 알 수 있다.

지장보살(Kṣitigarbha), 미륵불 등에 의해 대표되는 신적(神的) 구원

---

115) 위의 책, p.101
116) 곤륜은 머리의 위에 있는 니환궁(泥丸宮)을 말한다. 내단 용어에서 그것은 머리의 정수리를 의미한다(胡孚琛, 『中國道敎大辭典』앞의 책, p.1164 참조).
117) 불성(佛性), 곧 본성을 가리킨다.
118) Wolfram Eberhard, *Sin and Guilt in Traditional China*(University of California Press, 1967); Barbara E. Reed, "The Gender Symbolism of Kuan-yin Bodhisattva", Jos Ignacio Cabezn edited, *Buddhism, Sexuality, and Gender*(State University of New York Press, 1992), p.165.

〈사진 1〉 중국의 지옥도(地獄圖)에 나타난 혈분지의 모습
(〈사진〉 1~3의 출처: http://academic.reed.edu/hellscrolls/)

은 외적 실체의 동정적인 행위를 통한 해방의 가능성을 허용함으로써, 운명과 업보를 헤쳐 나간다. 그들은 여성에게 운명적으로 지워지거나 그녀가 죄를 지음으로써 얻게 된 고통을 막는 데 개입할 수 있다.

위의 보권들은 여성들이 불결함과 많은 다른 이유들 때문에 특별한 구원을 필요로 함을 언급하고 있다. 그것들은 불교, 도교 및 유교의 많은 상징들과 사상들을 공유하였다. 그것들은 중국의 종교·문화적 전승의 밖에 있지 않았지만, 정통적인 3교에서 유래하고 있는 상징들과 사상들의 제설 혼합적인 혼합 그 이상이었다. 즉, 여성에 대한 구원론은 비록 상징들이 강하게 정통 불교에 의존했지만 불교 신앙과는 상당히 달랐고[119] 3교의 상징들이 민간 신앙과 결합하면서 독특한 제4의 신앙체계를 만들어 내었다. 다니엘 오버마이어(Daniel Overmyer)도 지적한 것처럼, 여성을 비롯한 평범한 사람들, 도사들, 관리들, 그리고 신들 모두 종파에 가담해 그 가르침을 따르기로 맹세함으로써 스스로를 구원하도록 촉구하고, 죽은 자들도 스급해서 그들 자손들의 경건과 (민간 종파) 신들의 자비에 의해 구원될 수 있다고 함으로써 보권은 중국 종교 세계에서 자신의 위치를 확립하였다.[120]

 4. 혈분재의 종교·사회적 의미

1) 혈분재의 종교적 의미

이 의식은 많은 상징적인 도구들을 수반한 일관된 여러 과정들로 이루어져 있다. 그 과정 하나하나에는 깊은 종교적 의미가 내포되어 있는데, 현재로서는 그것들에 대해 설명을 할 수 있는 단계에까지 도달해 있지 못하다. 다만, 그렇게 되기까지에는 불교나 도교, 더 나아가 보권을 비롯한 민간 종교에 대한 폭 넓은 이해가 수반되어야 할 것으로 생각된다. 그렇지만, 이 의식에는 궁극적으로 자녀들이 보은을 통해 모친을 혈호에서의 고통으로부터 구하고 영적으로 구원한다(救母는天)는 종교

---

119) Hubert Seiwert, *Popular Religious Movements and Heterodox Sects in Chinese History*(Brill Leiden, 2003), p.441.
120) Daniel L. Overmyer, *Precious Volumes—An introduction to Chinese Sectarian Scriptures from the Sixteenth and Seventeenth Centuries*—(Havard University Press, 1999), p.247.

〈사진 2〉 혈오지 부분:19세기에 만들어진 10축(軸)의 10전(殿) 지옥도들 중의 하나이다. 혈호지옥에 빠져 고통을 당하고 있는 여성을 위해 그녀의 자녀들, 며느리, 손자가 혈분재를 올리고 있다. 의식집행자는 〈사진 3〉의 도교 도사와 달리 불교 승려이다(복장과 머리를 비교해 보라). '혈오지(血汚池)'라고 써 있는 부분 위에 '효자(孝子)'가 돌리고 있는 것은 전장(轉藏)으로 생각된다.

〈사진 3〉 탁혈지(濁血池) 부분

적 의미가 깊이 내재되어 있음은 부정할 수 없다.

　에밀리 M 아헨(Emily M. Ahern)도 지적한 바와 같이, 여성의 월경과 산혈은 불결하며 '위험한 힘'과 밀접하게 관련되어 있다고 여겨져 왔다. 이것이 하늘과 땅의 신에게 불경을 범하고, 이로 인해 혈호지옥의 고통이 등장한 것이다. 중국적 지옥은 불교를 통해 만들어졌지만, 다른 한편으로, 도교적 의식을 행하는 자들도 역할을 했음에 틀림없다. 앞 절에서도 언급되었지만, 혈호지옥은 목련구모 설화에 나오는 효와 연계되어 중국화된 것으로, 불교에서 말하는 지옥에는 없는 것이다.

　'지옥'은 힌두교에서 나와 불교에 수용되었다. 혈호지옥은 불교와의 내적인 연관 관계에서 볼 때, 당연히 불교의 지옥 체계에 편입되어야 한다. 그런데, 불교에서는 지옥이 벌을 받는 삶의 종착지가 아닌 경유지이며 최종 목적지는 열반이다. 즉, 선과 악에 해당하는 최종 목적지가 없다는 것은 불교의 윤회 사상에 의거한 것이다.

불교에서는 엄밀한 의미에서 사자(死者)는 존재하지 않는다. 왜냐하면, 생존해 있는 것(衆生)은 일단 죽더라도, 다시 오도(五道: 天·人·畜生·餓鬼·地獄) 혹은 육도(六道: 五道에 阿修羅를 부가한 것) 중의 어딘가에 환생하기 때문이다. 육도 중의 모든 존재자는 산 자(生者: 衆生)이다. 따라서, 불교에서는 윤회의 세계를 생존의 세계로 생각한다. 사자의 세계는 존재하지 않는 것이다. 사자가 존재하지 않으면, 사자의 구제는 있을 수 없다. 불교에서는 본래 사자의 구제를 설명하지 않는다. 대승 불교에서 구제의 대상은 일체의 중생이다.121)

불교에서 최종의 목표는 끝없는 윤회에서 벗어나 열반에 이르는 것이다. 결국, 열반에 이를 때까지는 살아 있는 것은 모두 방랑을 할 수밖에 없으며, 지옥은 그 과정 중의 하나이다. 그래서 지옥은 영원한 것이 아니다. 불교에서의 지옥은 영원하지도 않고 타자(他者)가 와서 구원해 주는 것도 없다. 이에 반해 혈호지옥은 외부에서 누가 도와주지 않으면 영원히 고난을 받는다. 혈호지옥을 불교적 체계에서 말할 때 불교와는 낯선 요소가 발견된다.

『불설우란분경』과 『불설대장정교혈분경』에서는, 다 같이 목련존자(目連尊者)가 모친을 포함해 조상에 대하여 구원 활동을 한 것이 나타나 있다. 목련의 형상은 지장보살(地藏菩薩) 같은 모습을 취하고 있다. 지장보살은 지하 세계의 영혼을 구원하는 유일한 구제자이며, 모친을 구

---

121) 小林正美, 『中國の道敎』 앞의 책, pp.180-181

원하는 목련이 이 지장의 모습을 하고 있는 것이다. 목련은 석가로부터 석장(錫杖)·가사(袈裟)·보주(寶珠) 그리고 발우(鉢盂)를 받았는데, 이러한 석장이나 보주를 갖고 있는 모습, 특히 두광(頭光)이 묘사된 경우가 많은 것은 지장보살의 형상을 특징적으로 나타내고 있는 것이다. 당말·오대 시기에 나온 변문(變文)인 『대목건련명간구모변문병도일권병서(大目乾連冥間救母變文并圖一卷并序)』에서, 목련은 지옥에서 세존(世尊)을 만나 모친의 소재를 묻고 있다. 이 경우에는 아직 목련의 명계(冥界)에 있어서의 입장이 판연하게 지장과 구별되어 있다. 그러나 그 이후 『불설목련구모경』에서 보듯이, 민간 불교에서는 파지옥(破地獄: 목련이 모친을 찾아 지옥을 순회하던 중 마지막으로 아비[阿鼻]지옥에 이르렀을 때, 그 지옥은 엄중하여 목련의 법력으로는 성문을 들어갈 수 없었다. 그래서 목련은 석가로부터 12환석장, 가사, 발우를 빌려와 그 위력으로 성문을 부수고 옥 안으로 들어갈 수 있었고, 이 때문에 옥중 죄인들의 가쇄[枷鎖]가 저절로 떨어져 그들이 해방되었다. 위 변문에는 파지옥의 내용이 나오지 않는다)을 통해 목련을 지장으로 승격시켰다. 이로써 목련과 지장이 혼동되는, 양자가 구제자로서의 본성이라는 점에서는 물론이고, 그 속한 불교적 계급 — 보살(菩薩)[122], 성문(聲聞)[123] 등 — 의 차이도 표면적으로는 구별되지 않게 되어 갔다.[124]

---

[122] 위로는 깨달음을 구하고 아래로는 중생(衆生)을 교화하는, 부처의 버금이 되는 성인. 개사(開士). 보리살타. 상사(上士).
[123] 부처의 설법을 직접 듣거나 유교(遺敎)를 배우거나 해서, 사제(四諦)의 이치를 깨달아 아라한(阿羅漢)이 되기를 지향하는 불제자(佛弟子).
[124] 宮次男, 「目連救母說話とその繪畵―目連救母經繪の出現に因んで―」 앞의 논문, p.158, pp.170-171. 필자가 난퉁시(南通市) 류차오진(劉橋鎭) 잉슝촌(英雄村)의 현지 조사에서 참관하였던 파지옥·파혈호 의식들에서, 도사들 중에는 지장보살의 복장을 하고 왕관을 쓰고 석장을 들고 의식을 치루는 것을 볼 수 있었는데, 이러한 형상은 과거의 의식(儀式) 전통이 그대로 살아 전해져 내려오고 있음을

그런데, 『불설대장정교혈분경』에만 나타나는 '여성의 불결함'과 '혈호지옥'이라는 요소들은 고유하게 중국적인 것들임에 틀림없다. 혈호지옥은 인도에서 온 것이 아니며 중국과 연관되는 것이다. 구원이라는 것은 인도에서 나왔고 아귀(餓鬼) 조상들과 관련되었다. 아귀 지옥 이외에도 중국에서는 처음으로 여성을 위한 특별한 지옥이 형성된 셈이다. 양자에 있어서 구출의 유사성은 있으나, 반면에 후자에서 목련과의 연결점은 미약해졌고, 따라서 이후 목련이 빠지고 다양한 종교적 인물들로 대체되거나 다양한 판본의 설화들로 변형되어도, 그 관념은 생명력을 갖고 지속되어 나갈 수 있었던 것이 아닌가 한다.

혈호지옥은 중국적 토양에서 고안된 것이며, 혈호지옥과 연관된 비극은 중국 전 지역에 생생하게 살아 있고 중국인들의 의식에 뿌리 깊게 남아서 영향력을 행사하고 있다. 그 일례로 앞에서 언급된 정즈전(鄭之珍)의 『목련구모권선희문(目連救母勸善戲文)』을 생각해 보라.

여성에 대한 부정적 평가에의 인간적 반응은 효성심을 갖고 도우려는 것으로 나타났다. 그 도움은 조상(즉, 모친으로서의 여성)에 대한 존경심을 통해 강화되었다. 중국에서 여성에 대한 부정적 평가와 사망한 모친에 대한 경외심이라는 분열은 1950년대 요하네스 프릭(Johannes Frick)이 칭하이(靑海) 지역의 혈분경을 연구하던 당시에 극복되지 못하고 비극으로 남아 있었는데,[125] 현재도 그러한 상황은 계속되고 있다.

이러한 여성에 대한 부정적 평가는 꼭 산혈이나 월경으로 인한 '여성

보여 주는 것이다.
[125] Johannes Frick, "Mutter und Kind bei den Chinesen in Tsinghai", Ⅰ-Ⅱ, *Anthropos* 50, (1955); Johannes Frick, "Mutter und Kind bei den Chinesen in Tsinghai", Ⅲ-Ⅳ, *Anthropos* 51(1956), pp.1055~1062.

의 불결함'과 결부시키지 않더라도, 불교 자체에서 갖고 있던 여성관과도 깊은 관련이 있다. 삼종설(三從說)과 '여성은 부처가 될 수 없다'라고 하는 여인오장설(女人五障說), 그리고 그로 인해 여성은 여자의 몸 그대로는 성불할 수 없으므로 일단 변하여 남자가 된 뒤에야 성불이 가능하다는 '변성남자성불설(變成男子成佛說)'은 불교가 민중 사이에 퍼져 나가면서 도교 및 민간신앙과 결부되었다. 그리고 성리학적인 여성관과 함께 중국은 물론, 한국과 일본에 있어서 여성에 대한 인식에 아주 부정적인 영향을 주었을 것으로 생각된다.

청초에 천홍머우(陳宏謀, 1696~1771)는 장쑤성(江蘇省) 지역에서 여성들의 종교 활동과 어떻게 그들이 덕을 얻을 수 있는지를 설명하고 있다:

> 규방(閨房)에서의 생활과 유교적 예법에서 벗어나, 여성들은 사묘(寺廟)를 출입하며 소향(燒香)하고 의식을 행한다. 무릎을 꿇고 경전을 강해하는 것을 들으며, 승방(僧房)·도원(道院)에서 담소하는 것이 평소 행동하는 것 같이 한다. 또한 심한 경우에는 신묘(神廟)에 묵는 것을 결연(結緣)이라 한다. 6월 6일 경전을 10차례 펴면 남신(男身)으로 바뀔 수 있다고 한다.[126]

고 하는데, 시기를 달리하지만 다른 지역에서도 이러한 사회적 현상을 지적하고 있는 사료들을 많이 볼 수 있다.[127] 이 인용문에서 볼 때, 여

---

126) 陳宏謀, 「風俗條約」, (淸)賀長齡·魏源 等編, 『淸經世文編』 卷68 禮政15(中華書局, 1992), p.1685上左.
127) 1869년(同治8) 「奏請嚴禁五城寺院演劇招搖婦女入廟以端風化一摺」에, "사원, 암관(庵觀)에는 부녀가 안으로 들어가 소향(燒香)하는 것을 허용하지 않으며, 법에서 금함이 매우 엄합니다. 근래에 지키는 데 힘쓰지 않아, 경성 지역에 마침내 사원이 연희를 열고 이를 빌미로 돈을 걷는 일이 있는데, 관리의 권속 역시 많이

성들은 신앙적 교리에 입각해서 자신들이 죄를 타고났다고 여기고 있었으며, 이로부터 벗어나서 영적 구원을 얻을 수 있는 방법에 대해 관심을 갖고 있었음을 알 수 있다.

귀쑹타오(郭嵩燾)의 『회도선강집요(繪圖宣講集要)』에 실려 있는 「여전남신(女轉男身)」이라는 민간 설화에서도 여성의 생리적 특성이 사후의 영적 구원과 관련되어 있다는 것을 보여주고 있다. 신앙심이 깊은 왕우냥(王五孃)이 도살업을 하는 자오링팡(趙令芳)에게 시집가 아들과 딸을 낳았다. 그녀는 남편이 직업을 바꿔 살생을 하지 않음으로써 죄를 짓지 않도록 권하였다. 이에 대해 남편은 부인이 자녀를 낳은 후 반드시 온수로 씻고 그 물을 지하에 부었으니 상천(上天)에 죄를 지었다고 하자, 그녀는 산후에 씻은 물은 그늘로 쏟아 버리지 않았고 평상시 다리를 닦은 물은 모두 돼지우리 안에 버렸다고 응답하고 있다.

남성은 직업으로 인해 살생을 하는 죄를 짓지만 이것은 직업을 바꿈으로써 피할 수 있다. 그러나, 여성의 경우에 출산과 월경으로 인한 피로 신령을 더럽힌 죄는 불가피하다는 인식이 의식 속에 있음을 보여

찾아갑니다. 성내의 융복사(隆福寺), 호국사(護國寺)가 개묘(開廟)할 때에는 부녀 역시 또 무리를 만들어 즐기며 노는데, 실로 풍속 교화와 관계가 있습니다."(『欽定大淸會典事例』 卷400, 禮部111 風敎 訓飭風俗二, pp.475下左~476上右); "광서(光緖) 11년에 황제께서 타이르기를, 승려와 도사가 말을 만들어내어 사람들을 미혹시키는 것과 부녀가 묘에 들어가 소향(燒香)하는 것은 모두 법에서 금하는 것이다. 이후 해당 지방관들은 엄하게 금지하고, 그 나머지 경성 내외의 각 사관(寺觀)에 만약 소향·새희(賽會)하며 이와 같은 자들이 있으면, 역시 수시로 조사해 금함으로써 풍속과 인심을 바르게 한다."(『欽定大淸會典事例』 卷400, 禮部111 風敎 訓飭風俗二, p.476下). 이외에도, 장쑤성 쑤저우(蘇州) 출신이며 건륭제 때 활동한 陸燿,「禱祠」, 賀長齡·魏源 等編,『淸經世文編』卷68 禮政15(中華書局, 1992), pp.1692上左~下右와 허난성(河南省) 출신이며, 청초 강희제 때 활동한 湯斌,「毀淫祠疏」, 賀長齡·魏源 等編,『淸經世文編』卷68 禮政15(中華書局, 1992), p.1699下의 언설들이 보이는데, 후자에서는 오중(吳中)의 풍속에 대해 비판하고 있다. 여성의 사묘(寺廟) 출입에 대하여 경계하는 언설들은 대다수 족보들에서도 볼 수 있다.

주고 있다. 이는 더 나아가면 여성은 남성보다 열등한 존재로 여겨질 수도 있었음을 말한다. 결국 그녀는 요절했지만, 그녀의 선업으로 말미암아 부귀한 장(張)씨 가정의 아들로 태어나 과거에 급제한 후, 옛 남편이 살고 있는 곳에 관리로 부임하였다. 그 관리가 전생에 자신의 부인이었음을 알게 된 자오링팡의 가족들과 그 새로운 부모는 남자로 다시 태어난 그녀와 함께 백운산(白雲山)에 올라가 수련한 후 등선(登仙)하게 되었다고 한다.128)

이와 유사한 이야기는 『황씨녀대금강(黃氏女對金剛)』보권에서도 보인다. 황씨 여인의 남편은 도살업에 종사하였다. 그녀는 남편에게 죄가 깊은 그 직업을 버리도록 권하였다. 그러자 남편은 따르기를 거부했을 뿐만 아니라, 여성이며 어머니로서의 그녀는 자신이 저지르는 것보다도 훨씬 더 죄가 깊다고 주장하였다. 그러자 그녀는 남편과의 모든 성적 관계를 즉시 끊고, 종교적 절제의 삶과 금강경의 암송에 몰두하였다. 그녀는 사망한 후 지옥에 내려갔으나, 염라대왕이 그녀의 종교적 신앙심을 시험한 뒤에 다시 남자로 환생하고 과거에 합격해 고위관료에 올라갔으나, 보다 더 집중적인 영적 수양을 위해 세상적인 삶을 버림으로써 궁극적으로 자기 자신만이 아니라 남편과 자녀들의 영적 구원도 이루게 된다.129)

---

128) 郭嵩燾 撰, 『宣講集要』卷之十一「女轉男身」(上海錦章圖書局), 王見川·林萬傳 編, 『明淸民間宗敎經卷文獻』卷12(新文豊出版社, 2010), pp.999~1002.
129) Grant and Idema, *Escape from Blood Pond Hell: The Tales of Mulian and Woman Huang* 앞의 책, pp.13, 31. 이 보권은 선천도(先天道)라는 민간 종교와 결부되어 있다고 한다. 이러한 황씨녀 이야기를 근거로 한 보권들은 청말에 널리 유포되었는데, 그들 보권들 모두가 반드시 직접적으로 종파 종교 집단들과 관련되었던 것은 아니라고 한다. 궈쑹타오의 선강집(宣講集)이나 이들 보권들에 이러한 유사한 이야기들이 있고, 이것들이 널리 유포되었다는 것을 보면, 여성의 월경과 산혈이 여성들에게 숙명적인 깊은 죄를 이루고, 결국 사망 후 혈호지옥에 떨어져 고통

이러한 불교적이며 도교적이기도 한 설화를 통해서, 여성들은 남성들에 비해 육체적인 특징 때문에 불결하고 열등하다고까지 여겨졌음을 알 수 있다. 따라서 여성 스스로는 노력을 하여도 영적 구원을 얻을 수 없었다. 결국, 그녀는 남자로 변화된 후에야 스스로도 구원을 얻을 수 있고 남도 구원해 줄 수 있었다.

위에 언급된 이야기들은 여성에 대한 불교도의 인식을 생각하게 한다. 특히, 이것들은 혈분경이 도교, 민간신앙 및 불교와 교묘하게 결합되어 있음을 보여 주고 있다. 명말 4대 명승 중의 한 사람이었던 주홍(袾宏, 1535~1615)은 여성의 구원에 관해 다음과 같이 썼다.

> 극락에는 진실로 여성이 없다. 만약 여성이 이미 다시 태어났다면, 그들은 모두 남성의 모습을 갖고 있다. 요즘에, 어떤 사람이 여성의 모습이 있는 구품도(九品圖)[130]를 그렸는데, 이것은 잘못된 것이다. …(중략)… 청정계(淸淨界)에서조차도, 남성의 모습을 찾기가 불가능하므로, 여성의 모습을 찾을 수 없는 것은 당연하다. 더욱이, 여성은 세 가지 결함을 더 갖고 있다. 첫째는, 여성은 시부모보다는 친정부모에게 더 효성스럽다는 것이다. 둘째는, 노복(奴僕)보다 자손들을 다루는 데 더 지능이 있다는 것이다. 셋째는, 여성은 보시를 할 줄 알지만 탐욕을 제거할 수 없다는 것이다. 여성은 남자로 변성하기를 바라나, 여성들만이 갖고 있는 나쁜 습관을 바로잡을 줄 모른다. 여성은 사원을 분주하게 출입하며 헌신적으로 승려를 섬기나 자신을 돌아볼 줄 모른다. 뜻하지 않게도, 이미 이들 세 가지 진리를 잘 아는 것은 비구들이지만, 여전히 세속 세계를 초월하지

을 당한다는 혈분경 관련 인식이 널리, 그리고 깊이 퍼져 있었음을 알 수 있다. 이러한 종교적 관념은 서로 유사한 종교적 이상(理想)을 열망한 다양한 계층의 여성들뿐만 아니라, 남성들에게도 공유되어 있었다고 생각된다.

130) 구품정토(九品淨土), 구품연대(九品蓮臺)의 준말로, 극락정토의 9가지 등급을 말한다. 상·중·하품(品) 각각에 상·중·하생(生)이 있다.

못하고 있다. 일반적으로 말해서, 왜 그들은 정토에서 태어나는 것을 걱정하는가?131)

무엇보다도, 극락에는 남자만 있으며, 여성은 남자로 변성한 경우에만 극락에 올라갈 수 있다. 또한, 여성들은 타고나면서부터 남성보다 열등하여, 치유할 수 없는 고유한 결점들-유교적 입장이나 사회적 활동 등에서-을 갖고 있다는 것이 강조되고 있다. 이러한 인식과 관련하여, 우리는 위에서 언급한 이야기들에서, 왕우냥과 황씨녀가 왜 남성으로 변성되어야 할 필요가 있었는지를 추측할 수 있다.

2) 혈분재의 사회적 의미

다른 한편으로, 이러한 의식은 단순히 종교적인 면으로만 기능한 것에 그치지 않았음을 알 수 있다. 류환린(劉煥林)은 자신이 어린 시절에 고향인 청시(澄西: 江陰)에서 보고 들었던 몇몇 희극들-경희(京戲), 탄황(灘簧), 목우희(木偶戲), 면구희(面具戲), 파희환술(把戲幻術), 동물희(動物戲), 영자희(影子戲), 악반(樂班), 승도희(僧道戲: 파혈호 의식) 및 차관자리의 희(茶館子裏的戲)-에 관해 기록하면서 이것들이 민간예술로서는 물론 민간에서의 오락으로서 기능했음을 지적하고 있다. 그는 1930년대 후반 당시 농촌이 경제적으로 파산했을 뿐만 아니라, 이와 함께 민간에서 과거에 활발했던 여러 오락들도 따라서 몰락해 농촌에서 삶의 흥취를 전혀 찾아볼 수 없게 되었다고 하고 있다.132) 그의 이러

---

131) 袾宏,『雲棲法彙』往生集 卷2 婦女往生類,『(明)嘉興大藏經』第32冊 277(新文豊出版公司, 1987), p.648.
132) 劉煥林(1937)「澄西農村的演劇和雜戲」『民衆敎育』第5卷 第4·5期合刊「民間藝術

한 지적은 오늘날 중국의 경제적 발전과 그에 따른 전통의 부활, 그 가운데 하나로서 혈분재 의식의 성행의 배경을 설명해 줄 수 있는 것이 아닌가 한다.133)

종교 사회학적 측면에서, 혈호지옥과 관련하여 여성이라는 생물학적 이유 때문에 평가절하되고 비난받아야 한다는 관념은 여성의 사회적 지위와 결부되어 있었고, 또한 혈분경이 오랜 역사적 시간 동안 전개되어 갈 수 있었던 배경이 되었다고 생각한다. 천차오향(陳橋鄕)의 선(沈) 도사는 "여성이 출산 때 흘린 혈수에는 긍정적인 면과 부정적인 면이 있다. 그 자체 아이를 낳은 것은 경하할 만한 것이며, 가족들은 아이를 낳은 것을 기뻐한다. 그러나 이 혈수는 신령을 오염시켰다."라고 하였다.

에밀리 M 아헨은 여성들의 생식 능력을 부정적으로 다루고 있는 수많은 메시지들이 있지만, 이것들 중에서 가장 현저한 것이 오염 물질을 만들어냈기 때문에 아이를 낳은(또는 아이를 낳다가 죽거나, 심지어 월경을 하는) 여성들은 혈호지옥에서 벌을 받아야 한다는 신앙이라고 한다.134) 파혈호 의식의 목적은 이렇게 신령을 오염시킨 죄로 말미암아 혈호지옥에 떨어진 죽은 모친의 영혼을 구원하는 것이었다. 이것은 죽은 모친에 대한 자식으로서의 사랑을 나타내는 한 방법이었다.

여성들의 월경이나 산혈은 자녀의 출산을 가져다주는 신성한 것이라

專號」, pp.18上下, 25下.
133) 필자는 산동대학교(山東大學校)의 류핑(劉平) 교수와 함께 2010년 7월 2일 난통시(南通市) 강자구(港閘區) 천차오향(陳橋鄕) 선(沈) 도사와 대담했는데, 그는 이러한 의식이 일족들의 화합은 물론 국가 경제에도 도움을 주고 있음을 피력하였다.
134) Emily M. Ahern, "The Power and Pollution of Chinese Women" in Margery Wolf and Roxane Witke eds. Women in Chinese Society(Stanford University Press, 1975), p.214.

기보다는 불결하고 영적으로도 신들을 모독하는 것으로 여성들에게 피할 수 없는 죄를 초래하는 것이다. 이 죄의 굴레에서 벗어나는 데는 스스로의 노력으로는 불가능하고, 반드시 도사나 승려 및 남성들(남편과 아들)의 도움이 꼭 필요하다는 인식이 깔려 있었다. 따라서, 혈분경이나 혈분재는 정신적인 측면에서 여성을 남성에게 종속시켜 여성에 대한 남성의 지배를 보다 확고히 하기 위한 수단들 가운데 하나였다고 생각된다.

여성들은 나이가 차면 그녀의 부친이 정해준 남성과 결혼을 해야 하였다. 여성들은 결혼 후 낯선 남편의 가족 집단에 들어가 그들에게 예속되었지만, 자녀(특히 아들)의 출산을 통해 남편의 혈족 내의 성원으로서 지위를 확고히 할 수 있었고 또한 출산을 통해 하나의 가정을 이룸으로써 형제들 간의 결속을 약화시키고 더 나아가서는 부계 혈족 집단인 종족의 단합을 깨뜨릴 수 있었다.

형제들이 부엌을 나누는 것-분가(分家) 또는 분찬(分爨)-은 누세동거(累世同居)-국가에서는 이 덕목을 장려하기 위해 송대 이래로 황제의 은상이 내려졌다-라는 조상으로부터 내려온 종족적 가훈(家訓) 질서를 따르지 않는 것으로 여겨졌다. 대부분의 경우, 이러한 형제들 간의 분열의 근본적 원인은 여자 동서들(姒娌) 간의 불화와 여성들이 그 남편들을 부추김-선강서나 족보에서는 이러한 부추기는 말을 '침두장(枕頭狀)'이라는 재미있는 말로 표현하고 있다-이 형제들 간에 다툼을 일으킨 때문이라고 여겨졌다.

아내들은 수다스럽고 다투거나 헐뜯기를 좋아하며, 남편들은 그들의 말을 듣고 형제들 간에 서로 비방하여 결국 다툼과 분열로 나가게 한다고 말하여졌다. 그러므로, 대부분의 족보들에 올려 있는 가훈들과 귀쏭

타오의 『회도선강집요』에 실려 있는 많은 교훈은 "결코 부인의 말을 듣지 말라."라고 가르친다.135) 여성들에 대한 사회적 통제는 여러 다른 집안들 출신의 여성들이 한 집안으로 결혼해 들어왔기 때문에 정당화되었다. 그들이 들어옴으로 해서 시부모의 가규(家規)가 혼란되어질 수 있었기 때문이다.

족보 등에서는 효와 형제간의 우애의 감정을 유지하기 위하여, 남성들에게 아내의 말을 듣지 말도록 권하였다. 분가는 부계 친족 공동체를 하찮게 여김으로써 야기된다고 생각되었다. 다음의 예화는 종족 중심의 사회 속에서 여성들에 대해 갖고 있던 일반적인 인식의 일단을 잘 보여 주고 있다:

> 명조(明朝) 샤오간현(孝感縣) 청(程)씨는 후광(湖廣)의 망족(望族)이다. 시조의 원적은 장난(江南) 신안현(新安縣)이다. 명 초에 샤오간 홍러리(洪樂里)로 옮겨 갔다. 아들 일곱을 낳았는데, 형제들은 어려서부터 화목해 서로 친하고 사랑하였다. 범사에 서로 참고 양보하여 털끝단큼도 분노와 원한의 마음을 쌓음이 없었다. 형제들이 결혼함에 이르러 비록 여자 동서들 간에 늘 말다툼이 있었지만, 화목을 중시하고 절대로 부인의 말을 듣지 않았고 또한 부인을 엄하게 가르쳤다. 형제가 여러 해 동거하면서 당조(唐朝)의 장궁이(張公藝)136)와 명 초 정태사(鄭太史)137)의 기풍을 사모하여,

---

135) 샬롯 퍼스(Charlotte Furth) 역시, 아내들이 가족의 분열에 끼치는 영향력에 대한 염려가 가장들의 뇌리를 떠나지 않았으므로, 그들은, 아내들의 침두장이 특히 위험하다고 늘 생각하였다고 말하고 있다(Charlotte Furth, "The Patriarch's Legacy: Household Instructions and Transmission of Orthodox Values," *Orthodoxy in Late Imperial China*, ed. Kwang-Ching Liu, Berkeley: University of California Press, 1990, p.196).

136) 장궁이(張公藝, 578~676년): 산둥(山東) 원저우서우장(鄆州壽張) 사람. 북제(北齊), 북주(北周), 수, 당의 네 왕조를 겪었고, 99세에 세상을 떠났다 『백인전서(百忍全書)』를 남겼다. 한 가족으로 9세대가 동거하였다. 당 고종이 태산(泰山)을 가는 길에 윈저우(鄆州)를 지나게 되어 친히 그의 집을 방문하였다. 황제는 어떻

세세 동거하며 나뉘어 다투고자 하지 않았다. …(중략)… 당체(棠棣: 산앵두나무)의 몇 가지를 꺾어 갖고 와 정원에 심고 향촉을 켜 하늘에 기원해 이르기를, '…(중략)… 저 장궁이 만사를 참고 용서하여 아홉 세대가 함께 거처하며 한 집안이 화목하게 함을 본받고자 하며, 또한 정태사가 부인의 말을 듣지 않아 7대가 분가하지 않고 일가가 서로 친하게 한 것을 배우고자 한다. … 반드시 이 당체의 가지가 말라버리기를 기다려, 자손들 대에 이르러 비로소 분가할 수 있다. 만약 이 교훈을 위배한다면, 하늘의 꾸짖음과 나쁜 응보가 몸에 따를 것이다.' …(중략)… 3세(世)에 이르러, 한 어리석은 자가 부인의 말을 듣기를 좋아해, …(중략)… 그는 마음에 주견도 없이 부인의 말에 미혹되어, 드디어 두 마음을 품고, 아침 저녁으로 다투며 분가해 따로 살도록 하고자 했지만, 족인들이 따르지 않았다. 모두 말하기를 조부가 유훈으로 자손이 세세토록 동거하기를 원하였고, 반드시 당체가 마르기를 기다려 분가를 허락하였다. 지금 이제 3세밖에 되지 않았고 당체도 또한 아직 시들지 않았으니 어찌 조훈(祖訓)을 위배할 수 있는가라고 했다. …(중략)… 어리석은 자는 처자와 상의하여, 한진(漢鎭)으로 도망가 따로 살림을 차리고 족인과 동거하지 않기로 했다. 그는 먼저 한진으로 가 살펴보기로 했는데, 가는 도중에 갑자기 급병에 걸려 죽었고 그 처자도 동시에 병을 얻어 집에서 죽었다. 종족이 이 소식을 듣고 두려워했다. 이에 족장이 종족을 모아 어리석은 자를 빌려 경계해 이르기를, '…(중략)… 절대로 부인의 말을 믿고 따라서는 안 된다. 오직 일족의 사람들이 화목하여 사이가 벌어지지 않기를 원한다. …' 족장은

게 9세대가 동거할 수 있는지를 물으니, 종이를 청하여 '인(忍)' 자만 백여 자를 썼다고 한다. 고종이 눈물을 흘리고 비단을 선물로 내렸다고 한다.
137) 정렴(鄭濂): 자(字) 중덕(仲德). 별호(別號) 채령자(采苓子). 푸장(浦江) 사람이다. 그 집안이 누세동거(累世同居)하여 의문(義門)이라 칭하여졌다. 명 태조 홍무(洪武) 초에 부장(賦長)으로서 남경에 가서 황제의 부름을 받아 만나 보았다. 태조는 한 집안에서 그렇게 여러 세대를 다스릴 수 있었던 방법에 대해 물었다. 그는 삼가 조훈(祖訓)을 지키고 부녀(婦女)의 말을 듣지 않은 것이라고 대답하였다. 황제는 칭찬하고 관직을 내리고자 했으나, 연로함을 이유로 사양하였다. 1387년 (洪武20) 사망하였다(臺灣中央圖書館編, 『明人傳記資料索引』, 北京: 中華書局, 1987, p.791).

말이 끝나자, 또 족인이 얼마 지난 후 잊어버릴 것을 염려했다. 이에 징과 북을 당(堂)에 걸어두었다가, 아침과 저녁으로 노복으로 하여금 이것들을 울리며 집안을 돌게 하며 이르기를, '부인의 말을 듣지 말라'하여 사람들로 하여금 듣고 각자 경계심을 갖게 하였다.[138]

위 내용을 통해서, 종족 내의 결속에 여성들이 끼칠 영향에 대해 얼마나 경계를 하고 있었는지를 잘 알 수 있다.

그러한 이유 때문에, 아내를 가르치도록 남편들에게 권장되었다. 부엌신인 조군(竈君)은 남성들이 범하는 다섯 가지 죄목들을 주목하게 했다고 한다. 그들 중 하나가 아내와 딸들을 교훈하지 않는 것이다.[139] 일반적으로 여성들은 문맹이므로, 예의범절에 관한 책을 읽을 수 없다. 그러므로, 남편들은 아내들에게 효와 정절, 삼종사덕(三從四德)과 같은 여성의 덕행들을 읽어주고 설명해야 한다.[140] 여성들에 대한 교화와 관련하여 여성은 남성보다 열등하다는 인식이 바탕을 이루고 있었고, 결국 그러한 열등하고 무지한 여성들에 의해 남편들이 좌우되어서는 안 된다는 것을 말하고 있다:

> 집안의 불화는 대부분이 부녀(婦女)에게서 말미암는다. 그들은 의리에 밝지 못하며 도량과 재간이 좁고 깊지 않다. 이성(異姓)이 모여 동서(妯娌)가 되니, 각자 다른 마음을 품고 있어 작은 틈이 원수가 되며 한 마디 말이 불화를 낳는다. 남자는 보통 사람보다 지혜가 뛰어난 사람이 아니면 잠자리에서의 말에 미혹되지 않는 자가 드물다.[141]

---

138) 郭嵩燾 撰, 『宣講集要』 卷八 「七世同居」(上海錦章圖書局), 王見川·林萬傳 編, 『明淸民間宗敎經卷文獻』卷12(新文豊出版公司, 2010), pp.855~856.
139) 郭嵩燾 撰, 『宣講集要』 卷三 「竈君顯化」(上海錦章圖書局)(위의 책, pp.663~665).
140) 郭嵩燾 撰, 『宣講集要』 卷七 「彦珠敎婦」(上海錦章圖書局)(위의 책, pp.816~817).
141) 史秉文等纂修, 『白塘史氏宗譜』卷一「祠規十二則」十一 重婚嫁兼肅閫範(江蘇省

형제는 한 뿌리에서 나온 가지이며 몸의 수족이다. 어려서는 서로 위하여 도우며, 자라서는 스승과 벗과 같이 화평하고 사이가 좋은 정은 천성으로부터 나오는 것이다. 후에 각자 그 처를 맞아들이고 각자 그 자식을 갖게 되면서 너와 나를 나누는 세가 갈라지는 마음에서 일어나고, 결국에는 형제끼리 집안에서 싸우며 창을 휘두르는 변고에 이르니, 형제간에는 두터운 우애(長枕大被)의 유풍에 대한 마음이 없다. 집안 사람들은 의식(衣食)이 고르지 않다는 작은 사건으로 말을 삼음으로써, 친밀하고 공손함이라는 큰 것을 잃고 재산의 넉넉함과 모자람을 다투어 각각 균분하기에 이른다. 이것은 형제가 아니며 실로 원수(吳越)이다. 무릇 형제는 남편의 원대한 식견의 뜻이 부인의 협소하고 편집적인 말에 부림을 당하여 한 뿌리에서 나온 가지에 대해 서로 미워하여 낯선 사람과 같으니, 어찌 그러한 데에서 수족 같은 형제(同氣)가 되겠는가? 자제(子弟)된 자들은 삼가지 않을 수 있겠는가? 형은 동생을 친구 같이 하고 동생을 반드시 형에게 공손해야 한다. 아주 작은 이익 때문에 골육의 정을 해치지 말라. 주공(周公)이 당체(棠棣)에 대해 시가(詩歌)를 짓고, 톈(田) 씨 3형제는 자형(紫荊) 나무의 가지를 보고 느껴 동기(同氣)를 회복했다. 부인의 말은 절대로 듣지 말라.142)

샬롯 퍼스(Charlotte Furth)도 지적하고 있지만, 족보들에 실려 있는 가훈들의 작자들은 지식인이며 종족을 이끄는 가장(家長) 등의 지도자들이다. 가훈 등에 실려 있는 언설들 속에서 느껴지는 것은 종족의 침체나 분열 등에 대한 우려와 불안감이다:

가정(嘉靖) 5년 모일(某日)에, …(중략)… 저는 우리의 타계하신 조상들에게 공손하게 다음과 같이 보고합니다.

宜興, 光緒二十六年版), pp.7a-8a.
142) 『卜氏宗譜』卷一「家訓」和兄弟(江蘇省 武進, 咸豊九年版)

오늘 저희 후손들과 아내·딸들 100구(口)는 모두 함께 먹고 마신다. 아아! 조상들께서 우리 후손들을 낳았다. 매년 분찬(分爨)했다가 함께 모여들면서, 그때부터 지금까지 50번 이상의 해마다의 제사가 지나갔다. 지금 다행히도 우리는 당신들의 은혜로 다시 결합하였다. 우리의 아들 손자들, 며느리와 딸들은, 한 나무가 같은 줄기에 의지하고 있는 것처럼, 냇물이 공동의 수원(水源)에 의지하고 있는 것처럼, 우리의 조상들에 의지하고 있다. 전 해에 우리들 사이에 분열이 있었고 부녀들은 걸핏하면 다투었다. …(중략)… 분문(分門)과 분호(分戶)는 이것으로 시작되었다. 올해 이래로 우리 백 명의 아들들과 천 명의 손자들은 동당(同堂)에서 살며 같은 문으로 외출하고 한 솥에서 먹을 것이다. 남성들 사이에는 두 마음을 품거나 기만이 없을 것이며, 부인들 사이에서는 경솔한 말들이 없을 것이다. 개별적인 금고가 없을 것이며, 사적으로 금전을 쌓아 두는 일이 없을 것이다. 우리는 정직과 화합을 보존할 것이며, 이렇게 함으로써 [가족을] 영속시킬 것이다. 우리는 후손들이 법을 유지하는 데 영계(靈界)에서 우리 조상들이 돕고, 조상들이 우리들의 부인들과 딸들을 바로잡아주시기를 청할 따름이다. 만약 올해 이래로, 부인들이 수다스럽거나, 다툼이나 중상하는 버릇이 있다면, 조상들께서 그들을 쳐 죽여 그들의 입을 멈추게 하시기를. 만약 남편이 아내의 말을 듣고서 자신들을 정당화하기 위해 그릇되게 다른 사람들을 비난해, 중상을 꾀뜨리고 분열과 다툼이 일어나도록 한다면, 조상들께서 그들을 쳐 죽여 그들의 귀를 막게 하시기를. 구더기들로 하여금 은밀히 먹고 마시는 자들의 내장을 망가뜨리기를. 그리고 사적으로 부를 쌓아두고 있는 부인들의 곳장을 해충이 갉아먹기를. 게으른 학자들에 대해서는, 그들의 육체적 영혼들(魄)을 하늘이 탈취해 가기를. 탐욕스런 관리들에 대해서는, 그들의 뼈들이 낯선 땅에서 부서지기를. 사적 이익을 위해 사업을 하는 사람들은 그들의 후손들이 강탈당하는 것을 보게 되기를. 그리고 자기 아들과 딸들을 편애하는 자들은 그들이 죽는 것을 보게 되기를. 힘과 영향력에 의지하여 타인을 억압하는 자들은 개인적으로 파멸하게 되기를. 가르침에 불순종하면서도 부끄러움을 모르는 자들은 죽어서 개나 쥐가 되기를. 게으르며 일하기를 싫어하면서 가족의 생계에 대한 생각도 없이 연회를 베풀어 대접하는 자들에 대해서는, 귀신이 되기를. 하늘에 계신 우리 조상들은 이러한 법을 확신하시고 땅에 사는 우리 후손들은 그것을 지키기를. 부와 축복을 내려주시며 우리들에게 건강과 장수를 주시기를. 우리들에게 자손들과 미래의 세대들에게 명성을 주시기를. 이 집안을 보호하기기를. 단절되지 않게 하시며 번영되게 하시기를. 달콤한 술과 고기들이 펼쳐져 있으니, 영(靈)들께서 내려오셔서 흠향하시기를.143)

따라서, 이에 대해 중요한 요인을 제공하는 여성들에 대한 통제는 필수불가결한 것이었다고 하겠다. "대개 부인은 지극히 어리석으나, 교화됨을 보지 못함이 아직 없었다."144)라고 한 것이라든지, 음조(陰曹)에서 부녀에게 권하는 일단의 가사(歌詞)에,

> 남편은 하늘이고 처는 땅으로 위계에는 서열이 있어서 물통의 멜대처럼 수평하다고 말해서는 안 된다. …(중략)… 만약 여자가 삼종(三從)을 시시로 강구(講究)하며, 또 사덕(四德)을 시시로 분석(分晰)한다면, …(중략)… 남자는 가르치지 않으면, 자신만을 욕되게 함에 불과하나, 여자는 가르치지 않으면 양가 가문을 욕되게 한다.145)

이들 언설들은 여성들이 도덕적 및 지적으로 남성들보다 열등하므로 남성들의 통제 아래에 있어야 한다는 관념을 전달하고 있다.146) 그것들

---

143) 霍韜(1530), 『霍渭厓家訓』(廣東 南海), 『涵芬樓秘笈』第2集 卷2(上海: 商務印書館, 1925)(Charlotte Furth, "The Patriarch's Legacy: Household Instructions and Transmission of Orthodox Values" 앞의 논문, pp.191~192에서 재인용).
144) 郭嵩燾 撰, 『宣講集要』卷七「彦珠教婦」,(王見川·林萬傳 編, 『明淸民間宗敎經卷文獻』卷12 앞의 책, pp.816-817).
145) 郭嵩燾 撰, 『宣講集要』卷七「欺瞞丈夫」,(위의 책, pp.836-839).
146) Patricia Ebrey, "Women, Marriage, and the Family in Chinese History," *Heritage of China: Contemporary Perspectives on Chinese Civilization,* ed. Paul S.

은 아내들의 경솔한 말들이 형저들을 분가로 나가게 할 수 있으므로, 남편들은 아내들의 말을 들어 그들에 의해 조종되지 않도록 조심해야 한다고 경고하고 있다. 여성들의 영향력에 대해 경계하면서, 가장들은 가부장의 권위와 지배가 여성들의 열등함의 기초 위에서 유지되기를 원하였다.

무엇보다도, 여성의 은거(隱居)에 대한 엄격한 관심이 도덕적으로 적절한 가정의 기초로 여겨져서, 여성에 대한 도덕 교육이나 여성의 가업(家業)보다 훨씬 중요했다. 아들들에게는 여성들로 하여금 집안에 머무르도록 하고, 외부인들과 노복들의 여성들에의 접근은 엄격하게 통제되도록 권장하였다.147)

여성의 사회·종교적 활동들―등축제(燈祝祭)를 하러 외출하는 것, 희극를 보는 것, 여승을 초대하는 것, 경전을 읽는 것, 사원에 방문해 향을 태우거나 의식에 참여하는 것 등―은 엄하게 규제되었다. 한 족보에 따르면, 일반적으로, 여성들은 50세가 되고서야 불교 사원이나 도고의 도관에 찾아가거나 외출하는 것이 허용되었다.148) 상투적으로 "규방의 위엄을 지킨다."는 문구를 썼는데, 그러한 위엄에 대해서는 기본적으로 남편이 책임졌지, 여성 자신의 책임이 아니었다. 아내들에 관한 금지들은 근본적으로 성적 염려에 의해 고무되었다.

지금까지 봐 왔던 것처럼, 혈분경과 혈분재(파혈호) 의식의 기저를 이루고 있는 사상에서는 여성의 불결함, 열등함과 의존성이 강조되고

Ropp(Berkeley: University of California Press, 1990), p.204.
147) Charlotte Furth, "The Patriarch's Legacy: Household Instructions and Transmission of Orthodox Values" 앞의 논문, p 196.
148) 史秉文等纂修, 『白塘史氏宗譜』卷一「祠規十二則」十一 重婚嫁兼肅閨範 앞의 책, pp.7a-8a

있다. 혈분경과 그 의식은, 송대(宋代) 이래 다양한 방식으로 여성에게 억압 작용을 해 왔던 가부장적 종족 질서 속의 한 구성요소였다고 생각된다.

힐 게이츠(Hill Gates)는, 송대에 철학과 경제에 있어서의 변화라는 측면에서 여성의 지위의 하락을 설명하고 있다. 여성 혐오적인 가치들이 신유학의 정치 및 가족 철학에서 전형적으로 보이고 있다. 위대한 신유학자들은 남성과 여성 사이에 우열의 질서가 있다고 주장하였다. 여성들은 의존적이도록 교육되었고 가정 내 모든 불화의 주범으로 지적되었다. 이러한 송대의 영향으로 모든 계층에서 여성들은 갈수록 난폭하게 그리고 구속적으로 다루어졌다. 또한 농업의 집약화로 노동력의 수요가 증가되면서, 특히 아들 생산자로서의 여성의 역할이 강조되었다. 자녀 생산자, 노동과 자본(즉, 여성의 상품화)으로서, 여성들은 부계 가족에게 큰 경제적 유연성을 제공하였다.[149] 패트리샤 에브리(Patricia Ebrey)는, 여성의 지위에 있어서의 하락은 보통 당·송 변혁기나 송대로 거슬러 올라가며, 이러한 쇠퇴의 표지로 아주 빈번하게 언급되는 것이 과부의 재혼 금지와 전족(纏足) 관습이었다[150]고 하는데, 필자는 여기에 혈분경을 또 하나의 표지로 첨가하고자 한다.

문헌적 측면에서 볼 때, 송대 이래로 거의 천년 이상 이 민간 종교 의식이 유지되어 왔다. 중국 사회의 과거와 현재의 맥락 속에서, 가부장제도는 지속적으로 번성해 오고 있다.[151] 여성의 희생을 수반하고 있는 이러한 가부장제도와 모친의 은덕에 대한 보답으로서 아들들에 의

---

[149] Hill Gates, "The Commoditization of Chinese Women," Signs: *Journal of Women in Culture and Society*, vol.14. no.4(1989), pp.799-832
[150] Patricia Ebrey, "Women, Marriage, and the Family in Chinese History" 앞의 논문, p.216
[151] Hill Gates, "The Commoditization of Chinese Women" 앞의 논문, p.832

해 수행된 혈분재(파혈호) 의식은 긴밀하게 뒤얽혀 있었다. 혈분경은 명·청대에 아주 광범위하게 퍼져 있었고152), 종족 제도는 명 중기 이래로 완숙한 제도로 발전하였다.153) 따라서, 파혈호 의식과 혈분경은 송대 이래로 가부장적인 종족 제도가 강조되었던 사회 속에서 여성들이 직면해 왔던 상황을 설명해 주고 있는 것들 가운데 하나라고 생각한다.

특히, 앞에서도 언급했던 것처럼, 혈분경이 목련설화와 밀접한 관련을 갖고 전파되어 간 것도, 종족 제도와의 관련을 생각하지 한다. 목련희 안에서 목련존자가 천신만고 끝에 모친을 구원한 것은 효를 우선으로 하는 관념을 반영한 것인데, 이러한 효도 관념과 종족주의는 상호 관통하고 있다. 목련의 모친인 우(劉) 씨가 고통을 받은 원인도 바로 여기에 있다. 그녀는 종법(宗法)을 따르지 않아, 남편의 우촉(遺囑)을 위반하고 아들의 간청을 듣지 않았으므로 벌을 받았다는 것이다. 이것은 시집온 종족의 이성(異姓) 부녀들에게 시종 종족주의를 떠나서는 안 된다는 것을 경고하고 있는 것 같다.154)

---

152) M·スワミエ,「血盆經の資料的研究」앞의 논문, p.110; Takemi Momoko "'Menstruation Sutra' Belief in Japan" 앞의 논문. p.229
153) Barend ter Haar, *The White Lotus Teachings in Chinese Religious History*(Brill Leiden, 1992), p.113
154) 田仲一成,「超度―目連戲以及祭社戲劇的產生」앞의 논문, p.140

 결론

19세기 말에 기독교 선교사들의 관찰 이후, 혈분재(파혈호)는 중국의 강남을 비롯한 여러 지역들에게 행하여져 왔다는 것이 빈번하게 보고되어 왔다. 필자는 현지 도사들과의 대담을 통해 공산당의 통치 시기, 특히 문화 대혁명 때부터 1980년대까지, 그 의식은 봉건미신으로 박해를 받으면서도 은밀하게 거행되어 왔다는 것을 확인할 수 있었다. 그리고, 현재 중국 경제가 발전하면서, 승려, 도사 그리고 석교도사들에 의해, 많은 비용을 들인 파혈호 의식이 활발하게 장쑤성의 난퉁, 쑤저우, 쿤산(昆山) 그리고 양저우(揚州) 지역에서 행해지고 있다는 것도 확인되었다.

중국에서 혈분재는 많은 상징적인 과정들로 이루어져 있으며, 그 각각은 나름대로의 의미를 갖고 있다. 그 중에서도 무엇보다 종교적 의미가 가장 중요한데, 왜냐하면 자녀들은 모친이 혈호지옥의 고통에서 벗어나 영적 구원을 통해 궁극적으로 서방 정토에서 다시 태어나기를 열망하기 때문이다.

혈분재나 파혈호 의식이 진행되는 과정에서 필수적으로 거치는 자혈(刺血)155)과 획십자(劃十字)156) 그리고 그 과정에서 붉은 색 설탕물(紅

---

155) 자혈은 사망한 모친을 위한 의식을 주관하는 재주자녀(齋主子女)의 손가락을 소독한 바늘로 찔러서 피를 보는 것을 말한다. 현지 사람이 보기에, 모친은 10개월간 임신해서, 자신의 정혈(精血)로 자녀를 양육하였고, 임분(臨盆) 때에는 엄청난 고통을 인내하고서야 비로소 자녀를 낳았으므로 자녀 몸의 피는 모친에게서 온 것이다. 따라서 재주자녀(齋主子女)들은 자혈 의식을 통해 모친의 양육의 은혜에 보답하는 것인데, 그 의미는 첫째는, 모친의 피를 돌려주는 것이고, 둘째는, 모친 임분 때의 고통을 체험하는 것이다(劉平·吳昊翔·楊儲睿「中國傳統婦女來世信仰的基礎－南通鄉間的破血湖儀式·個案調查與文本解讀(初稿)」, "禮儀、習俗與社會

糖水)을 마시는 의식157)들은 자녀들 중에서도 원래 아들에 의해서만 이루어졌다. 그러나 최근에는 -아직도 농촌 지역에 따라 다르기는 하지만- 도시화와 가족 구조의 변화가 반영되어, 아들뿐만 아니라 딸과 며느리에게

〈사진 4〉 자혈하는 모습

도 허용되고 있었다. 이러한 것은 전통의 부활과 동시에 변용(變容)을 반영하고 있는 것이라 생각된다. 즉, 민간 종교의 부활이 일어날 수 있는 경제적 기초와 사회적 구조가 형성되고, 한편으로는 새르운 사회·문화적 요소들 또한 많이 나타났는데, 그 가운데에는 전통과 맞지 않은 것들이 있다.

문헌적 측면에서, 혈분재는 중국 송대 이래로 거의 천년 이상 존속되

秩序" 國際學術討論會發表論文, 武夷山, 2004.6)
156) 자혈을 통해 나온 피를 붓에 찍어 고문(誥文)들에 적혀 있는 자신의 이름 밑에 '십(十)'자를 그리게 하는 것을 말한다. 이름들의 위에는 의식을 행하는 날짜와 함께 '고하보은(告下報恩)' 또는 '보은(報恩)'이라고 써 있어, 이 의식이 모친의 은혜를 보다 분명하게 느끼도록 하기 위한 것으로 생각된다.
157) 혈분재(파혈호) 의식이 진행되는 중에 의식용 탁자(보통 사각형이며 그 사면에는 혈호지옥의 성벽을 상징하는 종이로 만든 방패 같은 것이 세워진다) 밑에 한 그릇의 붉은 색 설탕물이 마련된다. 의식 집행자가 한 면씩 종이로 만든 혈호지옥의 성벽을 보검(寶劍)이나 저울대(불교에서의 錫杖을 상징함)로 찔러 찢어 부술 때마다 그릇의 설탕물을 개주를 비롯한 형제자매들, 며느리들이 조금씩 마시고, 마지막 네 번째 면의 성벽을 부순 뒤에는 모두 다 마신다. 그 뒤 곧 바로 미리 마련된 혈호지옥을 상징하는 작은 사발(鉢頭)을 보검이나 저울대로 단번에 깨버림으로써 이 의식이 마무리된다. 이 그릇에 담겨 있는 설탕물은 혈호(血湖)에 담긴 혈수(血水), 즉 '인간 세상에 다시 돌아온 물(還陽的水)'을 상징하는 것이다.

〈사진 5〉 획십자

어 왔다. 이 의식에는 여성의, 신체적 특징과 산혈(産血)과 월경의 불결함과 관련하여 남성보다 열등하다는 사상이 깊이 배어 있었다. 샬롯 퍼스는 대략 7세기 초에 발간된 중국 고대의 의학 서적에는 월경혈(月經血)이 부정(不淨)한 힘에 오염된 것으로 이해되고 있었다는 암시들이 들어 있다고 하였다.158) 이렇게 해서 송대의 의자(醫者)들은 여성의 불결함의 핵심을 이루고 있는 산혈의 오예(汚穢)와 결부된 뿌리 깊은 민속과 종교적 신앙을 수용하였다.159) 오예는 죄가 된다고 여겨졌으므로, 정화(淨化)와 신들을 달래기 위한 의식적 절차가 요구되었다. 우리가 앞에서 본 것처럼, 그 의식은 모친의 신체적 희생과 신체적 오명(汚名)에 관한 도덕적 이야기들을 둘러싸고서 만들어졌다. 이러한 오예 신앙은 여성들로 하여금 임신의 기능을 부정적인 육체적 힘이나 또는 희생적인 노동으로 해석하게끔 하였는데, 그 양자는 여성이 사회적으로 나약한 것으로 받아들여지는 결과를 초래하였다. 아내로서 그리고 모친으로서의 여성들이 부계친족 단위의 단합에 필수적이면서도 동시에 위협

---

158) Charlotte Furth, *A Flourishing Yin—Gender in China's Medical History, 960-1665—* (University of California Press, 1999), p.74. 중국의 토착 종교에는 그 나름의 여성 부정 관념이 있었고, 불교의 도래와 함께 그것이 시간이 갈수록 더욱 강조되고 정교해져 갔다고 한다. Alan Cole 같은 학자들에 따르면, 여성 부정에 대한 강조는 대부분 불교 승려들에 의해 영속화되었다고 한다(Grant and Idema, *Escape from Blood Pond Hell: The Tales of Mulian and Woman Huang* 앞의 책, p.19).

159) Charlotte Furth, 위의 책, p.306.

이 되었던 것은 바로 그러한 육체적 힘과 장애(불리한 것들)를 통해서였다.160)

　필자의 견해로는, 혈분재는 당·송 변혁기와 송대에 있어서, 의학적·철학적 및 사회 경제적 변화를 반영하고 있는 것이었다. 전족(纏足) 관습처럼, 이 의식 역시 송대 이래로 여성의 지위의 하락을 나타내는 표지들 가운데 하나로 보아야 할 것이다. 그러므로 현대에 들어와서도 중국인들이 이 의식을 성차별을 나타내는 것으로 여기는가의 여부는 매우 중요하다. 일본에서는 유사한 의식과 경전들이 1970년대까지 번성하였지만, 1980년대 이래로 이러한 것들은 완전히 사라졌고, 지금은 그것들을 언급하는 것조차 실질적으로 금기시되고 있다.161)

　혈분경과 혈분재에서 '십월회태(十月懷胎)' 라는 경전이 염송되고 있는 것을 보면, 자녀들의 모친에 대한 효와 깊게 결부가 되어 있음을 알 수 있지만, 그 내면을 들여다보면 여성에 대한 부정관(不淨觀)과 차별 의식이 바탕에 깔려 있음을 부정할 수 없다. 이 경전과 의식은 과거 동아시아 사회 곳곳에 만연되어 있었던 남성 중심의 여성 차별관을 보여주는 사례들 가운데 하나라고 하겠다. 현재, 일본에서는 이러한 관습이 철저하게 배격되고 그에 대한 언급조차 금기시되고 있는데 반해, 중국에서는 오히려 한층 왕성하게 행해지고, 심지어 상업화의 경향까지 보이고 있다. 중국의 현재의 상황을 고려할 때, 이러한 추세를 단순

---

160) 위의 책, p.308.
161) 일본에서 혈분경에 대한 연구 상황은, Kōdate Naomi, "Aspects of Ketsubonkyō Belief," Edited by Susanne Formanek and William R. LaFleur, *Practicing the Afterlife: Perspectives from Japan*(Der Österreichischen Akademie der Wissenschaften: Wien, 2004)를 참조. 일본에 있어서 혈분경이 중국으로부터 전래되고 그 신앙이 전개된 상황에 대해서는 송요후, 『혈분경(血盆經)의 기원과 사회·종교적 의미―한·중·일 삼국에서 그 전파와 변용―』(위더스북, 2014) 제5장을 참조.

히 전통의 부활이라고 치부하기가 어렵다고 생각한다.

중국의 학자들은 현재 행해지고 있는 혈분재와 관련하여, 그 의식 속에 내재된 성차별적 요소는 완전히 덮어두고, 부모에 대한 효를 보여주는 것에 중점을 두고, 이러한 측면에서 전통의 부활로서 긍정적으로 보고 있다. 정부 관료들을 비롯한 일반 사람들 중에서는 종교 의식 집행자들이 사람들을 속여 금전을 취한다고 하며, 그 비합리적인 측면을 강조하기도 한다. 그러나 도사나 승려들을 초청해 의식을 부탁하는 농촌이나 도시의 민간인들은 종교적 측면에서 모친의 죽음을 슬퍼하며 세상을 살면서 지은 죄에 대한 회개와 영혼에 대한 구원을 간구하고 있다.

따라서, 오늘날 중국에서 행하여지고 있는 혈분경이나 혈분재는 단순히 한 측면만 보고 뭐라고 단정할 수 없는 다양한 측면들이 복잡하게 얽혀 있음을 알 수 있다. 지금까지 본 바와 같이, 그것은 혈분경과 관련된 사상 요소들이 유교, 불교, 도교 및 민간 종교는 물론이고, 문학, 민간 음악 등과 광범위하게 결부되었고, 그것들이 전통으로 살아남아 왔기 때문이다. 이러한 현상이 제기하는 문제는 실로 넓고 깊다고 하겠다. 중국에 있어서 혈분재와 혈분경이 앞으로 어떻게 전개되어 갈 것인지를 지켜보는 것도 또한 중요할 것이다.

西勢東漸期의 민족적 위기와 그 종교적 대응
― 베트남의 高臺敎와 한국의 甑山系 신종교 사례 비교 ―

박승길(朴承吉)

경북대학교 사회학과를 졸업하고 대학원에서 문학박사를 받았으며, 1984년부터 대구가톨릭대학교(전 효성여자대학교) 사회학과에서 재직하다 은퇴 후 현재 동대학 사회학과 명예교수로 있다. 일본 成城대학, 미국의 New School for Social Research(현재 New School University)에서 객원연구교수를 지내기도 했다. 사회학분야에서도 사회사, 종교사회학 연구에 치중하면서 한국종교사회학회 회장을 역임했다. 『현대신종교의 이해』, 『현대한국사회와 SGI』, 『21세기 종교사회학』 등을 비롯한 다수의 저역서와 논문들이 있다.

 다윈주의(Darwinism) 사회와 약소민족

　19세기 후반의 지구촌은, 세기 초의 산업사회로 열어가는 시민사회에 대한 기대와는 달리, 사회적 모순과 다윈적 힘들이 서로 공개적으로 맞부딪혀 상대를 제압하고 먹어치우려는 양육강식의 장(場)으로서 변모해가고 있었다. 자본가는 그들끼리 트러스트나 주식회사, 콘쩨른과 같은 연합체를 만들고, 노동자는 민족과 국경의 장벽을 넘어 K.맑스와 F.엥겔스가 주도한 제1인터내셔널을 시작으로 엥겔스 주도의 1889년 7월 프랑스혁명 100주년 기념일에 파리에서 설립된 제2인터내셔널로 노동자를 대변하는 국제단체를 결성하여 자본가와 국가 집단에 대항하고, 국가는 3제동맹과 3국동맹과 같이 국가 이익에 따라 연맹체를 결성하여 자신들의 이익을 극대화하기 위한 투쟁이 서구 열강에서부터 다반사로 일어나고 있었다. 생존을 위한 투쟁과 최적자만이 살아남는다는 이른바 다윈주의가 지배하는 세상이었다. 이런 사회에서 강자로 살아남아 이른바 열강의 반열에 오르도록 하는 원동력은 산업화된 생산력과 군국화된 사회적 동원력이었다. 자연히 이런 힘의 원동력을 미처 갖추지 못한 민족이나 국가는 약소민족으로 전락하면서 식민화의 길을 걸어야 했다.
　열강의 생산력과 사회적 동원력을 갖추지 못했던 베트남과 한국은 그런 후자의 길을 걸어야 하는 운명이었다. 18세기의 지구촌은 동서양을 막론하고 전통 왕조나 구체제가 새로운 사회계급이 성장하면서 반체제 운동이 다양한 형태로 표출되고 있던 시대였다. 서구열강이 그런 운동을 국민국가 건설이라는 체제변화의 원동력으로 흡수하고 있었던 것과 달리, 베트남이나 한국은 전통적 왕조체제의 강화의 길을 걷는 점에서 오히려 반동적 역사의 길을 걷고 있었다. 1771년 베트남 최초의 농민반란인 떠이 썬(西山)의 난은, 떠이 썬 왕조 수립으로 전환기를 맞았으나, 프랑스의 도움을 받은 응엔가(阮家)가 응엔왕조를 열면서 국호를 비엣남으로 바꾸었다. 하지만 이 왕조는 프랑스의 압력에 맞서 쇄국정책으로 맞섰지만 결국 프랑스 선교사 박해 사건을 빌미로 한 프랑스군의 침략을 받고 1883년 아르망 조약을 통해 프랑스의 식민지로 전락하고 만다. 한국의 경우에도 18세기 조선조 부흥을 위한 영-정조의 왕권강화 노력이 있었지만 안동김씨의 세도정치로 왕권은 쇠락하고 그 뒤를 이은 대원군의 왕권강화 노력과 열강의 위협에 맞선 쇄국정책도 동학농민전쟁을 빌미로 한 일본의 본격적인 침략 앞에서 을사조약까지 이어지는 식민지로의 전락 역사를 기록했다.

이러한 전통왕조체제의 붕괴는, 일상을 살아가는 민중들에게 생활세계의 일상성의 위기와 해체를 줄 수밖에 없는 상황으로 내몰고 있었다. 이 상황에서 일상성을 유지시켜 온 전통종교는 그 기능을 잃으면서 종교수요자로부터 점차 외면 받게 되면서, 민중들의 새로운 종교적 욕구를 충족시켜 줄 새로운 종교에 대한 수요가 발생할 여지가 생긴다. 대체로 사회변혁기에 등장하는 이런 사회적 수요는, 어떤 방식으로든지 새롭게 문제로 떠오르는 사회 현실에 대한 이해와 문제 파악에 요구되는 주관적으로 구성된 궁극적인 심층적 논리구조를 동시대인들에게 제공할 수 있을 때 새로운 종교, 곧 신종교로 자리잡게 된다. 이를 통해 그 수요자들은 생활세계의 위기를 극복하고 일상성을 회복하면서 동시에 새로운 자기각성에 이르러 현실세계구성의 주체라는 자의식을 회복하려한다. 20세기 들어 제국주의로 무장한 열강의 식민지로 전락하게 되는 한국이나 베트남은, 그 점에서 새로운 종교운동 발생의 토양을 만들고 있었던 셈이다. 이런 역사적 토양에서 한국에서는 강증산을 새로운 신성으로 예배하는 증산계 신종교가 발생한다. 베트남에서는, 까오다이(高臺 Cao Dai)라는 하늘나라 궁전에 계신 우주의 창조자이신 지존자 아버지가 '세째 번의 위대한 우주적인 종교적 은총'으로 내리신 대도(大道) 곧 삼기보도(三期普道 Tam Ky Pho Do)를 세상에 두루 펼칠 것을 선언한 까오다이교가 자라난다. 필자가 상이한 역사를 가진 지리적으로도 동 떨어진 두 나라에서 동시대에 생겨난 두 신종교에 주목하는 것은, 단순히 서세동점기에 두 나라에서 특징적으로 나타나는 신종교운동을 비교 서술하려는 것만은 아니다. 오히려 두 나라의 특징적인 신종교운동은, 서구 열강의 침략이라는 운명을 민중들이 어떻게 이해하여 받아들이려 했는가 하는 열강의 침략에 대한 민중들의 이해방식으로서의 종교적 세계관의 변화를 잘 나타내주고 있다. 그래서 그 세계관의 변화를 통해, 열강의 무력 앞에 문화적으로나 사회적으로 변방의 마이너리티로 전락해 가는 민족들의 자의식과 부활의 기대방식을 읽을 수 있을 것으로 기대하기 때문이다.

 2 한국의 강증산과 증산계 신종교운동

증산(甑山) 강일순(姜一淳)은, 국내에서 동학을 효시로 이후 전개된 근대 신종교운동에서 인격적 유일신을 본격적으로 등장시킨 주인공이다. 증산은, 유·불·선에서 말하는 최고의 신적 존재인 상제, 미륵불, 옥황상제 등으로 호칭된다. 증산의 천지공사(天地公事)를 시작으로 전개되는 활동과 그 사후에 펼쳐진 그를 신적 존재로 예배하는 신종교집단이 다투어 등장하는 것은, 동학과 정역으로 이어지는 19세기 말의 신종교운동과는 전혀 다른 양상이다. 증산은 수운(水雲) 최자우가 처형된 뒤인 1871년 9월에 동학혁명의 발발지였던 고부에서 출생하여 1901년에 성도(成道)후, 삼계대권(三界大權)의 주재자로 천지공사 개시를 선언하면서 본격적인 민중의 종교지도자로 활약한다. 그가 천지공사를 처음 보여주며 알렸던 김형렬, 안필성을 비롯한 제자들은 하나같이 동학혁명군에 참여한 인물들이었다. 동학혁명과정에서 증산은 혁명군이 패퇴할 것을 예견하고 나중에 제자군을 형성했던 지인들에게 동학에 들지 말 것을 권유했다 한다[1].

증산은 세상이 날로 잘못되어 감을 근심하여 이를 바로 세워 세상을 구하려는 뜻을 세운 시기와 동기를 갑오년 동학농민혁명에 두고 있었다. 그의 예측대로 혁명군이 수많은 희생자를 내며 실패하는 것을 보면서 오히려 그런 혁명을 통해서는 세상을 바로 잡는 '광구천하(匡救天下)'를 달성할 수 없다는 판단에서, 3년여에 걸쳐 '유불선음양참위(儒佛仙陰陽讖緯)의 서적을 통독'하거나 세속의 인심과 정세를 살피러 복서명리(卜筮命理)로 생계를 해결하면서 유력(遊歷)의 길을 떠난다. 이 과정에서 김일부의 정역의 후천개벽관을 접하기도 한다[2]. 증산은 유력의 과정에서

---

1) 이런 사실에 대해 증산 일대기를 비교적 초기에 정리한 李祥昊가 쓴『甑山天師公事記』에서는 이렇게 기록하고 있다. "二十四世(甲午)에 鄭南基(天師의 처제)의 집에 書塾을 設하시고 학도를 모아 한문을 가라치시니 그 가라치심이 師道에 마자 頌聲이 놉흐니라. 이 해에 古阜人 全琫準이 동학당을 모아 兵을 들어 時政을 반항하니 一世가 胸動되는 지라. 이해 칠월 어느 밤에 … 동학당이 雪期에 이르러 패망할 것을 깨달으시고 모든 사람에게 동학에 들지 말나고 권유하셧더니 …天師께서 개연히 世道의 날로 그릇됨을 근심하사 匡救하실 뜻을 두시기는 이해에 비롯하니라."『甑山天師公事記』相生社, pp.3-4, 1926

지금까지 알려진 술법이나 종교로는 세상을 바로잡기 힘들다 여겨, 1901년에 2월부터 '모든 일을 자유자재로 할 권능을 얻지 않고는 뜻을 이루지 못할 줄을 깨달으시고', 모악산 대원사에 들어가 칠성각에서 수도정진에 들어간다. 수개월이 지난 7월에 천지대도를 대각하고, 그해 겨울부터 김형렬을 불러 천지공사를 시작하고, 스스로가 천지공사를 주재할 수 있는 삼계의 주재자임을 제자들에게 알리면서, 이 천지공사에 앞서, 먼저 어지럽혀지고 혼란스럽게 되어 있는 죽은 자들의 심판장인 명부(冥府)를 다시 정리하는 명부공사(冥府公事)3)를 시작한다. 곧,

> "壬寅 4월에 … 천사께서 형령의게 일러 가라사대 나의 일은 천지를 개벽함이니 곳 천지공사라. … 대개 나의 公事는 … 내가 비로소 지으라는 것이라. 나는 三界大權을 주재하야 先天의 度數를 뜯어고치고 後天의 무궁한 운명을 열어 仙境을 세우려 함이라. 선천에는 相克이 인간사물을 司配함으로써 世世의 寃이 싸이고 매쳐 삼계에 充溢하야 천지가 常度를 일코 人世에 모든 慘災가 생기나니, 그럼으로 내가 天地度數를 正理하고 神明을 調和하야 만고의 寃을 글으고 相生의 道로써 後天仙境을 열고 造化政府를 세워 세계민생을 건지려하노라. 무릇 만사가 巨細를 막론하고 神道로부터 풀어야 이루는 것임으로 만저 神道를 調和하여 굿게 度數를 정하면 제절로 긔틀이 열녀 人事의 성공을 낫허내나니 이것이 천지공사라."4)

20세기에 들어서면서 같은 동양의 일본의 위력에 동학혁명이 실패로

---

2) 중도에 "… 충청남도 강경을 지나서 공주에 이르사 香積山 김일부의 詠歌舞踏의 敎法을 관찰하셋는데 … 김일부는 이 꿈을 말한 후 曜雲이란 호를 천사께 들인 일이 잇스니라" Ibid, p.4
3) 『증산천사공사기』이후 다시 정리된 『대순전경』초판에서는 명부공사의 책임을 최수운과, 전봉준, 김일부에게 각각 맡겼다고 기록한다.
4) Ibid, pp. 8-9

끝나는 것을 보면서, 일본을 능가할 수 있는 힘을 지닌 서구 열강의 도움을 은연중에 기대하여 개화를 구실로 서구의 기독교 문화에 관심을 갖는 사람들도 늘어나고 있었다. 이를 반영하듯 강증산의 신적 위상 등극은, 유·불·선의 전통적인 종교문화를 바탕으로 기독교의 유일신적 요소를 강화하여 민족적 위기를 오히려 한민족을 중심으로 한 세계로의 인도를 주도하는 신적 존재에 대한 적극적 요구를 충족시키고 있었다. 증산은 동학혁명이 남긴 상처를 안고 있는 피해지역 민중들의 구원 욕구와 문제를 해결해 줄 수 있는 구체적 능력을, 천지공사라는 방법으로 보여주려 했다. 천지공사는 그 방법이 특별한 신학적 지식이 없는 일반 민중들도 쉽게 이해할 수 있는, 민간의 속담이나 소지(燒紙)와 부적과 같은 민간 신앙을 빌린 구저재를 제공했기 때문에 문맹의 민중들에게 현실적이며 구체적인 구제재로 관심을 갖기에 충분했다. 스스로 생전에 '미륵불', '삼계다 권의 주재자', 때로는 '동학의 완성자', '도통군자', '지고자', '우주운행의 주재자' 등으로 최고의 신격을 지녔다고 주장했던 증산은, 1909년 6월 24일 김형렬의 몸에 기대어 잠들 듯 화천한다. '내가 천하사(天下事)를 도모하기 위하야 지금 쩌나려 하노라'[5]하는 말을 남겼다는 증산의 죽음은 새로운 종교운동의 출발점을 알리는 것이기도 했다.

사실 증산은 그가 천지공사를 시작으로 화천까지 이뤄진 종교적 활동 중에는, 스스로 교단을 조직하거나 의례나 교리체계를 정리한 것은 없었다. 다만 태을주 주문과 그의 유일한 친필 경전으로 전해지는 『玄武經』이 있으나, 이 또한 쉽게 허석할 수 없는 16개의 부(符: 백지로 이뤄진 앞뒷면을 포함하건 18개)와 상징성을 띤 1,100자 경문으로 이뤄

---

[5] Ibid, p.144

져 있으며6), 그 내용에 대해서도 의통설, 예언서, 인존(人尊)세상 상징물, 후천선경설 등 다양한 해석이 가능한 비서(秘書)로서의 남아있을 뿐이다. 다만 증산의 알 수 없는 기행이적(奇行異蹟)이 민간에서 신비감을 불러일으키는 만큼 오히려 증산 사후에 그런 기록이나 신비한 소문만으로도 새로운 종교집단 출현에 필요한 자원이 될 수는 있었다. 기행이적의 현장에 있었던 사람들은 합리적 언어로는 재구성할 수 없는 종교적 체험을 한 사람들이다. 종교적 체험은 그 신비성을 띨수록 체험한 사람들에게 나름의 깨달음을 주고 그 깨달음은 지금까지의 태도나 사회적 행위양식을 송두리 채 바꿀 정도로 유의미한 변화를 가져다준다. 증산의 기행이적을 체험한 사람들이 그를 최고위 신성을 지닌 존재로 숭배하면서 제자나 추종자군을 형성할 수밖에 없는 이유이기도 하다. 그러나 동시에 증산이 남긴 기행이적의 기록이나 태을주, 현무경 등 모든 것이 그 신비성이 강한 만큼, 언어나 개념화로 전달될 수 없는 종교적 메시지를 갖는다. 그런 메시지는 다만 다양한 새로운 체험과정에서 얻는 깨달음을 통해서만 전달될 수 있는 것이 된다. 이런 종교적 메시지의 비의적 성격 때문에 스스로 그 메시지에 대한 깨달음을 주장하는 사람들이 곳곳에서 등장하고 그 때마다 새로운 교단들이 생성될 수 있게 된다. 그 점에서 증산의 화천은 증산을 예배대상으로 모시는 다양한 형식의 신종교운동을 전개시키는 계기를 제공할 수 있었다.

현실적으로도, 증산의 화천은 오히려 지금까지 외래종교인 기독교의 유입에 맞서 고군분투하던 동학을 중심으로 한 민족종교진영에 급격한

---

6) 현재 전해지는 『현무경』은 원본에서 사출(寫出)된 것으로 각기 다른 10여종이 있는 것으로 알려져 있다. 〈玄武經彌勒天道會〉에서는 大頭目 張基準 師首가 1913년 9월에 고부수의 포정소에서 차경석과 함께 약장을 열어 조화궤(곧 현무경)를 꺼내 유리판에 대고 처음 필사했다고 주장한다.

지각변동을 일으킨다. 그 첫 번째 주자가 1907년 후천개벽의 음양조화를 위해 만들었다는 수부(首婦) 중에 흔히 정음(正陰) 수부로 지칭되는 차경석의 이종 사촌동생인 고판례가, 1911년 9월 중순 정읍 대흥리에서 증산강령의 신비체험을 한 후 포정소(布政所)의 문을 연 경우7)이다. 그러나 이런 모임은 1919년 고수부가 대흥리를 떠나 김제 벽산면의 조종리로 들어가 태을교라는 이름으로 교단조직화를 시도하면서 증산계 신종교의 교단화의 움직이 나타난다. 고수부와 가족관계였던 차경석과 김형렬이 고수부가 떠나자, 차경석이 고수부와는 별도의 교단 형성을 도모하여 보천교를 만들게 되고, 김형렬 역시 차경석과도 결별하여 모악산으로 들어가 별도의 미륵불교교단을 조직화한다. 이런 움직임은 초기 고수부의 포정소 모임과는 달리, 구제재의 행사로 신자들의 복종을 요구하는 지배단체로서의 성격을 갖는 교단을 세워 조직화하는 것이었다. 이후에도 증산의 제자들 중 증산과 통령(通靈)하였음을 주장하면서 독립 교단을 형성하는 등 수많은 교단들이 연쇄적으로 생겼다 사라지기도 한다. 전통적 종교지형의 지각변동을 초래한 우주최고위 신성 현세강림은, 일제침략기를 거치면서 억눌렸던 보복의 기대심리를 흡수하면서 폭발적으로 다양한 종교교단을 열어갔다.

그 대표적인 인물이 보천교를 세운 차경석이었다. 그는 태을교를 이끌던 고수부가 1919년에 전북 김제 조종리로 옮겨가자 육십방주제로 체제를 정비하고 1921년 함양에서 보화교로 교명을 선포하고 이듬해

---

7) 태을교라는 교단 명칭이 처음부터 사용된 것은 아니라 세간에서 나중에 붙인 이름인 점을 고려할 때, 이 포정소도 고수부의 증산과의 통령(通靈)을 계기로 다시 모여든 증산의 추종자들이 교단조직화를 위해 모인 장소가 아니라 우리사회의 오래된 향도의 전통을 따른 염불(念佛香徒)와 유사하게 타을주를 독송하며 증산의 신통을 확인하려는 성격의 모임이었을 것이다.

다시 보천교로 개명하여 교단화하여 크게 교세를 떨칠 수 있었다8). 자연히 차경석과 경쟁하던 김형렬은 미륵불교로, 이어서 안내성의 증산대도교, 이치복의 제화교, 박공우의 태을교, 장기준의 순천도 등 고수부의 대흥리 교단의 1차분열기로 일컬어지는 분파 교단 형성이 뒤를 잇는다. 증산교단의 세포분열은 증산의 현현으로서의 통령(通靈)체험을 통한 비의(秘義)를 깨달았다고 주장한 인물들이 다투어 일어나면서 국내 신종교시장의 성장을 주도한다. 1916년 음력 3월 16일로 기록된 소태산 박중빈의 대각(大覺) 체험과 이후 40여 제자군을 형상하여 원불교의 기초를 다져간 경우도, "증산과 영이 통한다고 믿어져" 개안했다는 소문을 타고 이뤄진 것9)으로 알려지기도 했다. 소태산의 대각과 그 이후의 활동에 대한 원불교 교단측의 이해는, "대종사께서는 새 세상의 주세불(主世佛)에로 이땅에 다시 오시었고, 새 부처님께서 세우신 새 회상(會上)은, 새 세상의 주세 회상임을 분명히 하여 주시었다."10)로 해석한다. 이같이 결과적으로 증산의 화천은 이후, 그의 종교적 카리스마 계승 방식이 증산과의 통령(通靈)체험에 주로 의존하면서 다양한 신불(神佛)을 예배대상으로 하는 교단의 창립을 가져와 다양하고 복잡한 증산계 신종교교단의 분파를 낳으며11) 국내 신종교운동의 주류를 지금도 형성하고 있다.

---

8) 1920년대는 교단간부인원만 55만 7천7백명이고 신도수는 자칭 600만에 이르렀다 한다. 이경원(2012)「한국 근대 증산교단의 민중·민족운동; 개항기부터 해방이전의 시기를 중심으로」『원불교사상과 종교문화』52집, 원광대학교 원불교사상연구원, p.152
9) 박용덕(1989.01)「정산종사와 태을도」『원광』, p.63
10) 『원불교교사』원불교정화사(1975) 제1편 제1장 제6절 말법현상과 구주출세
11) 증산 사후 100년 생겼다가 없어진 교단이 총 130여개라 한다. 이경원·백경언(2014)「증산계 신종교운동의 역사와 사상적 변천에 대한 조명」『한국종교』제37집, 원광대학교 종교문제연구소, pp.160-181. 참조.

3 대도삼기보도(大道三期普度)로서의 까오다이교

우주의 절대자가 3번째로 인류를 위해 펼친 보편적 법도12)로서의 대도인 까오다이교가 정식으로 베트남에서 설립된 것은 1926년이다. 그러나 우주의 절대자를 상징하는 '성스러운 눈13)에 관한 환상을 처음 계시받은 사람은 응오 반 찌에우(Ngo Van Chieu 1878 - 1932)로 1919년 어느 날이었다고 한다. 그는, 프랑스 식민지 코친차이나(Cochinchina; 베트남을 북·중·남부로 나눌 때 남부 메콩강 삼각주를 중심으로 한 지역을 유럽에서 일컫는 명칭)의 푸꾁(Phu Quoc)지방에서 관리로서 일을 하고 있었다. 당시 프랑스 식민지 관료들 사이에는 1858년 프랑스 파리에서 파리 심령학회(Société Parisienne des études spirites)를 만들어 '영계의 사도'로 불리웠던 Hippolyte Léon Denizard Rivail(필명 Allan Kardec 1804-1869)의 강령술에 관심들이 높았다. 평소 도교를 믿으며 심령술에 깊은 관심을 갖고 있던 그는 꺼우 돔(cau dong: 영매 집회)에 참석하여 회전판(Ban xoay; 이는 도자기 만들때 쓰는 돌릴 수

---

12) 까오다이에서는 지존자가 인간세상에 이 세 번째 법도를 펼칠 때 인간편에서 같이 협력할 것을 서명한 세 성인으로 완병겸(阮秉謙 Nguyen Binh Khiem 1492-1587; 베트남 시인으로 예지력의 소유자로 하늘 관저 까오다이에 머물고 있는 스승)과 그 제자로서 손일선(孫逸仙 Sun Yat Sen 1866-1925 중국의 손문), 빅토르 유고(Victor Hugo, 1802-1885; 프랑스 시인으로 빈민을 위한 자비가 넘치 '수도원의 관리자(Chung Dao Nguyet Tam Chan Nhan)'로 스스로를 계시)라고 하여 그들을 받들고 있다. 지존자와 첫 번째 협력한 인간은 모세, 두 번째는 예수라고 믿는다.
13) Tay Ninh교단 해외전도부에서 간행한 영문판〈Caodaism〉에서는, 이 눈에 대해 이렇게 설명한다. "빛의 광선들에 의해 둘러싸인 하나의 큰 눈으로 지존자의 왼쪽 눈이다. 왼쪽은 양(陽)에 해당되는데 보편적이고 개별적인 의식을 뜻한다. 최고 존재인 지존자는 이렇게 가르쳤다. '눈은 마음의 스승이다, 에너지의 두 원천인 음과 양은 창조의 스승이고 에너지는 영혼이다. 이 영혼이 곧 최고의 존재이다."

있는 회전판 탁자라는 뜻이다)을 이용해 영계와 접촉하곤 했다 한다. 어느 날 꺼우 돔에 참석했을 때, 스스로 까오다이(Cao Đài Tiên Ông Đại Bồ Tát Ma Ha Tát)라는 한 분이 내려와서 '하나의 눈'(mot con mat)에 예배할 것을 허락했다[14]고 알렸다. 그 눈은 우주적 힘의 상징이며 인간의 영적인 마음을 나타내는 것으로 눈으로부터 온 우주의 빛이 퍼져나가고 그 빛이 인간의 영과 절대자의 일부를 나타내고 있다는 것이다. 1925년 성탄절 이브에 지존자가 팜꼼탁(Pham Cong Tac)을 포함한 까오다이교 최초의 영매들에게 모습을 드러내 절대자의 위상을 분명히 다시 보여주었다. 지존자는 그 제자들에게 지구촌 전체의 소통이 이뤄지는 시대에 필요한 새로운 혼합적 신앙을 말하면서, 그 지존자의 강림 이유를 이렇게 설명했다 한다. 곧,

"이전에 사람들은 이동수단이 부족하여 서로를 알지 못하였다. 그래서 나는 유교, 조상숭배, 성현숭배, 도교, 불교의 다섯 가지를 각 인류의 관습 속에 뿌리내리도록 했었다. 그러나 인간들이 서로 종교가 다름으로 해서 화목하게 살지 못하고 있음을 보고 모든 종교를 하나로 만들어 태초의 통일 상태를 회복시키기 위해 강림했다."[15]

---

14) 까오다이스트들은 성스러운 지존자의 왼쪽 눈을 예배하나 미국 1달러 지폐에 있듯이 프리메이슨은 오른쪽 눈에 예배한다. 호스킨스는, "왼쪽 눈은 '마음'과 '도덕성' 그리고 '동양'을 가리킨다. 반대편 오른쪽 눈은 머리와 과학과 서양과 연관된다. 인도차이나 지역에서는 전통적으로 왼편은, 양, 일출, 긍정, 남성성을, 반면에 오른쪽은 음, 석양, 부정, 여성성과 관련된다"고 하면서 이것을 도교의 영향에 따른 왼쪽 눈 숭배로 본다. Janet A. Hoskins, "Can A Hierarchical Religion suvive without Its Center? -Caodaism, Colonialism, and Exile, in In Hierarchy: Persistence and Transformation of Social Formations, eds. Knut Rio and Olaf Smedal. Oxford: Berghahn Books, 2009. p.119.
15) Janet A. Hoskins, Ibid, p.116

까오다이교가 교단으로 조직화되는 것은, 1926년 10월 7일에 코친차이나 식민지 의회의 고귀직 관료였던 레반쭝(Le Van Trung)을 교주로 정식 출범하게 된다. 레반쭝은 본래 쩔 런(Cho Lon) 시장에서 살았고 이리저리 돌아다니며 싸우기를 좋아하고 놀음, 마약 등을 즐기던 속물적인 사람이었으나, 어느날 영매집회에서 자신이 시인 이택의 혼과 접촉하였음을 알리고 이벽이 자신이 누구인지를 말하면서 '종교'에 대한 고귀한 사명을 자신에게 알렸다고 한다. 이 모임이 있은 후로 그는 완전히 다른 사람이 되었다. 그는 과거의 삶을 완전히 청산하고 도덕적인 고행의 삶을 살기 시작했다. 그리고 그는 팜꼼딱(Pham Cong Tac)이 대표로 있는 푸꿕의 모임에 찾아가서 영매집회를 열게 되는데 바로 이 집회에서 리더들은 까오다이 신이 집회에 임했고 레반쭝에게 세인들을 구원할 새로운 종교의 창시자의 임무를 부여했다고 알렸다. 처음 '성스러운 눈'의 계시를 받았던 찌에우는 스스로 창교자로서 교단의 교황이 되기를 거부하고 까오다이 신으로부터 임무를 부여받아 레반쭝과 팜꼼딱 등에게 새로운 대도의 길을 안내했던 사람으로 자신의 임무를 다한 것으로 받아들였다. 그래서 까오다이교의 역사에서 그 출발은 팜꼼딱이 주도하고 대표는 레반쭝인 것으로 기록된다. 1926년 이후 이 종교는 많은 지역으로 퍼져 나가게 된다. 여러 곳에서 영매집회를 통해서 까오다이는 크게 확장되어 갔고 민중들의 환영을 받았다. 1926년 10월 7일 28명의 지도자들이 정식으로 까오다이교의 설립 선언문을 작성하고 코친차이나 총독원(Thong Doc Nam Ky)에 선언문을 제출하였다. 이 선언문에는 247명의 신도들이 서명날인을 한 명부가 함께 동봉되어 제출되었으나 까오다이 최초의 제자였던 찌에우는 그 서명에 동참하지 않고 다른 교파(Đức Cao Đài)를 만들어 떨어져 나간다. 까오다이는 전도단을 만들어 동,중,서남부에 파견하였고, 첫 2개월 동안 20,000명 이상의 신도들이 가입하게 되었다.

까오다이는 '높은(Cao)곳에 있는 궁전(Na ø i)'이라는 의미로, 까오다이의 또 다른 명칭은 '다이 다오 땀 끼 포 다오'(Dai Dao Tam Ky Pho Dao大道三期普度)이다. 이는 '제3기 중생들을 구원할 대도'라는 의미를 가지고 있다. 이전에 상제가 두번 중생을 구원하였는데 그 당시에는 '5대주가 서로 떨어져 외롭게 살고' 있었으므로, 상제는 서로 다른 지역에 출현해서 그 지역의 풍습과 관습에 알맞은 종교를 세워주었다 한다. 이 종교들은 비록 근본이 같은 상제를 예배하고 인류구원이라는 같은 목적을 가지고 출발하였지만 서로 떨어져 있었던 관계로 서로 다른 모습들로 드러났다는 것이다. 그래서 상제는 새로운 종교, 곧 까오다이를 세울 것을 결정하는 인류에 대한 세번째 구원사업을 펼치게 된다. 이 까오다이를 통해 상제는, 천인합일과 만교일리로 단지 삼교 통합 뿐 아니라 인간의 심령과 우주의 심령을 융합하려 했다는 것이다. 그래서 까오다이즘에는 동양종교의 유·불·선의 전통적 종교성에 덧붙여, 당시 알려진 세계종교에서 이슬람의 신성을 제외한 모든 신성들이 혼재해 있다. 특히 예수는 물론, 공자, 석가, 심지어 강태공, 조상신들을 통해 사실 천상에 계셔 우주 안의 모든 사건들을 다스리시는 지고의 신이, 그가 인간생명의 주인임을 그들의 입을 빌려 알려왔다는 것이다. 영매집회를 통해서 그 신성을 지닌 성현들을 만나 아름답게 만들어진 진리들을 올바르게 시행되도록 해야 하지만 종교 지도자들이 그렇지 못하여서 예전의 평화와 질서를 잃어버렸다고 주장한다. 그 결과, 인류의 도덕적 원칙들도 거부되어져서 어리석고 의심많은 자들에게 지고의 신은 단지 하나의 이름만 있는 쓸모없는 존재가 되고 말았다는 것이다.

까오다이즘에서는 모든 종교는 한 민족의 풍습이나 관습과 연관을 맺고 있다고 보면서, 까오다이가 대도(大道)인 것은 모든 세계종교 가운데 가장 소박한 종교성을 갖고 있기 때문으로 이해한다. 성도들이 단지 필요한 것은 집이나 사원에서 매일 기도하는 것이다. 또한 죄를 고백하는 행위도 필요하지 않다. 각 직분자들은 도를 전하는 것으로 충분하고 공자의 가르침에 따라 덕으로 신도들을 권면하면 된다. 각 신도들은 인류의 구원을 도왔던 각 시대의 신들에게 정중해야 한다. 예수와 석가 공자 그리고 다신들이 기도시간에 와서 신도들의 묵상을 받는다고 가르친다. 원칙적으로 각 신도는 영매기도(Cau dong)를 할 수 없다. 이것은 접신자들에게 속해있는 이들의 신적권한이 잘못 사용될 수도 있기 때문이라는 것이다. 까오다이는 모든 사람들에게 자신과 가정과 사회와 광범위한 가정형식과 인류의 마지막 인류의 대가족 등에 대해서 가르치며 삼강오륜을 기본덕목으로 삼는다. 또 사람들에게 명예와 재물과 향락을 버리도록 권고한다. 말하자면 평안을 얻기 위해서는 물질적인 탐욕을 초월해야 한다는 것이다. 나아가 사람들이 지존자 즉 모든 이의 아버지와 모든 선(善;Tien), 신(神;Than), 불(佛;Phat), 성(聖;Thanh)을 숭배하도록 권유하며 조상에 대한 제사를 강조한다. 또한 다른 모든 종교를 인정하고 영혼이 존재한다는 것을 인정하고, 영혼은 이생에서 사람의 행위에 영향을 받아 변화하거나 윤회한다고 가르친다.

이런 가르침을 따르는 사람들은 까오다이 신도인 셈이다. 특별히 신도들이 교리의 기본 원리를 따르는 것 외에 어떤 어려움을 견뎌야 하는 것은 없다. 매일 신도는 까오다이 제단에서 혹은 집에서 사원에서 하루 네 번 예배를 드려야 한다. 특별히 까오다이 지존자 아버지, 우주의 어머니인 불모(佛母), 세계 종교의 창시자들(예수, 석가, 공자, 노자 등)을 위한 정기의례에 참석하여야 한다. 까오다이의 신도는 Thuong thua(상위그룹)과 Ha thua(하위그룹)의 두 부류로 구분된다. 상위계급은 까오다이의 모든 어려움을 견디며 수행에 참여하는 자들이다. 직책과는 무관한데 이들은 반드시 수염을 길러야 하고 욕망을 억누르기 위해 죽으로 식사를 하며 까오다이 신도로서 품위를 지켜야 한다. 반면, 하위그룹은 여타 신도들을 말하는데 이 신도들도 매달 몇 번은 죽을 먹어야 한다. 매달 음력 1일과 15일에 죽을 먹는 것으로부터 시작한다. 이것을 Nhi chay(죽으로 매달 이틀간 식사하는 것)라고 한다. 그리고 그 후 Luc chay(매달 6일 죽으로 식사), Thap chay(매달 10일을 죽으로 식사)로 늘려간다. 입교자는 한달에 6일간, 이후에는 10일간의 채식규정을 준수하도록 하고 있으며, 고위 성직자들은 항상 채식을 한다. 그리고 명상을 통해 영적으로 발전하는 과정에서 세가지 보물, 곧 육체내지는 물질의 보물과 마음과 생명력, 삶과 죽음의 문으로 가는 에너지의 보물, 그리고 우리 인생의 주인인 영혼의 보물을 찾게 된다고 가르친다. 그리하여 한 영혼이 이 땅에 온 것은, 전생에 진 빚을 갚고, 지존자가 부과하는 시련을 통과하면서 더 높은 수준의 완전함에 이르며, 신령들이 부과한 사명을 완수하여 궁극적으로 영혼은 윤회의 사슬에서 벗어나 까오다이에 돌아가서 지존자와 같이 살면서 열반에 이르기 위함이라고 설명한다.

 4 민족의 식민화 현실의 종교적 수용과 타파

1) 서구기독교 문화와의 접변과 그 이해

　한국의 증산계 신종교와 베트남의 까오다이교가 본격적인 활동에 들어간 시점은, 양국이 각각 일제와 프랑스의 식민지로 민족적 고통을 더해가던 시점이었다. 강증산이 호천한 1910년은 한일합방이 이뤄지면서 대한제국이 국권을 상실하였다. 그리고 1927년 베트남은 응웬왕조 마지막 황제인 바오다이(Bao Dai)가 사실상의 실권을 잃고 서구 민주주의를 배운 중산층 지식인과 학생들을 중심으로 한 베트남 국민당의 무장봉기가 실패로 끝나는 등 민족적 시련이 가속화되는 시점이었다. 이런 민족의 운명에 두 종교 운동은 절대적 신성을 식민지 현실에 등장시킴으로써 그를 통한 구원을 약속하려고 한다. S. 블라고드가 까오다이즘을 '베트남 전통주의에서 근대로의 도약'을 위한 종교적 운동으로 이해16)했듯이, 서구 열강이 압도적 위력을 발휘하는 것을 기독교의 절대자 하나님을 믿는 종고가 있었기 때문이라고 생각하면서, 그 신격에 맞설 수 있는 새로운 신성을 종교적 전통 속에서 찾기 시작한 셈이다. 여기에 까오다이교나 증산계 신종교에서 흥미로운 점은, 그런 구원적 과제를 달성하는 데 도움을 주는 인물로 공통적으로 마테오 리치(Matteo Ricci 利瑪竇)나 빅토르 유고(Victor Hugo)와 같은 서양의 인물들이 동서양, 나아가 성스러운 천상의 나라와 고통 받는 현실 사회를

---

16) Sergei Blagov, Caodaism: Vietnamese Traditionalism and its Leap into Modernity, New York: Nova Science Publisher, 2001.

연결시켜주는 임무를 갖고 등장한다는 점이다.

강증산이 과거 모든 신명계의 최고지도자로 인정하였던 인물은 예수회 선교사 마테오 리치였다. 중국인들도 유교 경서를 자유롭게 인용하는 그를 '유학자'에 가깝게 받아들였던 것처럼 같은 유교문화권인 한국에서는 그를 유학자 이상으로 여겨 동서양의 지성을 아우르는 인물로 주목한다. "天師가라사데 利瑪竇는 現 解冤時代에 神明界의 主擘이 되나니 …. 天師께서 大法國 天啓塔에 계시다가 서양에서 실패한 이마두를 다리시고 천하에 大巡하시다가…"17) 라는 기록처럼, 강증산도 신명계를 대표하는 이마두의 간절한 호소를 받아들여 인류구원을 위한 천하대순을 그와 함께하다가 한반도에 출세하였다 한다. 대순전경에서는 인류가 이뤄냈다고 하는 문명이 오히려 인간을 교만하게 하여 침략전쟁과 같은 잔폭한 행위를 일삼아 신도(神道)의 권위가 떨어지고 삼계(三界)가 혼란하여 어지럽혀짐에 따라 利瑪竇가 모든 신성과 보살들로 더불어 인류와 신명계의 위기를 구천(九天)에 호소함에 따라 증산이 이 세상에 출세하게 되었다고 설명한다18). 곧,

> "서양 사람 利瑪竇가 동양에 와서 天國을 건설하려고 여러 가지 계획을 내였으나 쉽게 모든 積幣를 고치고 理想을 실현하기 어려우므로 마침내 뜻을 이루지 못하고, 다만 하늘과 땅의 경계를 틔워 예로부터 각기 地境을 지켜 서로 넘나들지 못하던 神明들로 하여금 서로 거침없이 넘나들게 하고 그 죽은 뒤에 동양의 文明神을 거느리고 서양으로 돌아가서 다시 천국을 건설하려 하였나니, 이로부터 地下神이 天上에 올라가 모든 기묘한 법을 받아내려 사람에게 알음귀를 열어주어 세상의 모든 학술과 정묘한 기

---

17) 앞의 책, 『甑山天師公事記』, p.11
18) 『대순전경』6판, 5장 12절, 1965

계를 발명케하여 天國의 모형을 본떴나니 이것이 현대의 문명이라."

까오다이교에서는 빅토르 유고가 등장한다. 그는 1854년 9월 29일 Jersey 섬에서 열린 한 교령회(seance 交靈會)에서 "죽음"이 유고에게 중요한 메시지를 전했다 한다. 그것은 예수의 단 한 번의 부활과는 달리, 그는 사후 무덤에 있으면서도 1920년에 "죽음"을 깨워 매 20년마다 한 번씩 깨어나는 특별한 사후세계에 있었다 한다. 그가 깨어나는 목적은 후손들에게 무덤에서 때가 찰 때까지 자라나는, 알 수 없는 그 무엇을 알려주기 위함이라는 것이다. 곧 유고의 죽음 자체는 '빛으로 단정된 아주 특별한 만남이고 어둠에 맞서는 힘이 될 것이다.'고 했다 한다. 유고는 이 메시지를 따라 사후세계에 관한 글을 15편 발표하고 그 글들은 1822년부터 1951년까지 이후 출간되었다. 유고의 이 교령회 체험에 관한 글은 1923년에 비로소 세상에 나오는데[19] 여기에는 1925년의 사이공 교령회에서 처음 계시되었던 '성스러운 눈'과 흡사한 것이 등장한다[20]. 유고는, 이 '성스러운 눈'의 지존자가 현세에 출현하는 것을 인도한 메신저 역할을 하고 있다. 사이공 교령회에 강림한 지존자가 밝힌 것처럼, 세계 인류가 서로 화목하지 못하고 분쟁과 갈등이 빈번해지는 약육강식의 제국주의의 식민지 쟁탈시대가 도래한 것을 종교가 통일되지 못한 까닭으로 진단한다. 결과적으로 지존자는, 인류평화를 달성하기 위해 인간과 세번째로 협력할 것을 빅토르 유고를 통해 미리 알려주고, 그 임무를 까오다이 공동체에 맡기게 되었다는 것이다. 따라서 까오다이를 단순히 종교적 혼합내지는 잡탕으로 보려는 것은 문제가 있을

---

19) 1923년에 Gustave Simon이 Chez Victor Hugo: Les Tables tournantes de Jersey, (Paris: Conrad, 1923.)으로 출판된다.
20) Janet A. Hoskins, ibid., p.115

수 있다. 까오다이교는, 모든 동서양의 신성과 성현, 종교를 모두 수용하면서 육체와 에너지, 영혼으로 이어지는 영적인 삶의 성화(聖化)를 강조한다. 이런 까오다이즘의 성격에 대해, 베트남 통일 이후 까오다이 신자들의 보트피플로 탈출이 이어지면서 그후의 해외에서 까오다이즘의 변화를 연구한 자넷 호스킨스는, 까오다이즘의 지나친 혼합주의 성격에 대한 평가에 반대하면서, 이렇게 주장한다.

> "까오다이즘은 일종의 근대성으로의 개종, 이성에 근거한 개인적 선택의 실행, 신중한 사고, 그리고 역사의식을 보여준다. 그것은 종교 아닌 미신이나 토착 관행의 단순한 잡탕이라기 보다는 종교라는 이름으로 베트남의 융합적 전통을 옳게 실천하는 운동이었다. 까오다이스트들은 자신들의 새로운 종교를 통해 나름의 바티칸과 고위 성직체계를 갖춰 가톨릭 종교 지도자와 동등한 반열에 있음을 보여줌으로써, 베트남인들의 영성도 프랑스 식민통치자들의 신앙과 같은 수준의 것으로 인식하려 했다. 그렇게 함으로써 그들은 프랑스의 프리메이슨, 자유주의 사상가나 오래도록 동양적 지혜에 관심을 보였던 사람들과 연합을 공고히 하려 했다. 그러나 그들의 목적은 동양의 영적 가르침을 더 많이 포섭하여 서구 근대성의 외연을 뛰어넘으려는 것이었다."21)

이러한 평가는, 식민지로 전락한 민족의 수치와 분노를 종교적으로, 그런 만큼 더 본질적으로, 식민지배자와 동등한 능력과 그 보다 더한 신적 소명을 부여받은 민족임을 선언하려 한다는 점에서 의미를 지닌다. 특이하게도, 증산계 신종교나 까오다이즘은, 공통적으로 동양의 전통종교나 유교문화를 이해하는 기독교문화권 출신의 선교사나 저술가

---

21) Janet Alison Hoskins, The Divine Eye and The Diaspora; Vietnamese Syncretism Becomes Transpacific Caodaism, Honolulu, University of Hawaii Press, 2015. p.5

를 지금까지 천상세계에서 은둔해 있던 절대 신성을 불러오는 주요한 역할을 담당하도록 함으로써, 동양의 약소민족에게는 생소하면서도 때로는 전통적인 민족문화권에 위협적인 기독교문화를 나름 데로 친화적으로 접근할 수 있도록 하고 있는 셈이다.

2) 제국주의의 위협 현실 진단

특히 이런 기독교 문학권 출신의 서양인에게 천상에 은둔해 있던 전통적인 절대 신성을 식민지화된 두 민족의 현실 속으로 불러들인 임무를 맡도록 한 것은, 식민화된 두 민족의 현실이 어떻게, 왜 잘못된 것인가를 양국의 민중들 입장에서 서양을 대표할만한 지식인으로 볼 수 있는 두 사람은 이미 잘 알고 있었으리라는 기대를 담은 것이기도 했다. 강증산이 利瑪竇를 천하대순의 동반자이며 오늘날의 '解冤時代에 神明界의 主擘'이 된다고 한 것[22]이나, 까오다이교에서 빅토 유고를 '해외전도를 위한 영적 지도자'로 예비하는 것은 이를 반증한다. 결국, 이들의 가장 중요한 임무는 동서양이 과거에는 서로 교통할 수 있는 수단이 없어서 각기 떨어져 살고 있었기에 인류에게 평화와 화목한 삶을 보장해 주는 동서양의 신명(神明)들이 서로 오가지 못한 만큼 천상의 절대 신성의 염원을 이룰 수 없었던 것을, '하늘과 땅의 경계를 틔워 예로부터 각기 지경(地境)을 지켜 서로 넘나들지 못하던 신명들로 하여금 서

---

22) 〈玄武經 彌勒天道會〉라는 증산계 신종교 단체에서 경전으로 사용하는 『天地開闢經』제2편 임인년 제2장 3,4절에는 증산의 말씀을 이렇게 전하고 있다. "천지간에 水火旣濟를 연 사람이 利瑪竇요 천지간에 신명계의 영역을 개방한 사람이 利瑪竇다. 先天에는 동서양이 서로 통하지 못하였으니 火水未濟의 운이요 내 세상에 동서양이 서로 통하니 水火旣濟이니라." 그래서 증산상제는 '利瑪竇는 常時我側하여 攝理萬相也'라고 했다고 기록한다.

로 거침없이 넘나들게 함'으로써 절대 신성의 인류에 대한 염원을 이룰 수 있게 되었다는 인식이다. 결국, 서구열강이 제국주의의 무력을 앞세워 서세동점의 약육강식이 벌어지는 현실은, 각기 지경을 지켜오던 신명들이 서로 오가지 못해 모든 인류구원이라는 상제 지존자의 큰 뜻을 이루지 못한 까닭으로, 그런 현실에 대해 모든 민족의 화목과 공동번영과 행복을 원하는 천상의 최고 지존자의 마음은 아파한다는 것으로 이해한다. 그래서 서세동점의 제국주의의 식민지 쟁탈현실은 오히려 그 지경의 경계와 울타리를 신명들이 넘나들 수 있게 하여 지존자의 큰 인류구원의 목적을 달성할 수 있도록 해주는 마지막 기회라는 것이다.

그러면 이런 문제는 어떻게 해서 발생한 것일까? 그 이유에 대해 증산계 신종교와 까오다이교는 차별적 인식을 보여준다. 강증산은 '선천에는 相克이 인간사물을 司配함으로써 世의 寃이 싸이고 매쳐 삼계에 充溢하야 천지가 常度를 일코 人世에 모든 慘災가 생기나니'라고 진단한다. 천지의 운도수가 잘못되어 서로 상극하도록 함으로써 세상에 원통한 일만 생겨났다는 것이다. 강증산은, '天地度數를 正理하고 神明을 調和'하는 일을 위해 명부공사와 천지공사를 행함으로써, 절대 신성의 권능을 보여준다. 반면에 까오다이에서는 '5대주가 서로 떨어져 외롭게 살고 있었던 까닭'에 인류간의 '사랑'과 '정의'가 달성되지 못했다고 보면서 각 지경에서 뿌리내렸던 모든 신성과 신명들을 '성스러운 눈'에서 나오는 에너지이며 지존자의 魂인 빛을 따라 함께 받아들여 예배하도록 가르친다. 그래서 결국 증산이 약육강식이 벌어지는 식민지 쟁탈전 현실이 선천세계의 마지막 징후로서 척과 원을 쌓아가면서 선천세계의 종말을 알리고 동시에 해원상생의 후천세계의 도래를 준비하는 현상으로 보고 있는데 비해, 까오다이교는 분열된 민족간 국가간 종교로부터 그 원인을 찾고 통일된 세계종교로서의 까오다이교의 시대적 임무를 강조한다.

3) 민족적 위기와 정체성 재건

19세기 후반부터 동아시아에 붐처럼 일기 시작한 신종교운동은, 새롭게 문제로 떠오르는 왕조체제의 붕괴와 근대국가형성, 서구 열강의 위협과 그 대처 등과 같은 지금까지 겪어 보지 못한 현실문제에 대한 이해와 그 해결책을 나름대로 종교적 언어를 사용하여 제공했다. 특히 세계열강의 반열에 오르지 못한 상대적으로 힘이 없었던 약소민족들은 식민지라는 노예상태에 빠짐으로써 민족적 자존감을 잃어가는 위기를 겪고 있었기에 자민족중심의 부흥 이념을 종교를 통해 해결하려는 욕구도 크기 마련이다.

우리가 살펴보고 있는 증산계나 까오다이교도 예외는 아니다. 먼저 증산계에서는 인류구원의 출발지로 후천세계를 열어가는 지리적 중심이 조선이며 그 모든 에너지가 충만한 곳이 이른바 사명당(四明堂)이라고 한다. 그의 기록을 빌리면, "…사명당을 應氣하야 五仙圍碁로 시비를 끌으며, 胡僧禮佛로 앉은 판이 되며 …"[23)]라 하여 순창의 회문산, 부안의 승달산, 장성의 손룡, 태인의 배례밭 네 명당의 기운을 솟구치게 하여 다섯 신선이 조선 땅에 바둑판을 두어 세계 질서의 새판을 짜도록 했다는 것이다. 비록 당시는 일저의 위력 앞에 식민지로 전락한 조선 땅이지만 천지공사를 통해 바꿔 놓은 후천세계는 조선이 세계 변혁의 중심지가 될 것이라는 것으로 한민족의 부흥을 약속한다. 동시에 후선

---

23) 앞의 『대순전경』6판, 5장 7절.

세계는 무극대운이 열리면서 '…각 족속 모든 문화의 津液을 뽑아 모아 후천문명의 기초를 정하는 일'을 증산 자신이 마련했으니, 이제는 '天尊과 地尊보다 큰 人尊시대'를 맞아 '모든 일은 자유욕구에 응하야 신명이 수종드는 시대', '여자의 말을 듣지 않고는 함부로 남자의 권리를 행하지 못하는' 남녀동권시대, 신분과 직업 귀천이 사라지는 해원(解寃)시대를 살게 될 것을 약속한다. 그리고 이런 후천시대의 개막은 바로 조선에서부터 시작될 것임을 암시함으로써 반상(班常)과 사농공상과 같은 신분 차별이 사라지는 평등사회 주인공의 비견을 갖도록 함으로써, 민족적 위기와 상처를 치유하려 했다.

반면에 까오다이교에서는 세계종교 통일의 과업을 "성스러운 눈'으로부터 부여 받은 민족은 프랑스 민족과 베트남민족으로 처음에는 받아들였다. 그러나 1940년대부터는 프랑스 인들이 지존자의 메시지에 부응하지 않은 까닭에, 지존자는 불교와 도교의 종교적 전통을 통해 지존자의 메시지와 이미 그것을 암시했던 유고와 같은 서양 현인의 계시를 받아들일만한 성숙한 영적 능력을 지녔다고 여겼던 베트남 민족에게 자신의 새로운 종교적 사명 부여하게 되었다는 것이다.[24] 베트남은 지고의 신으로부터 이제 통일된 세계종교로서 까오다이교를 전파하도록 선택받은 나라가 된 것이다. 이를 통해 호스킨스가 지적하듯이, '동양의 영적 가르침을 더 많이 아울러서 서구 근대성을 넘어서는 작업'을 할 수 있는 능력을 갖춘 민족의 자부심을 보여주고자 했던 셈이다. 동시에 까오다이는 인간을 '육체', '에너지', '영혼'이라는 세가지 보물을 간직하고 있는 귀한 존재로 보면서, 도교의 수·금·목·화·토의 5가지 요소와 유교의 삼강오륜, 그리고 불교의 불·법·승 귀의와 4사지 금지

---

[24] Janet A. Hoskins, op.cit., "Can A Hierarchical Religion…", p.120

법, 곧 살생·도둑질·술취함·사치·거짓말 금지윤리를 수용하여 신도들에게 준수할 것을 가르친다. 그래서 신도들은 가르침에 따른 도덕적 생활을 하면서 사회봉사와 명상을 실천하도록 하여 새롭게 구성된 세계 종교의 신도로서의 자긍심을 갖도록 독려함으로써, 민족적 자긍심의 상처를 치유하고자 했다.

5 맺는말

 서구 열강의 세계지배가 되면서 동양의 작은 나라였던 일본도 그 반열에 끼어들기 시작하고 오히려 대국으로 인식되었던 중국과 인도의 연이은 식민화는, 오랜 전통적인 독립 왕조체를 유지해 왔던 한민족이나 베트남인에게 그 자체도 현실적 충격이었다. 동시에 노예적 식민화를 겪으며 약소민족으로 전락하는 역사적 현실에 대한 수용과 극복의 과제 또한 절실했던 것이 20세기 초엽의 양국의 민족적 운명이었다. 그러면서도 이런 현실을 헤쳐 나갈 책무를 지닌 국가체제 자체가 식민화로 무너진 것이 물리적 현실이었다. 양국의 신종교운동은 바로 이런 책무를 자임하면서 약소민족화된 자민족의 운명을 역전시켜 세계 중심에 우뚝 설 수 있는 민족으로 갱생시키려는 민족운동이 될 수밖에 없었다.

 이를 위해 먼저, 동서양과 자민족을 아우르는 지금까지의 종교적 지도자나 신성들을 하나의 새로운 신성으로 실존시키는 것이 필요했다. 증산계가 동학의 최수운과 전봉준, 예수회 선교사 마테오 릿치, 조선 중기의 승려 진묵(震黙 1562~1633) 등이 전통적으로 최고의 신적 존재로 여겨졌던 상제, 미륵불, 옥황상제를 현현한 증산상제의 협력자로 등장하여 한반도를 중심으로 후천 선계를 열어가는 천지공사에 동참하는 민족이 된 것과, 베트남이 유명시인 완병겸과 중국의 순문, 프랑스 대문호 빅토르 유고가 인류에게 감춰져 있던 절대 지존자의 협력자로 등장하면서 그의 '성스러운 눈'을 통해 세계의 모든 종교가 상통하는 인류 최후의 종교인 까오다이교의 전파를 위한 민족으로 선택된 것은, 약육강식의 현장이 된 동서양의 현실을 넘어서서 인류의 미래를 책임지는 민족으로 한국민과 베트남민이 세계속에 다시 태어나고 있음을 알리려는 것이기도 했다. 그 점에서 신종교운동에서 뚜렷하게 보이는 종교적 혼합주의는 단순한 교리의 잡탕화가 아닌 서세동점의 제국주의 시대에 나타나는 지구촌화 현실을 이해하는 종교적 해결책이기도 했다.

그러면서도, 두 신종교운동에는 뚜렷한 차별성도 나타난다. 한국의 경우는 인격적 유일신의 현세 내 강림인 반면에 베트남의 경우는 그 실체를 완전히 드러내지 않고 영매를 통해 부분만 계시하는 신성이라는 점이다. 인격적 유일신의 현세로 찾아오심은 나름의 특별한 신적 과업을 달성하기 위한 경우일 것이다. 천지공사로 집약된 그 과업에는 구체적으로는 동학혁명과정이나 지금까지 역사 속에서 한(恨)을 품고 죽은 영령들의 원(寃)을 풀어주는 해원을 위해 일종의 복수극을 연출하고, 나아가 그 책임자에 대한 미움인 척(斥)을 버리고 상생하도록 하는 신적 과제를 달성하는 것으로 집약된다. 이제 원수에 대한 보복은 신의 일이고 '너희는 원수도 사랑하라'는 이웃사랑의 실천을 가르치는 신성으로 복귀하여 예배의 대상이 된다. 까오다이교의 경우는, 이와 달리, 신성한 최고위 지존자의 영혼과 통령(通靈)하기 위한 영매기도라는 신비주의와 영매가 어떤 위상의 신격과 통령하는가에 따라 위계서열화가 이뤄지는 서열구조를 갖는다. 이 서열구조는 결과적으로 베트남민족의 세계 민족가운데서 실질적으로 최고의 영성으로부터 선택받은 최고의 서열의 민족임을 암시하여 약소민족화된 현실을 발전적으로 수용하는 셈이다. 프랑스의 베트남 지배는 식민지하에서 사원들이 근왕운동, 유신운동, 동유운동 등 민족해방운동을 위한 거점으로 많이 이용되었기 때문에 불교억압정책을 펼쳤다. 동시에 프랑스의 식민주의 정책에 이용당한 천주교도 당연히 베트남인들이 의지할 곳은 아니었다. 프랑스의 도움으로 세워진 응웬(Nguyen) 왕조는 불교보다는 유교에 대해 훨씬 관대하여 유교를 국교로 인정하여 충효와 삼강오륜과 같은 덕목의 실천을 강요하였다. 베트남의 오랜 정신적 지주이던 불교세력의 쇠퇴와 천주교에 대한 배타적인 의식, 봉건적인 가부장제적 윤리가 강요가 오히려 베트남 인민들의 종교적 무관심을 조장하는 상황에서, 프랑스 신비주의의 영향을 받은 교령회와 같은 영성술 모임은 새로운 종교적 관심을 불러일으킬 수 있는 촉매제가 되었다. 이런 현실이 어찌보면 까오다이즘을 발생시킨 태경이었을 것이다.

그래서 이 두 종교집단의 이후의 활동에서도 차별성을 드러낸다. 강증산은 사후에 신격을 갖는 것으로 예배되었지만, 여전히 인간과 소통을 원하는 인간적 신이었다. 그래서 그와 통령한 인격체도 신비한 신성을 갖는 것으로 같이 예배되는 양상을 보여줌으로써, 증산계에서는 인간에서부터 신으로까지 화신(化神)된 인격들의 탄생이 계속될 수 있는 여지를 갖고 있었다. 인격의 화신 가능성은 그 만큼 인간의 가치가 약육강식의 제물로 될 수 없음을 보여주는 것이기도 하다. 반면에 이는 교단이 인물중심으로 운영되다가 그 인물이 화신되어 예배되지 못하면 쉽게 교단의 응집력도 와해되어 분열되는 교단조직의 취약성을 드러내기도 한다. 또한 천지공사나 후천개벽도 사실은 세상이 바뀌면 모두가 구원에 이른다는 점에서 구원에 필요한 자기결단과 같은 종교적 실천은 상대적으로 강조되지 않고, 오히려 조상과의 해원을 위한 의례가 더 강조되는 측면을 볼 수 있다. 종교적 실천이 강조되지 않은 점에서 세계종교로서의 발전 가능성은 제약적이다 할 것이며, 이런 까닭에 1910년 증산 사후 우후죽순처럼 생겨나 자라던 증산계 신종교단체들이 보천교의 차경석 사후에는 민족운동에서도 이렇다 할 영향을 주지 못한 것도 이런 맥락에서 이해될 수 있을 것이다.

까오다이즘에서는, 근본적으로 계시적인 절대적 신성과의 소통인 교령회의 영매기도로 '성스러운 눈'의 계시를 받아 운영되는 만큼, 인간은 그 신성에 대해 절대적으로 복종함을 전제한다. 그에 따라 교단내 조직은 '성스러운 눈'을 지닌 지존자가 직접 주관한다는 최고의결기관인 팔괘대(八卦臺 Bat Quai Dai)와 통령 능력을 갖춘 영매들로 구성되어 호법(護法)을 담당하는 협천대(協天臺 Hiep Thien Dai), 그리고 일종의 교단 행정을 담당하는 구중대(九重臺 Cuu Trung Dai)와 같은 위계서열을 지닌 조직을 발전시킨다. 결과적으로 안정적이고 체계적인 조직운영이 가능한 셈이다. 또한 세계종교의 통일과 궁극적으로 인생들이 보다 높은 차원에 있는 실체와 연합함으로써 윤회의 사슬을 벗어나 열반의 세계에 들어가는 종교적 실천을 강조하는 까닭에 민족적 경계를 넘어서는 보편성을 지닐 수 있고 그 만큼 확장성이 큰 것으로 평가된다. J.A.호스킨스가 오늘날 까오다이즘을 '태평양을 넘은 종교(Transpacific religion)'로 평가하듯이, 사이공 정부 패망 이후 보트피플로 태평양을 지나 미국의 캘리포니아와 베트남, 프랑스, 캐나다, 캄보디아, 호주에 이르기까지 그 교세를 까오다이즘은 확산되고 있다.

금욕적인 종교적 실천을 강조하는 까오다이즘의 내부에도 두 분파가 있다. 그 중 한 분파는 의무의 이행을 강조하면서 공공종교로서의 도덕성을 강조하는 통속주의 분파이다. 일상생활 속에서 이행되어져야 하는 것으로 악은 버리고 선을 행하고 이웃 뿐만 아니라 동식물과 자연에게까지도 친절을 베풀어야 한다는 일반적이고 보편적인 규범을 강조한다. 다른 하나는 최초의 '성스러운 눈'을 계시받은 찌에우가 만든 민보비(Minh vo vi)라는 분파로, 여기서는 명상을 통한 '자기열등의식의 제거'와 '신적요소'들을 개발에 집중하도록 가르친다. 그 점에서 신비주의적 경향이 강하다. 이 두 분파 모두가 금욕주의적인 종교적 실천을 강조하는 까닭에 이른바 신흥종교문제로 지칭되는 사회문제를 일으키지 않기 때문에, 과거 프랑스의 코친차이나 정부에서도 문제를 일으키지 않는 종교로 인정받아, 까오다이7- 격변기에 태생하게 되었음에도 불구하고 발전과 성장을 거듭할 수 있었다.

(사진은 Tây Ninh사원 입구에 들어서면 있는 동상으로 가운데가 최고 영매인 Phạm Công Tắc이며, 양옆으로 세속의 조력자와 천상의 조력자가 보조하고 있다.)

(성스러운 눈)

제2부
동아시아 종교와 사상 그리고 지역

동아시아연구총서 제4권
동아시아 종교와 마이너리티

琉球의 불교 발전과 『고려대장경』

최연주(崔然柱)

동의대학교 대학원에서 박사학위를 받았으며, 현재 동의대학교 사학과 교수로 재직 중이다. 동의대학교 박물관장, 부산광역시 문화재전문위원 등을 역임했고 경상남도 문화재위원, 고려건국 1100주년기념 사업 준비위원으로 활동하고 있다. 『고려대장경』 조성(彫成) 및 교감(校勘) 등과 관련된 분야를 연구하고 있다. 『고려대장경 연구』, 『국역 고려사[세가열전]』(공저), 「『고려대장경』의 불교문화콘텐츠 활용방향」, 「분사남해대장도감과 『고려대장경』의 조성공간」, 「『고려국신조대장교정별록』의 교감유형과 성격」, 「韓·中·日의 『正法華經』과 『校正別錄』」을 비롯한 다수의 저역서와 논문이 있다.

1. 序論

유구(琉球)[1]는 1372년 삼산(三山)시대 명나라의 책봉을 받으면서 동아시아 해상교역권에 등장하였다. 12세기경 철기문화를 수용한 이후 여러 집단으로 분열되어 있다가, 1429년 유구왕국으로 통일된 이후 중국 책봉체제에 편입된 국가이다. 동북아시아와 동남아시아를 잇는 교역을 주도하면서 동아시아의 주요 국가로 발돋움하게 되었다.

통일 왕국으로 성립된 유구는 북으로 일본, 서로는 중국과 조선, 남으로는 동남아시아 제국(諸國)을 서로 당기는 섬의 지리적 특성을 발휘하여 그 나라와의 중계교역국가로 번영을 누렸다.[2] 14세기 동아시아에 등장한 신흥국가였지만, 1872년 일본이 유구에 번을 설치하고 이어 1879년 일본의 무력병합에 의해 오키나와 현으로 바뀌어 멸망될 때까지 독립 국가였다.[3] 13세기 전후에는 원시적 경제 단위를 크게 벗어나지 못해 국가 저변에 걸쳐 종교 및 사상의 주류가 무엇인지를 알 수 없다. 그러나 명나라와 조선, 일본 등에서 불교를 수용하여 불교국가로서 성장하였다.

유구는 12세기를 기점으로 주변세계의 영향을 받아 원시적 수렵채집 경제단계에서 농경·철기시대로 겨우 전환하였다. 인구가 폭발적으로

---

1) 琉球를 유구, 류큐 등의 명칭을 사용하고 있다. 『조선왕조실록』의 표기된 '琉球'를 유구로 읽고 있으며, 현행 각종 교과서에 유구라고 칭하고 있어 필자도 유구로 표기하고자 한다.
2) 宮里 正子(2006)「ティダ 琉球の太陽」『うるま ちゅら島 琉球』九州國立博物館, p.7
3) 손승철 외(2012) 『고등학교 동아시아사』 주)교학사, p.131; 김광옥(1994)「近代 開港期 日本의 琉球·朝鮮政策」『港都釜山』11

증가하면서 각 지역에 농업 취락이 생겨났고, 이들을 통합한 지역공동체가 형성되었다. 당시 지역공동체는 구스크(グスク)라는 성을 쌓고 서로 경쟁하였다. 수장을 아지(按司)라 부르고 그들은 부와 권력을 장악하면서 정치세력으로 군림하였다. 14세기 중반에 이르러 유구는 북산왕, 중산왕, 남산왕으로 불리는 삼산시대가 전개되었다. 유구 패권을 둘러싸고 각 국은 전쟁으로 대립이 격화되었다. 작은 아지 출신인 사소(思紹)가 1406년에 중산을 공격하여 중산왕 무녕(武寧)을 축출하고, 그 세자의 명의를 가지고 명나라에 거짓으로 책봉을 요청하였다. 사소에 의해 출발한 왕조를 제1상씨(尙氏)왕조라 한다.[4] 사소의 아들 상파지(尙巴志)는 아버지를 도와 우라스에(浦添)에서 슈리(首里)로 왕도를 옮기고 북산을 병합하였다. 곧 왕권 강화에 노력하면서 1429년 남산까지 멸망시켜 비로소 통일된 유구 왕국을 성립하였다.[5]

15세기 중엽 유구가 동아시아 해상 교역의 주도 세력으로 성장할 즈음에 고려 및 조선과 교류를 빈번하게 진행하였다. 교역의 규모와 위상에 대해서는 구체적으로 파악할 수 없으나, 유구가 변방 국가에서 해상교역의 주도 국가로 성장하게 된 것이다. 유구와 한반도의 교류는 1389년 중산왕 찰도가 고려에 처음으로 사신을 보낸 것이 만남의 시작이라 할 수 있다. 이 때 고려는 토지제도의 문란과 왜구 노략질 등 국내외 모순에 의해 국가의 존립이 위협받고 있을 시기였고, 유구는 통일전쟁 중이었다. 곧 고려에서 조선으로 왕조가 바뀌고, 유구의 통일전쟁이 마무리되자 양국은 교린관계에 입각하여 적극적인 교류를 추진

---

4) 安里 進(2007)「琉球왕국의 역사와 문화」『탐라와 琉球왕국』 국립제주박물관
5) 정성일 외(2000)『朝鮮과 琉球』아르케; 손승철(1992)「朝鮮前期 對琉球交隣體制의 構造와 性格」『서암조항래교수화갑기념한국사학논총』 아세아문화사

하였다.

그 동안 고려-조선과 유구 교류에 대한 연구6)는 제한적으로 진행되었다. 그 배경은 양국 교류를 구체적으로 알려 줄만한 자료가 한정되었기 때문이다. 『朝鮮王朝實錄』, 『海東諸國記』, 『歷代寶案』 등 일부 사료를 활용할 수 밖에 없고, 그 내용도 풍부하지 못한 실정이다.7) 양국의 각종 교류를 알려 줄만한 출토 문화재와 물질문화도 토기와 기와 등에 국한되어8) 있다. 그래서 연구 내용이 대외관계 추이, 피로인 쇄환, 상호 인식 및 문화 비교 연구, 우라소에성(浦添城)에서 출토된 고려기와 등에 편중되었다.9) 특히 13세기 중엽 고려에서 판각하였고, 당시로서 최

---

6) 고려와 조선, 유구간의 교류에 대해서는 3단계로 구분하기도 한다. 西谷 正(1981) 「高麗·朝鮮 兩王朝と琉球の交流-その考古學的研究序說」『九州文化史研究所紀要』 26, 九州大

7) 김상기(1961) 『고려시대사』동국문화사, pp.810-811; 손승철(1994) 「조·유(朝·琉) 교린체제의 구조와 성격」『조선시대 한일관계사연구』 지성의샘; 하우봉(1994) 「朝鮮前期 對琉球關係」『국사관논총』59; 이원순(1995) 「『歷代寶案』을 통해서 본 朝鮮前期의 朝琉關係」『국사관논총』65; 손승철(1995) 「『歷代寶案』을 통해 본 조선과 유구관계」『부촌신연철교수정년기념 사학논총』 일월서각

8) 한반도와 유구 교류는 오래 전부터 다양한 경로로 진행되어 왔음은 기왕의 연구를 통해 잘 알려져 있다. 예를 들면 한반도의 낙랑계 토기가 출토되기도 하였고, 유구의 야광조개를 재료로 한 물품이 한반도, 일본, 중국에까지 운반된 적이 있다. 그리고 우라소에의 성터에서 고려기와(高麗瓦)가 발굴되었는데, 고려 삼별초군과 관련 깊은 것으로 보기도 한다. 오키나와의 대표적인 민속품인 쯔보야 도자기(壺屋燒)는 임진왜란 때 조선에서 끌려간 도공이 전해준 기술을 기본으로 하고 있으므로 특정 시기뿐 아니라 여러 시기에 걸쳐 양국 교류가 전개되었음을 짐작할 수 있다. 양국은 공식적인 사신 교류 이전부터 다양한 교류가 있었던 것으로 짐작된다. 그래서 유구의 각종 공예품들이 아시아 여러 나라들의 영향을 강하게 받아 독자적으로 발달한 것으로 보고 있다.

9) 양수지(1994) 『朝鮮·琉球關係硏究-조선전기를 중심으로-』한국정신문화연구원 한국학대학원; 양수지(2012) 「세조대의 유구사신 응접과 문물교류」『동북아 문화연구』33; 최규성(1998) 「高麗 기와제작기술의 琉球傳來」『古文化』52; 최인택(2000) 「한국에 있어서의 오키나와 연구의 과제와 전망」『일본학년보』9; 上原 靜(2001) 「오키나와(沖繩諸島) 출토 고려계(高麗系) 기와에 대하여」『비교문화연구』7; 安里 進(2007) 「琉球왕국의 역사와 문화」『탐라와 琉球왕국』국립제주박물관; 윤용혁(2009) 「오키나와 출토의 고려 기와와 삼별초」『한국사연구』147; 허경진·조영심

고의 정본대장경(定本大藏經)인 강화경판(江華京板) 『고려대장경(高麗大藏經)』(이하 『고려대장경』으로 약칭함)을 통한 양국 교류에 대해 본격적으로 논의한 바는 없다. 다만 양국의 교역품, 서적, 선박 기술 등에 관한 내용과 함께 대장경 전래 등을 같이 검토하였고, 양국 문물 교류를 다루는 과정에서 일부 항목으로 구분해 다루었다. 부분적인 연구가 진행된 것은 두 가지 측면이 고려되었기 때문이다. 첫째, 『고려대장경』을 매개로 한 상호 교류보다는 조선으로부터 일방적인 전래였기 때문에 다양한 연구로 확산되지 못한 것이다. 둘째, 조선과 유구의 교류는 양국 교역에 국한된 것이 아니라 조선과 일본, 일본과 유구 등과의 교류와 밀접하게 연관되어 있다. 그래서 각 나라의 독자적 관점이 아니라 조선과 일본의 교류 추이에 덧붙여 이해하려는 경향이 많았기 때문이다.

한편 15세기 일본은 조선과 활발한 교역을 전개하면서 『고려대장경』을 매개로 다양한 불교문화를 수용해 자국의 불교를 한층 더 발전시켰다.[10] 유구는 일본과 국가 규모 및 문화수준은 달랐지만 유사한 방식으로 조선으로부터 『고려대장경』 인경본(印經本)을 입수하려 노력하였다. 그 배경은 불교발전은 물론 사상과 문화 발전을 도모하기 위함이었을 것이다. 당시 유구는 정세 혼란과 기술상 제약 때문에 대장경을 판각할 수 없었다. 그래서 고려 및 조선에 대장경을 구청(求請)하여 전래받고자 하였을 것이다.

본고에서는 조선과 유구의 교류 과정에서 『고려대장경』 구청을 통해 유구 왕실이 추구하고자 하였던 바가 무엇인지를 논의해 보고자 한다. 이에 대장경 및 각종 전적 수입을 위해 유구가 시행했던 외교적 노력

(2012) 「조선인과 류쿠(琉球)인의 소통 양상」 『일어일문학』 54
10) 최연주(2008) 「『高麗大藏經』의 韓日交流와 인식추이」 『일본근대학연구』 19

등을 검토해 보았다. 다음은 유구의 『고려대장경』 구청에 따른 조선의 대응과 유구에 전달되는 과정 등을 살펴보고자 한다. 조선과 유구의 교류 변화를 검토하기 위해 양국의 국내 정국 동향과 동아시아 정세 변화를 함께 살펴보았다. 보다 구체적인 논의를 위해 주요 시기별로 구분하여 그 특징을 알아보았다. 이를 통해 14세기 중반 이후 동아시아 불교국가로서 새롭게 등장한 유구의 불교 발전에 『고려대장경』 인경본이 어떤 영향을 미쳤는지, 그리고 불교 인식과 불교문화의 저변 확대에 어떻게 기여하였는지 등을 다각도로 이해할 수 있을 것이다.

2 유구의 『고려대장경』 구청과 그 의도

14세기에 유구가 동아시아 역사에 등장하게 된 배경은 중국 대륙의 정세 변화와 깊은 관련이 있다. 유구열도는 산호초가 대규모로 있으며, 주위는 중국 대륙, 한반도, 일본 열도 등 선진지역에 둘러싸여 있다. 유구의 패총인들은 산호초 조개를 자원으로 한 '조개교역'을 추진해 주변 문화 선진 지역과 교섭하였다. 현재 오키나와 지역에서 출토된 유물을 보면 한반도의 낙랑계 토기, 한나라의 오수전 등이 대량 출토되어 한반도 및 중국과의 직접 교역을 하였던 것으로 본다. 그리고 7~8세기가 되면 야광조개를 재료로 한 물품[11]이 일본 열도, 한반도, 중국 대륙

---

11) 이와 관련하여 경상북도 고령군 대가야박물관 소장 야광조개국자 유물이 참조된다. 이해 편의를 위해 내용을 소개하면 다음과 같다. '지산동 44호분의 주석실에서 출토된 지산동 44호분 출토 야광조개국자는 일본과의 교류를 보여주는 대표적인 유물이다. 원래 야광조개는 일본의 오키나와 열도 남단부에서 서식하는 패류로,

에까지 운반된 흔적들이 전한다.

12세기를 기점으로 원시적 수렵채집 경제단계에서 농경·철기시대로 겨우 전환하게 된 유구는 스스로 발전할 수 없으므로, 주변 여러 국가의 영향을 받아 성장하였다. 14세기 중반이 되자 북산왕, 중산왕, 남산왕으로 불리는 삼산시대가 전개되었고, 유구 패권을 둘러싸고 대립이 격화되었다. 삼산시대의 주도권은 사사키(佐敷)지방의 무장 상사소와 그의 아들 상파지(尙巴志)가 쥐고 있었다. 상사소는 15세기 전반에 중산 등을 연이어 멸망시키고, 상(尙)왕통을 열고 왕도를 슈리로 옮겼다.[12] 곧 왕권 강화에 노력하면서 1429년 남산까지 멸망시켜 비로소 통일된 유구 왕국을 성립하였다.

해상 교역국가로 성장한 유구는 스스로 개척하여 발전한 것이 아니라 외부 영향이 매우 컸다. 명나라 해금(海禁)정책이 유구 우대정책으로 전환되면서 유구에 의한 대고역시대가 도래하였고, 이를 바탕으로 교역국가로 번영을 이룰 수가 있었다. 한족(漢族)의 나라로 건국한 명나라 주원장은 이학(理學)을 통치이념으로 삼아 원나라가 남긴 몽고풍의 문화를 청산하고자 하였다. 그는 토지의 적절한 분배를 통해 권력을 강화하고, 토지에서 걷어 들인 세금으로 새로운 제국을 유지하고자 했다. 또 상업발전을 억제하고, 해상무역을 봉쇄하는 해금정책을 실시하였다. 정치적 안정을 목표로 한 해금정책은 북방 국경을 안정화시키기 위해 군사적인 지출이 많이 필요로 하였다. 그래서 재정확보를 위해 특정 항구를 이용하게 하고 그 세금을 국가가 일괄적으로 거두도록[13] 하

일본에서는 이른 시기부터 각종 용기로 사용했다. 지산동 44호분 출토 야광조개국자는 당시 대가야와 일본의 교류 관계를 증명하는 유물로서 중요하게 평가된다.'
디지털고령문화대전(http://goryeong.grandculture.net)
12) 安里 進(2007) 앞의 논문, 참조

였다. 하지만 해금정책은 단순히 재정확보와 연관된 것은 아니었다.

당시 국내 상황과 밀접하게 관련되어 있다. 그 배경은 강소(江蘇)와 절강(浙江) 연안과 도서지역에는 염호(鹽戶)출신 장사성(張士誠)과 해적출신 방국진(方國珍)의 잔당들이 여전히 건재하였고, 또 왜구(倭寇)가 준동하고 있었다. 태조는 두 세력이 일으키는 소란을 막기 위해 해안지역 백성들이 사사로이 바다에 나가는 것을 법으로 금하고, 바닷가 백성들이 해외의 여러 나라와 사사로이 통하는 것을 금지시켰다. 해금정책은 해안지역의 백성들이 바다로 나가는 것을 단순히 금지한 것이지만, 이는 홍무 원년(1368)에 일어난 난수산(蘭秀山)의 난과 아주 밀접하게 연결된다. 건국 초 장사성과 방국진 등 반정부 세력이 건재하여 해금정책을 실시하였으나, 주산열도(舟山列島)를 중심으로 동아시아의 왜구들이 들끓고 있어 이를 발본색원할 필요가 있었다. 이 때 주산열도를 중심으로 활동하던 난수산이 난을 일으키자, 이를 평정하고 홍무 4년에 해금정책을 취하였던 것이다.14) 건국 직후 원나라의 정책을 따라 개방적인 정책을 펼치기도 하였던 태조는 이내 해금정책을 실시하였다.

그러나 유구는 명나라가 하사한 진공선(進貢船)을 이용해 2년에 한 번씩 그 정해진 때에 따라 입공하였다. 태조는 북방 변경을 지키기 위해, 필요한 병마(兵馬)의 수요를 충족시키기 위해 그들의 빈번한 입공을 허락하였다. 유구는 명나라 때 총 208회(통일 이후 171회) 진공하였

---

13) Angela Schottenhammer, 고혜련 옮김(2005) 「中國의 商業에 대한 歷史的 考察」『도서문화』25, p.133
14) 최낙민(2011) 「明의 海禁政策과 泉州人의 해상활동」『역사와경계』78, pp.110-111; 이영(2013) 「고려 말 왜구의 '다민족 복합적 해적'설에 대한 재검토-후지타 아키요시(藤田明良)의 「蘭秀山의 난과 동 아시아 해역세계」를 중심으로-」『지역과역사』33, pp.8-9; 정동훈(2017) 「몽골의 유산 상속 분쟁- 초기 고려-명 관계에서 제주 문제」『한국중세사학회 정기학술발표자료집-고려시대 대중국 외교현안과 대응방식』, p.74

는데 그중 167회 이상이 천주(泉州)를 통한 입공이었다. 유구의 토산물과 동남아시아 및 일본 물품 등을 실은 조공선이 매년 1~2차례 천주로 도항하였다. 당시 천주는 유구와 동남아시아국가 간의 간접적인 무역 네트워크 근거지로서 기능을 수행하였다. 천주가 이러한 기능을 담당한 배경은 명나라와 유구의 교역을 주도한 무역업자가 복건성(福建省)에서 이주해 왔기 때문이다. 홍두연간에 천주일대에서 명나라와 유구 사이에 장사하는 사람을 '주유구(做琉球)'라고 하였다. 이는 천주의 사무역, 민간 무역업자와 유구와의 관계를 암시하는 것이다.

많은 복건성 사람들이 이주해 와 나하(那覇)항 가까이에 '당영(唐營)' 혹은 '당영(唐榮)'이라고도 불리던 구미촌(久米村)을 형성하고 생활하였다. 구미촌의 중국인 중에서 천주인의 비중이 얼마나 되었는지는 알 수 없으나, 이들이 유구의 환대와 중용을 받으며 외교와 대외구역에 중요한 역할을 담당하였다. 구미촌에 뿌리를 내린 천주인들은 동남아 교민들과 동남아시아-유구-중국 사이에 무역네트워크를 형성하였다.[15] 이상에서 유구는 독자적인 성장을 통해 동아시아 주요 국가로 등장한 것이 아니라 중국 대륙의 정세 변동에 따른 외부 요인이 더 컸다. 그리고 해상 교역의 주도세력은 유구 사람이 아니라 명나라에서 건너온 복건성 사람들이다.

한편 한국 역사에서 유구가 공식적으로 처음 등장하는 것은 고려 창왕 때이다. 이때는 고려에서 조선으로의 왕조 교체기로서 정국은 격변기였다. 위화도에서 회군한 이성계는 우왕의 최측근인 팔도도통사(八道都統使) 최영을 경기도 고양으로 귀양보내고, 우왕을 강화도로 내쫓았다. 그리고 신진사대부 중심인물인 성리학자 이색의 도움을 받아 9세에

---

15) 최낙민(2011) 앞의 논문, pp.118-119

불과한 우왕 아들 창을 왕으로 세우고 권력을 장악하려 하였다. 고려의 급변하는 국내 정치 상황 속에서 유구의 중산왕 찰도가 스스로 신(臣)이라 칭하는 표문을 보내왔다.

> 8월 유구국 중산왕 찰도(察度)가 옥지(玉之)편에 신하를 칭하는 표문을 보내면서 왜적에게 포로로 잡혀갔던 우리나라 사람들을 돌려보냈다. 한편 그 나라 특산물인 유황 3백근, 소목 6백근, 호초 3백근, 갑옷 20벌을 바쳤다. 앞서 전라도 관찰사로부터 "유구 국왕이 우리나라가 대마도 정벌에 나선다는 말을 듣고 서신을 보냈는데 그들이 지금 순천부에 이르렀습니다."라는 보고가 올라오자 도당에서는 전례가 없는 일이라 어떻게 접대할까 난감해 했다. 창왕이 "먼 나라 사람이 와서 공물을 바치는데 박하게 대하면 옳지 못한 일이 아니겠는가? 그들을 개경으로 오게 해 잘 위로하여 보내야 할 것이다."고 하며 전판사(前判事) 진의귀(陳義貴)를 영접사로 삼았다.(『고려사』 권137, 창왕 원년)

창왕 원년(1389)에 유구의 중산왕 찰도는 고려 환심을 얻기 위해 왜구에 의해 포로로 잡혀갔던 고려인들을 돌려보내는 이른바 피로인(被虜人) 송환을 선택하였다. 당시 유구는 삼산시대로서 1372년 중산왕 찰도, 1380년 남산왕, 1383년 북산왕이 각각 명나라와 조공관계를 맺게 되어 대외적으로 동등한 위치를 확보하게 되자 한층 더 대립이 격화되고 있는 상황이었다. 삼산 통일 전쟁의 와중에 중산과 고려-조선왕조와의 교류가 추진되었던 것이다. 찰도가 고려에 표문을 보낸 시점은 삼산이 격렬하게 대립하던 때이다. 이러한 사실을 고려해 볼 때 표문을 보낸 찰도는 그의 정치적 입지를 강화하기 위한 정략적 의도를 가지고 있었다고 할 수 있다. 그런데 유구가 고려와의 교류를 추진할 수 있었던 배경은 명나라 강남 상인들의 고려 방문과 연관되었을 가능성이 매우

높다. 이는 원(元)제국 몰락 이후 민간 상인들 중심의 교역이 주도되고 있었기 때문이다.16)

창왕은 옥지 등이 귀극할 때 전객령(典客令) 김윤후(金允厚), 부령(副令) 김인용(金仁用)을 답례사로 함께 파견하였다. 회답한 글에서 이번에 일부러 사신을 파견하여 글을 보냈을 뿐만 아니라 귀한 선물과 함께 포로로 있는 고려인들을 송환하여 주니 기쁜 심정을 말로 다하기 어렵다며 피로인 송환에 대해 고마움을 표하였다. 1년 뒤인 공양왕 원년 8월에 찰도는 다시 사신을 보내 방문하고, 왜구에게 사로잡혀 간 고려인을 돌려보냈다.17) 이듬해 유구에 답례사로 파견되었던 김윤후 등이 귀국할 때 찰도가 다시 옥지 등을 보내어 신하를 칭하며 표문을 올리고, 고려인 37명을 또 돌려보내며 토산물을 받쳤다.18) 얼마 지나지 않아 창왕이 폐위되고 공양왕이 옹립되었으나, 곧 이성계에 의해 왕위에서 물러나게 되었다. 1392년 고려는 멸망하고 조선이 건국되었다.

급변하는 정세에도 중산왕 찰도는 신하라 칭하는 표문을 연이어 보냈다. 양국 왕래에 많은 기간이 소요된다는 점을 감안한다면 상대국의 국내 정세 변화에 대한 정보를 상세하게 알 수 없었을 것이다. 여러 사료를 종합적으로 고려해 볼 때 양국 교류는 크게 진전되지 않았던 것으로 보인다. 그렇지만 왜구에 의해 납치된 피로인 송환을 매개로 양국은 외교를 단절하지 않은 채 관계는 유지하고 있었던 것으로 추정된다.

1392년 조선 건국에 이어 1429년 유구가 통일왕국으로 성립되자 교류는 더욱 활발하게 전가되었다. 즈선이 건국된 한 달 뒤 중산왕은 사신

---

16) 원 제국의 몰락과 민간 상인들의 교역 변화에 대해서는 이강한(2013)『고려와 원제국의 교역의 역사』창비, pp.306-315 참조.
17) 『고려사절요』권34, 공양왕 원년 8월
18) 『고려사절요』권34, 공양왕 2년 8월 및 『고려사』권45, 공양왕 2년 8월 정해

을 보내 조회하였고,[19] 그 해 12월에는 스스로 신하라고 칭하면서 예물을 바치고 포로 8명을 송환시켰다.[20] 여기서 스스로 신하라 칭하였다는 것은 사대(事大)관계를 수립한 듯 보이지만, 당시 동아시아 국제질서 속에서 본다면 교린(交隣)관계이다. 양국은 명나라와 조공관계를 맺었고, 명나라가 멸망할 때까지 명 중심의 책봉(冊封) 체제 속에 편입되었다. 기본적으로는 명나라의 책봉체제 하에서 이루어지는 교린관계[21]라 할 수 있다. 한편 조선 건국 직후 양국은 본격적인 교류를 하지 못하였다. 다음 기사를 주목해 보자.

> 홍무 연간에 여러 번 귀국에서 사신을 보내어 본국에 이르렀고, 진귀한 물건을 하사하여 맹약(盟約)과 소식을 통하고 휴척(休戚)을 같이 하였습니다. 불행하게도 뒤에 선조왕(先祖王) 찰도(察度)와 선부(先父) 무령(武寧)이 잇달아 돌아가시고, 각 채(寨)가 불화하고 여러 해 동안 싸움이 그치지 않아서 줄곧 소홀하게 되어 보답하지 못하였습니다. 깊이 저버린 것을 황송하고 부끄럽게 여깁니다.(『태종실록』 권 18, 태종 9년 9월 21일 경인)

유구국의 중산왕 사소가 보낸 서계 내용 중 일부이다. 국왕의 연이은 죽음 뿐 아니라 내분이 일어나 조선과의 지속적인 교류가 이루어지지 못한 점에 대해 언급하고 있다. 앞서 검토한 바와 같이 유구는 삼산시대를 통합하지 못한 상황이었음을 암시하고 있다. 중산왕 찰도가 고려에 사신을 보낸 이후 양국의 교류는 크게 진전되지 않았던 것은 조선 국내 문제 즉 고려 멸망과 조선 건국, 왜구 문제 등과 연관이 깊다. 그렇지만 유구

---

19) 『태조실록』권1, 태조 1년 8월 18일 정묘
20) 『태조실록』권1, 태조 1년 12월 28일 갑진
21) 손승철(2000) 「朝·琉 交隣體制의 구조와 특징」『朝鮮과 琉球』아르케, pp.44-45

도 국내적으로 아주 복잡한 상황이 있었음을 짐작할 수 있다.

조선 초기 유구에서 조선으로 온 사신의 규모에 대해서는 정확하게 집계된 바는 없지만, 각 왕별로 그 방문 횟수를 정리하면 태조 6회, 정종 1회, 태종 4회, 세종 10회, 문종 2회, 단종 3회, 서조 52회, 성종 39회, 연산군 10회, 중종 4회 등으로 집계되었다.[22] 유구의 사신 파견은 세종, 세조, 성종대에 집중된다. 문종과 단종의 재위 기간이 짧은 것을 감안하더라도 대략 15세기 중반에서 16세기 초에 집중적으로 교류가 이루어졌음을 짐작할 수 있다. 1429년에 유구가 통일왕국으로 전환된 것으로 본다면 단일 체제로 성립된 직후 조선과의 교류가 본격 진행된 것으로 추정된다. 그래서 유구는 각종 교역을 위한 사신을 적극 파견하여 양국 간 교류를 확대하고자 하였을 것이다. 이에 비해 조선에서 유구에 공식적으로 사신을 처음 파견한 것은 태종 16년 1월이다.

> 전호군(前護軍) 이예(李藝)를 유구로 보냈다. 임금께서 우리나라 사람으로서 왜에게 포로가 되었다가 유구로 팔려간 자가 매우 많다는 말을 듣고, 명하여 이예로 하여금 쇄환하도록 요청하게 하였다.(『태종실록』 권 31, 태종 16년 1월 27일 경신)

태종 16년(1416) 유구에 사신을 파견한 목적은 피로인 쇄환이다. 이 시기는 유구가 삼산시대라는 점을 감안한다면 대조선(對朝鮮) 교류는 아마도 중산을 중심으로 추진되었을 가능성이 매우 높다. 태종 9년과 10년에 중산왕 사소가 사신을 파견한 사실에서 유추해 볼 수 있다. 교역의

---

22) 각 왕대별 사신 횟수는 『조선왕조실록』의 내용을 토대로 집계한 것이다. 그런데 기사의 내용에 따라 중복된 내용이 있을 수도 있지만, 그 대강을 이해하는데 도움이 된다.

상대국이 분열된 상황에서 전반적인 교류는 쉽지 않았을 것이다. 그래서 조선은 공식적인 첫 사신 파견 목적을 교류보다 피로인 송환에 우선을 둔 것으로 보인다. 이에 외교적 성과를 이끌어 내기 위해서 당시 대일외교에 핵심적인 역할을 담당하고 있던 이예를 파견하였던 것이다.

그러나 호조 판서 황희(黃喜)는 유구에 이르는 바닷길이 멀고 험하며, 사람을 보내면 번거롭고 대단히 많은 비용이 소요되므로 반대하였다. 태종은 고향 땅을 그리워하는데 귀천이 따로 없다면서 강행하였고, 이예는 포로로 끌려간 44명을 데리고 7월 23일에 귀국하였다.[23] 태종이 왜구에 의해 강제로 끌려가 유구에 팔려간 조선 사람들이 고향을 그리워하는 것은 당연한 것이라 한 사실에 태종 16년 사신을 파견한 목적이 위민정책과 연계되어 있음을 알 수 있다. 특히 조선 건국 직후 일본 사신으로 수차례 방문하여 왜구에 의해 강제로 끌려간 조선인들은 무사히 쇄환해 오는데 공을 세운 이예를 파견한 것에서 태종의 의지를 충분히 짐작할 수 있다. 한편으로는 국가 필요성에 의해 사신 파견이 추진되었으나, 그 이면에는 유구와 교류를 통해 일본 또는 대마도 왜인을 견제하여 왜구의 입지를 축소시키려는 정치적 의도가 다분히 깔려 있었을 것이다.

한편 유구는 동남아시아 제국과 명나라 또는 일본과 중계무역하면서 경제적 부를 창출하는 한편 국가 위상을 높이고자 하였다. 또 명나라와 일본과도 인접해 있는 조선과의 교류를 확대하기 위해 적극적으로 교류를 추진하였을 것이다. 양국 간의 교류와 관련된 주요 내용과 그 추이를 살펴보기로 하자.

---

23) 『태종실록』권31, 태종 16년 7월 23일 임자

가-1) 유구국 중산왕 사소가 모도결제(模都結制)를 보내어 조현(朝見)하였다. 잡혀 갔던 사람 14명을 송환하면서 자문(咨文)은 다음과 같았다. "생각해 보면 이웃 나라는 의리가 마땅히 사신을 보내어 왕래해야 합니다. 이것이 사해(四海)가 한 집이 되는 것이니 이치에 맞는 일입니다. 이를 위하여 오로지 모도결제 등을 보내어 배를 타고 예물을 싣고 국왕 전하께 나아가 봉헌하게 하여 조금이나마 작은 정성을 표하는 바입니다. 지금 가는 사람의 배에 의탁하여 실어 보내는 물건을 매매하도록 허용하시어, 일찍 출발시켜 나라에 돌아오게 하시길 빕니다."(『태종실록』 권20, 태종 10년 10월 19일 임자)

가-2) 유구국 사신이라고 일컫는 사람이 사람을 보내어 토산물을 가지고 와서 올리는데, 그 서계(書契)와 도서(圖書)가 모두 유구국의 것이 아니었다. 이에 정부에 의논하기를 명하니 좌의정 이원(李原)이 아뢰기를, "서계·도서와 객인(客人)이 모두 유구국의 것이 아니니, 올린 예물을 마땅히 물리치고 받지 말아야 될 것입니다."라고 하므로 따랐다.(『세종실록』 권19, 세종 5년 1월 4일 병술)

가-3) 유구국 사자 오라사야문(吾羅沙也文)을 예조에서 음식을 보내 접대하는 날에, 그 청(請)을 좇지 않았다하여 화를 내고 그의 말이 불손에 관계되니 명하여 의금부에 가두게 하였다. 전교하기를 "예조의 잔치는 곧 내가 명한 것인데, 네가 어찌하여 노하고 화를 냈느냐? 대국(大國)을 업신여겼으니 이미 죄가 중하거늘, 하물며 내 명이겠느냐?"하였다. 이에 의금부에서 아뢰기를, "오라사야문의 말에 따르면 '배의 주인과 공물의 관리인이 수량 외의 왜료(倭料)를 청한 것을 얻지 못하여 허물을 내게 돌리니, 내가 술이 취해 화를 낸 것을 깨닫지 못하고 실례하기에 이른 것이지 어찌 감히 상국을 업신여기겠습니까?' 라고 했습니다."하니, 즉시 명하여 용서하게 하였다. 좌찬성 신숙주(申叔舟)를 불러 이를 의논하니, 신숙주가 아뢰기를 "상관인(上官人)이 노하게 된 것은 진실로 배의 주인과 공물의 관리인이 한 짓이니, 마땅히 모조리 국문하여 그 죄를 알게 한 뒤에 용서하소서."하였다. 이에 전교하여 "그리하라"하였다.(『세조실록』 권 12, 세조 4년 5월 13일 기해)

가-4) 유구국의 사자 패가도(霸家島)와 냉천진(冷泉津)의 평씨(平氏)와 호군(護軍) 도안(道安)이 일찍이 우리나라에서 보내는 면포·주포와 서계를 받아서 돌아가다가 쓰시마에 이르러 그 섬에서 약탈당하였다. 오로지 남은 서계는 그 아들에게 부쳐서 유구국으로 보내고, 도안 등 10인이 돌아와 예조에 고하여 아뢰었다. 전지하기를 "마땅히 대마도에 글을 보내어 그 사유를 묻고, 만약 과연 포악한 짓을 하여 약탈하였다면 그 정상이 매우 고약한 짓이니 마땅히 병사를 일으켜 이를 다스려야 할 것이다."하였다.(『세조실록』 권 15, 세조 5년 1월 10일 계사)

가-1)에서 중산왕 사소는 조선과 교류를 위해 피로인 14명을 돌려보내는 한편, 앞으로 교류가 이어지기를 희망하고 있다. 양국 외교의 기본 방침은 우호교린이다.[24] 가-3)에서 유구 사신이 무례를 범하였으나, 조정에서는 그의 말을 믿고 용서해 주었다는 점은 조선과 유구의 교류가 기본적으로 우호에 바탕을 둔 것임을 잘 알 수 있다. 하지만 양국 외교는 제3국에 의해 생각치도 못한 방향으로 전개되기도 하였다. 제3국이 서류를 조작하여 중간에서 이득을 취하는 불법 행위를 하고 있다. 가-2)에서 조선과 유구의 교류에 있어서 쓰시마를 비롯한 일본인들이 유구의 외교문서를 위조하여 그 이익을 취하려 하고 있다. 이에 조선 조정은 가-4)를 통해 알 수 있듯이 쓰시마 사람들의 불법적인 행위를 엄단하고자 하였다. 더 나아가 군사 동원도 고려할 만큼 일본인들이 조선과 유구 교류에 개입하지 못하도록 하였다. 특히 가짜 사신 즉 위사(僞使) 문제는 아주 심각하였다.

당시 조선에 온 유구 사신에 대한 조정에서의 논의는 대부분 사신 접대 또는 그들의 요구에 대한 응대 등에 집중되었다. 성종 25년 3월

---

24) 손승철(1995) 앞의 논문, p.611

19일에 경상도 관찰사(慶尙道觀察使) 이극균(李克均)이 올린 글을 통해서 살펴보자.

> 유구국 사신 천장(天章)이 지금 제포(薺浦)에 도착하였습니다. 신이 싸가지고 온 서계를 상고하니 의심나는 부분이 많으므로 제포 첨절제사(薺浦僉節制使) 여승감(呂承堪)으로 하여금 사신에게 묻기를 '이전에는 그대 나라의 서신에 곧 조선 국왕이라고 일컫고, 예조 대인(大人)이라고 일컫지 않았는데, 지금은 조선이라고 일컫지도 않고 또 스스로 부주(府主)라고 일컫는 것은 무엇 때문인가?' 하였습니다. 대답하기를 '이전의 왕은 이미 죽고 사왕(嗣王)이 새로 서서 아직 명을 받지 못하였기 때문입니다.' 하였습니다. 또 '이전의 왕이 비록 죽었다고 하나 인(印)을 고칠 이치가 없는데 어떻게 하여 새로 내어 준 별부(別符)라고 일컫는가?'라고 물었습니다. 대답하기를 '우리 나라의 예는 이와 같습니다.' 합니다. 또 같이 온 평무속(平茂續)의 아들 피고삼보라(皮古三甫羅)는 다음과 같이 말했습니다. '제가 유구 국왕을 가서 뵈었는데 국왕이 이르기를 '이전에 조선의 표류한 사람을 쇄환한 후로는 한 번도 사신이 없었다'고 하기에, 제가 대답하기를 '근년에 본국의 사신이라고 일컫는 자가 두세 번 갔다 왔다고 합니다'하니, 왕이 말하기를 '내가 보낸 바가 없으니, 이것은 반드시 속인 것이다'하면서 '이제 사신을 보내어 다른 날 약속과 신의를 삼겠다'고 하였습니다.'고 하였습니다.(『성종실록』 권288, 성종 25년 3월 19일 무신)

이에 성종은 성현(成俔) 등의 의견을 따랐다. 그래서 그들의 말을 믿을 수 없지만 '만약 거절하고 받아들이지 않는다면 멀리서 온 사람의 소망을 저버리게 되고 허용하여 접대를 하게 되면 술책 속에 빠져드는 것이 되니, 선위사(宣慰使)로 하여금 심문하게 한 후에 조치하는 것이 어떻겠습니까?'라고 하니 시행하도록 조치하였다. 조선과 유구 교류에 있어서 위사 문제가 양국 교류의 심각한 문제로 작용하고 있음을 짐작할 수 있다. 유구 사신이 조선에 왔을 때 조정에서 논의한 횟수를 정리해 보니 태종 3회, 세종 15회, 세조 8회, 성종 19회, 연산군 2회, 중종 3회였다. 그 중에서 위사에 대한 논의는 성종대에 집중되었다. 물론 위사에 의해 양국의 교류가 일정하게 제약을 받기도 하였지만, 전반적으로는 우호교린을 바탕으로 진행되고 있었다. 유구의 토산물과 후추를 비롯한 동남아시아에서 생산된 물품들이 조선으로 유입되었고, 조선에서는 각종 전적(典籍)들이 수시로 전해졌다. 세조대에는 수십 종의 전적을 별도로 하사하였다.

〈표 1〉 조선 초기 유구와의 전적 교류

년 월 일	주요 내용
세조 1년 8월 25일	사자인 왜국의 승려 도안이 방문하여 국왕 상태구의 서계를 올리고, 『장경』을 얻어 돌아가기를 청함.
세조 4년 3월 11일	사신이 방문하여 지난해 『대장존경』을 하사받은데 사례함.
세조 8년 1월 10일	사신들에게 「금강경」, 「아미타경소」 등과 같은 것을 각각 1건씩 내려줌.
세조 8년 1월 15일	근정전에서 잔치를 베풀고 사신을 접견하며 중국에서 구해온 서목을 부쳐 보내고 「종경록」, 「송원절요」도 함께 내려줌.
세조 8년 1월 16일	하직하고 돌아가는 사신에게 답서를 주고 『대장경』 1부와 「금강경」, 「법화경」 등을 하사함.
세조 13년 7월 13일	국왕이 승려 동조 등을 보내어 앵무새, 서각, 서적 등을 바침.
세조 13년 7월 18일	태평관에 있는 사신에게 서적 등 물품을 하사함.
세조 13년 8월 14일	사신에게 별하정을 주고 선위하게 하니, 토산물과 「사찬록」, 「임간어록」, 「나선생문집」 등과 같은 서적을 바침.
세조 13년 8월 17일	국왕에게 예물과 「법화경」, 「사교의」 등 서적을 하사함.
성종 22년 12월 2일	국왕이 안국사에 넣을 법보를 보내어 줄 것을 청함.
연산군 6년 11월 17일	사신이 국왕의 서계와 예물을 올려, 『대장존경』 전부를 보내준 것에 대해 사례함.

〈표 1〉은 조선 초기 조선과 유구와 전적 교류 추이를 정리한 것이다.25) 대장경은 물론『금강경』,『법화경』,『사교의』,『성도기』,『심경』등 다양한 불교 전적이 전달되었고, 일부 유교 경서(經書)도 있다. 특이한 점은 세조 13년 7월 13일에 유구 사신이「사찬톤」,「임간어록」,「나선생문집」등을 조정에 바쳤는데, 아마도 명나라 등의 개인 문집으로 추정되나 그 내용을 상세하게 알 수 없다. 또 성종 23년 3월 3일에는 유구 국왕의 사신인 야차랑 등이 하직하면서 질(帙)이 차지 않은『대장경』을 두고 가기도 하였다. 이러한 경우를 제외하면 조선은 당시 보유하고 있던 다양한 불교 경전을 유구에 수시로 전해 주었다. 각종 전적은 유구의 문화 발전과 불교 중흥에 크게 도움이 되었을 것이다.

조선과 유구와의 교류과정에서『고려대장경』인경본은 수시로 등장한다. 경판 수가 8만매에 달하고, 이를 인쇄하면 인경본이 16만 여장에 이를 만큼 큰 규모의『고려대장경』이다.26) 16만장에 달하는 인경본을 여러 차례에 걸쳐 조선에서 유구로 보냈다는 사실은 단순히 물자 교류 차원만이 아닐 것이다. 이에『고려대장경』을 매개로 한 교류 추이에 대해 살펴보자.

유구가 조선에『고려대장경』을 구청한 것은 세조 1년(1455)을 비롯하여 7년(1461), 13년(1467), 성종 2년(1471) 2회, 10년(1479), 14년(1483), 22년(1491), 연산군 6년(1500) 등이다. 이와 관련된 사료를 검토해 보기로 하자.

---

25) 〈표 1〉 내용은『조선왕조실록』에서 개별 조사하여 전적 만 정리한 것이며, 기타 물자 및 물품의 교류는 제외하였다.
26) 최연주(2006)『高麗大藏經研究』경인문화사, p.141

나-1) 유구 사자인 왜국의 승려 도안(道安)이 반열을 따라 국왕 상태구(尙泰久)의 편지를 올리고, 이어서 화석·소목 각각 1천근을 바쳤다. 임금께서 "우리나라에서 표류한 사람들을 두 차례나 쇄환하니 매우 기쁘다." 말씀하시니, 도안이 "장경(藏經)을 얻어 가지고 돌아가기를 원합니다."라고 아뢰었다.(『세조실록』 권2, 세조 1년 8월 25일 무진)

나-2) 유구 중산왕(中山王)이 보수고(普須古)·채경(蔡璟) 등을 보내어 와서 토물을 바치고, 표류한 우리나라 사람들을 거느리고 왔다. 그 자문(咨文)은 이러하였다. "… 저희 나라에 장경(藏經)이 희소하므로 지난번에 사람을 보내어 구하여 청하였습니다. 임금께서 내려 주시니 감격하여 나라에 이르러 깨우침을 열어 주고, 큰 길상의 서광을 내리어 주었습니다. 이로 말미암아 천계선사(天界禪寺)를 건립하였으나 경전이 없다고 하므로, 삼가 정사 보수고·부사 채경 등을 보내어 삼가 자문과 예물을 가지고 임금 앞에 나아가 구하기를 청합니다. 전과 같이 대장경 전부를 나라에 보내어 주시어 영구히 나라를 안정시키고 어루만져 주시면 아주 다행입니다."(『세조실록』 권26, 세조 7년 12월 2일 무진)

나-3) 유구 국왕 사신 승려 자단서당(自端西堂) 등이 하직하였다. 그 답서에 "… 별도의 목록에는 백세면포 10필, 백세저포 10필, 흑세마포 10필, 호피·표피 각 2장, 잡채화석 6장, 대장경 1부, 운판 1사, 중고 1면 —하략"라고 말하였다.(『성종실록』 권13, 성종 2년 12월 13일 경진)

나-4) 유구 국왕 상덕(尙德)이 사신을 보내어 와서 빙례를 올렸다. 그 서계에 "… 그러하므로 바라는 바는 대장경 1부와 면주, 목면 약간 필이며, 삼가 드리는 토산물은 별도의 목록에 갖춥니다."고 하였다.(『성종실록』 권105, 성종 10년 6월 22일 정미)

위 사료를 통해 『고려대장경』 구청은 유구의 일방적 요청으로 보아도 될 듯하다. 위의 사료와 관련하여 일부 연구자들은 유구의 『고려대장경』 구청은 일본의 필요성에 의한 것, 즉 위사(僞使)에 의한 것으로 상당수는 유구로 가지 않았을 것으로 추정하고[27] 있다. 하지만 『고려대장경』 구청 자체가 모두 그렇다고 볼 수도 없으므로, 그 중에서 몇 부는 유구로 전해졌을 것으로 짐작된다. 이는 유구에서 『고려대장경』을 구하기 위해 피로인 송환, 토산물 진상 등은 물론 나-2)에서 보는 바와 같이 불교 진흥을 위한 요청 등 그 배경이 다양하다는 점에서 추론해 볼 수 있다.

조선은 유구의 총 9차례 구청에 대해 3차례는 거부하였고, 나머지는 수용하였다. 세조 13년에는 다른 불경으로 대체되었고,[28] 성종 2년의 요구 중 1차례, 성종 14년은 사신의 진위문제로서 조정에서 논의한 결과 가짜 사신으로 판단하여 그 요구를 거부내지 묵살하였다. 이 3차례를 제외하고는 『고려대장경』을 사급하였던 것이다.

『고려대장경』 구청에 대해 조선이 적극적으로 응하였던 이유는 문물의 우수함을 과시하려는 의도와 사대교린체제 하에 같은 중화문화권의 형제국가라는 명분[29] 때문이다. 조선에서 전래된 『고려대장경』 인경본이 유구의 불교 교리 발전에 토대가 되었을 것이다. 그렇다면 유구가 『고려대장경』을 필요로 했던 배경은 무엇일까. 유구는 불교를 융성시켜 국가 안녕을 기원하려는 진호(鎭護)국가 기원 성격이 강했기[30] 때문에 불교의 핵심인 대장경 즉 인경본인 『고려대장경』 확보가 시급하였

---

27) 이원순(1995) 앞의 논문, pp.36-37; 손승철(1994) 앞의 논문, pp.109-110
28) 『세조실록』 권43, 세조 13년 8월 14일 정미
29) 양수지(2012) 앞의 논문, p.215
30) 馬場久幸(2014)「『高麗再雕大藏經』の日本流通と活用」, 『石堂論叢』58, pp.229~230

을 것이다. 이러한 정치 상황과 함께 문화적 수요도 관련이 깊을 것이다. 14세기 중반에 접어들면서 3개의 작은 국가로 성립되었는데, 각 지역에 따라 북산왕, 중산왕, 남산왕으로 불렸다. 즉 삼산시대로서, 각각의 지역은 각 종족 신앙을 갖고 있었을 것이다. 이제 통일 왕조의 출범에 따라 보편적 이념이 필요했을 것이다. 지배층은 불교를 내세워 종교 및 사상적 통일을 도모하면서, 그들의 통치 기반을 확대시켜 나가고자 하였다. 다시 말해 삼산 통일을 계기로 불교는 본격적으로 확산되었다.

제1상씨 왕조의 상파지로부터 열도 전체를 통일한 제2상씨 왕조의 상진(尚眞)에 이르기까지 대략 100여 년간 유구는 중국 정치제도를 수입함과 동시에 불교를 통일왕조의 사상적 구심점으로 삼아 적극적으로 장려하였다.31) 통일을 이룬 상씨 왕조는 그들의 왕권강화와 통일왕조라는 정당성을 확보하기 위해 불교를 보다 적극적으로 보호하였을 것이다. 또 사찰이 많이 건립되자 불교진흥을 위해 대장경이 필요했을 것이다. 다음 사료에서 확인할 수 있다.

> 유구 국왕이 야차랑(耶次郎) 등을 보내어 빙문하였다. 그 글에 이르기를, "유구 국왕 상원(尚圓)은 조선 국왕 전하께 글을 받들어 올리나이다. 공경히 생각하건대, 귀국과 저희 유구는 바닷길이 요원하여 항상 왕복하기가 용이하지 아니함을 한탄하였습니다. … 우리나라에 안국사라는 절이 있사온데, 개국 초기의 선종 사찰로서 복을 비는 신령한 도량이기도 합니다. 그러하오나 삼보(三寶) 가운데에서 아직도 법보(法寶)를 갖추지 못하였으니, 실로 부족하지 아닐 수 없습니다. 그래서 지난해 두 차례나 일본사람 신사랑(新四郎)을 보내어 비로법보 1장을 구하였사오나, 회보해

---

31) 秋山謙藏(1935) 「琉球國王の勃興と佛教」, 『日支交涉史話』, 内外書籍, p.181

온 글에 유시하시길, '여러 곳에서 구해 감에 이제 없다.'고 하였습니다. 존명(尊命)이 이미 멀리 왔사오나 과인이 원하고 바라던 마음을 이루지 못하였으므로, 이제 특별히 사신을 거듭 보내어 이의 구함을 전달하옵니다."(『성종실록』 권220, 성종 22년 12월 2일 갑진)

유구 국왕 상원(尙圓)은 남방교역을 통해 확보한 귀한 물품들을 조선 조정에 진상하면서 동아시아에서 가장 정확하고 규모가 방대한 『고려대장경』 인경본을 구청하였다. 구청의 배경은 불교에서 세 가지 보물 중 하나인 법보(法寶)인 대장경을 안국사에 안치할 목적으로 요구하였다. 동시에 사찰 건립을 위한 재정적인 원조까지도[32] 요청하는 등 불교와 관련된 일체 사항을 조선에서 지원받고자 하였다. 이렇게 조선으로부터 『고려대장경』은 물론 재정적 지원까지 받으면서 유구의 불교는 발전하였을 것이다. 유구 불교는 대략 13세기 중엽 이후 발전을 거듭하여 이 시기에 이르러 크게 확산되었는데, 승려 센칸(禪鑑)[33]이 유구로 건너오면서 부터이다.

함순 년간에 선감이라는 선사가 있었는데 어디에서 온 사람인지는 알지 못한다. 일찍이 한 척 때(葦)로 만든 가벼운 배를 타고 표연히 소나하진(小那覇津)에 이르렀는데, 세상에서는 그 이름을 칭하지 않고 다만 보타락승이라고만 하였다. 조선인인지, 일본인인지 오래된 일이라 알 수 없다. … 우라소에성 서쪽에 사찰을 지어 그곳에 거처하게 되었다는데, 이르기

---

32) 유구 사신들이 대장경 구청 뿐 아니라 사찰 건립에 필요한 경비까지도 원조를 요청했을 때 조선은 그들의 요구를 충족시켜 주지 못하였다. 이현종(1981) 「朝鮮初期의 對外關係」, 『한국사』 9. 국사편찬위원회, p.460
33) 外間守善은 센칸(禪鑑)을 일본 승려로 본 반면, 윤용혁은 고려 승려로 추정하고 있다. 外間守善, 심우성 옮김(2008) 『오키나와의 역사와 문화』 동문선, p.61; 윤용혁(2012) 「우리소에성(浦添城)과 고려·류큐의 교류사」, 『사학연구』 105, pp.63-69

를 보타락산 극락사라 하였다. 이것이 우리나라 불교의 시작이다.(『琉球國由來記』10, 諸寺舊記 序)

함순 년간(1265~1274)에 센칸이라는 선사가 불교를 전하면서 극락사를 건립하였다. 이것이 유구 불교의 시작이라 한다. 승려 센칸이 유구로 건너 온 시기는 영조대왕(1260~1299)대이며, 그 이후 비약적으로 발전하였다. 사찰이 계속 건립되자 각 사찰에 봉안하기 위해 대장경이 필요하였을 것이다. 예를 들면 세조 7년에 천계선사가 건립하였으나 경전이 없어 대장경을 구청한[34] 것도 같은 맥락으로 이해할 수 있다.

당시 유구에서 확산된 불교의 교리와 교학적 수준이 어느 정도였는지에 대해서는 구체적으로 알 수 없으나, 사찰·불상·승려 등 양식은 조선과 유사한 것으로 짐작된다. 그것은 당시 유구에 표류했던 제주사람 김비의, 강무, 이정 등이 조선으로 돌아와 그 나라의 풍속을 말한 것에서 어느 정도 짐작할 수 있다.

> 그 말에 이르기를 … 사찰은 판자로써 덮개를 하고, 안에는 옻칠을 했으며, 불상이 있는데 모두 다 황금이었고, 거주하는 승려들은 머리를 깎았으며 까만 옷도 입고 흰 옷도 입었으며 그 가사는 우리나라와 같았습니다.(『성종실록』권105, 성종 10년 6월 10일 을미)

김비의 등이 구술한 내용이 너무 기이해 홍문관으로부터 성종이 정리 보고받은 내용 중 일부분이다. 승려 모습은 조선과 크게 다르지 않고, 사찰 규모가 그리 크지 않은 것으로 보인다. 당시 유구 불교에 대한 현황을 엿볼 수 있지만 당시 표류민이 어디의 사찰을 보았는지 구체적

---

34) 『세조실록』권26, 세조 7년 12월 2일 무진

으로 알 수 없다. 다소 차이는 있을 수 있으나 제도와 복식 등은 중국 제도를 많이 참조한35) 것으로 보아 명나라와 조선과 유사한 부분도 꽤 있을 것으로 보인다.

13세기 중엽 승려 센칸이 와서 불교의 저변을 확산시키는 계기가 되었으나, 조선에서의 영향을 많이 받은 것은 분명한 것 같다. 비록 조선은 불교를 배척하고 유교를 숭상하는 이른바 숭유억불정책을 펼쳤지만, 조선 초기에는 고려 불교의 형식 등이 많이 남아 있었다. 예를 들어 고려 때 수시로 행해졌던 팔관회와 연등 행사가 조선 전기까지도 궁궐을 비롯하여 민간에서도 계속 개최되고 있었다.36) 그렇다면 제주사람 김비의 구술 내용을 확대해 보면 조선의 불교 양식과 내용 일부가 유구에 전해졌을 가능성이 있다. 더불어 『고려대장경』이 전래되면서 불교 교리와 의식이 비약적으로 발전하였을 것이다. 그것은 유구 국내에 다양한 사찰이 존재했던 것에서 충분히 짐작할 수 있다. 유구 왕도인 슈리에 다양한 사찰이 있다. 다음 사료를 통해 잘 알 수 있다.

다-1) 임해사(臨海寺)은 북쪽 포대 긴 둑 가운데 있는데, 국왕이 기보소(祈報所)로 삼았다.

다-2) 호국사(護國寺)은 파슬산 고개에 있는데 국왕의 기도소(祈禱所)이다.

다-3) 원각사(圓覺寺)은 왕궁 북쪽 구경문 밖에 있는데, 국왕이 조상의 제사를 지내는 곳이 있다.

---

35) 『海東諸國記』「유구국기」 및 「보(補) 유구국」
36) 최연주(2016) 「中世 불교행사로서의 觀燈과 변화 양상」 『문물연구』30, pp.104-109

다-4) 동선사(東禪寺)은 구미 동북쪽에 있는데, 원각사 하원(下院)이다.

다-5) 광엄사(廣嚴寺)은 천존묘 아래에 있는데 좌우에 모두는 사람이 거주하는 마을이다.

다-6) 천계사(天界寺)은 환회문 바깥 남쪽에 있는데 절 입구는 북쪽을 향한다. 절로 들어가는 서남쪽에 석실(石室)이 있다. … 절의 서쪽에 안국사(安國寺)가 있는데 국가의 중요한 문서는 모두 이곳에 보관해 둔다.

위 내용은 1721년에 간행된 『中山傳信錄』[37]에서 발췌한 것이다. 15세기 전후의 사정과 다소 변화가 있을 것이지만, 다양한 사찰의 존재를 파악하는데 크게 무리가 없을 것이다. 다-1)과 2)의 임해사와 호국사는 국왕 기도처로, 다-3) 원각사는 국왕이 조상 제사를 지내는 사찰이라고 명시하였다. 반면 다-4)~6)의 광엄사, 동선사, 천계사 등은 위치와 주변의 내용을 기재하였다. 그 밖에 제시되지 않은 천왕사 등 13개 사찰은 다-4)~6) 형식과 동일하므로, 임해사와 호국사 및 원각사는 이와 다른 성격의 사찰임을 암시하고 있다. 원각사의 규모가 매우 크고, 여러 사찰 중에서 으뜸이다[38]라고 한 것으로 보아 국가 차원에서 관리 또는 의미를 부여받은 것으로 보인다. 다-6)의 안국사는 나라의 중요한 공문서를 일체 보관하고 있다고 하였다. 이러한 사찰은 왕실과 관련이 깊을 것이고,[39] 그 밖의 사찰은 일반적인 성격으로 구분해 이해해도

---

37) 청나라 강희(康熙) 58년(1719)에 유구 중산왕(中山王)으로 상경(尙敬)을 책봉한 사절단을 파견하였다. 이때 부사였던 서보광(徐葆光)이 기록한 사행록을 임무가 끝난 직후 강희제에게 「冊封琉球圖本」으로 바쳤다. 강희 60년(1721)에 이 책을 증보하여 6권본 『中山傳信錄』을 간행하였다. 인하대학교 한국학연구소 편(2013) 『小方壺齋輿地叢鈔 琉球篇』해제, 글로벌콘텐츠, pp.10-11
38) 『中山傳信錄』, pp.66-67
39) 고려 불교계에서는 왕과 왕비의 초상화를 모신 왕실건물을 진전(影殿)이라고 부르

될 듯하다. 그렇다면 조선으로부터 전래받은 『고려대장경』 인경본은 어디에 보관하였을까.

세조로부터 하사받은 인경본을 봉안하기 위해 상진왕 26년(1502)에 왕성 밖에 있는 원각사 총문(總門) 앞에 인공으로 연못을 조성하고, 그 가운데 단함지(丹鑑池) 중지도(中之島)에 장경각(藏經閣)을 지어 안장하였다.[40] 성종 22년에 유구 상원왕이 국서를 보내어 안국사는 개국 초기의 선종 사찰로서 복을 비는 신령한 도량이지만 법보를 갖추지 못했다고 하면서 대장경 인경본을 요청한[41] 바 있다. 유구에서는 특수한 목적으로 왕실과 관련된 기능을 하는 사찰이 별도로 지정되어 있는데, 원각사와 안국사의 사례에서 확인할 수 있다. 조선에서 전래된 『고려대장경』은 특정 사찰의 별도 장소에 보관된 것으로 추정해 볼 수 있다. 즉 왕실과 밀접한 관련이 있는 사찰에 별도의 시설을 갖추고 대장경을 안치하였을 것이다. 원각사와 안국사 등 특정 사찰에 보관되면 국왕 등 지배층이 『고려대장경』을 쉽게 열람할 수 있다는 장점도 고려했을 것이다.

유구는 조선으로부터 전래받은 『고려대장경』과 불교의 각종 의례와 풍속을 불교 발전의 토대로 삼았을 것이고, 이를 바탕으로 불교 중흥에 크게 기여하였을 것이다. 그리고 유구 왕실은 정치적 안정과 더불어 왕실의 권위를 높임과 동시에 불교 정착을 위해 불교 경전의 결집체인 『고려대장경』 인경본이 필요하였던 것이다.[42] 동아시아의 변방에 머물

면서 이를 좀 더 성스로은 종교적 의미를 갖기 위해 거의 사찰을 두고 있었다. 이 때문에 진전을 원찰(願刹)이라고 부르고 있고, 명복을 기원하는 건물이라는 뜻에서 원당(願堂)이라 부른다(허흥식(1996) 『고려불교사연구』 일조각, p.59). 이러한 의미에서 임해사, 호국사, 원각사 등도 유구 왕실의 원찰로 볼 수 있을 것이다.
40) 이원순(1995) 앞의 논문, p.36
41) 『성종실록』 권220, 성종 22년 12월 2일 갑진

렀던 유구는 명나라의 해금정책을 계기로 동북아시아와 동남아시아의 교역을 주도하면서 해상교역국가로 성장하였다. 분열된 유구 왕국을 통합하고, 왕실 권위와 체제 안정을 위해 적극적인 불교 수용 정책을 펼쳤다. 그 결과 조선으로부터『고려대장경』과 각종 불교 전적 및 의례를 받아들여 동아시아에서 불교 국가로 성장 발전하였다.

 동아시아 정세변화와『고려대장경』전래

조선과 유구와의 교류에 있어서 적어도 외교문서의 형식 상 대등한 관계라기보다는 차등적 관계라 할 수 있다. 즉 조선이 유구에 보낸 것은 대부분 서간문(書簡文)형식을 따르는 반면, 유구에서 조선으로 보낸 것은 대부분 자문(咨文)형식을 따르고 있어[43] 대조되기 때문이다. 사신 호칭에 있어서 유구로부터 온 사신은 대부분 왕사(王使), 국사(國使), 사(使)로 불린 반면 일본에서 온 사신은 일본국왕사(日本國王使), 구주절도사(九州節度使), 대마도주(對馬島主) 특송사(特送使) 등 다양하게 불렸다. 이러한 때문에 조선과 일본의 관계는 계층적이며 다원적이었고, 유구와 조선의 교린관계는 일원적 성격을 갖고 있다. 조선은 유구를

---

42) 일본에서의『고려대장경』구청은 배경은 대략 다음과 같이 4가지로 구분된다. '사원 창건에 따른 대장경의 안치, 호족 개인의 대장경에 대한 소유욕, 일본 지배층의 조선 불교문화에 대한 관심, 전란으로 황폐해진 신사(神寺)·불각(佛閣) 등을 재건하는데 도움이 되기 때문에 청구하였던 것이다.' 최연주(2012)「일본의『高麗大藏經』請求와 認識」,『동아시아의 문물 - 중헌 심봉근선생 고희기념논선집』세종출판사
43) 이원순(1995) 앞의 논문, p.4

하나의 독립적인 외교 대상국으로 상대하였다.44) 유구에서 온 사람들을 일본 사람과 동일하게 접대하는45) 것에서 잘 드러난다.

양국 외교에서 일원적 성격이 과행적으로 전개되기도 하는데 성종대 이후 집중되고 있다. 당시 유구의 국내 정치 상황이 다소 혼란스럽고, 여기에 일본이 개입하는 등 여러 요인이 있다.46) 지면관계상 각 왕대별 양국관계를 세밀하게 검토할 수 없으나, 명종대를 전후하여 교류양상에 큰 변화가 나타난다. 그 중 주목할 만한 변화는 각종 물자의 이동 경로가 바뀐다는 것이다.『조선왕조실록』에 나타난 조선과 유구 교류 내용과 관련하여 정확한 횟수에 대해 의문의 여지가 있다47)고 하지만, 현존하는 자료 중에서 가장 방대하고 전체적인 교류 추이를 살펴 볼 수 있는 유일 자료이기 때문에 그 대강을 이해하는데 큰 무리가 없을 것이다. 다음 〈표 2〉를 통해 각 분야별로 구분해 살펴보기로 하자.

〈표 2〉의 전기(1392~1545)는 조선 건국 직후부터 명종 원년까지이다. 후기(1546~1863)는 명종 원년 이후부터 고종 즉위 직전까지이다.48) 전자는 해상을 통해 조선과 교류를 주로 하던 시기로서 가끔 쓰

---

44) 손승철(1994) 앞의 논문, pp.100-101
45) 『增正交隣志』권1, 接待日本人舊定事例
46) 하우봉(1994) 앞의 논문, p.194
47) 예를 들어 사행 과정의 불분명, 이른바 위사행위(偽使行爲) 중첩, 유구 국왕사인지도 애매한 경우 등으로 횟수로 사행을 파악하는데 큰 의미가 없다. 그리고『조선왕조실록』의 한일관계사료 내용에 있어서 조선전기에 비해 후기로 갈수록 실록의 기사가 정치적 내용에 치우쳐 다양성을 잃게 되고 기록이 빈약하게 된 것을 근거로 한다. 손승철(1994) 앞의 논문, p.97; 손승철·김강일(1998)『중·근세 동아시아 해역세계와 한일관계』, 경인문화사, p.316
48) 조선과 유구의 통교를 세 시기로 구분하는 경우와 4단계로 나누어 보는 경우가 있다. 먼저 세 시기는 ① 양국국왕간의 직접통교의 시기(1392~1418), ② 쓰시마나 큐슈의 중간세력에 의한 위사(偽使)의 시기(1423~1524), ③ 북경을 통한 우회의 시기(1546년 이후)로 나누고 있다. 한편 4단계 제1기는 태조대에서 세종 12년까지 직접통교시기, 제2기는 서종 13년부터 세조대까지로 일본인에 의한 통교중계시기,

시마 또는 하카타 상인에 의해 조선과 유구간의 교류가 이루어지기도 하였다. 후자는 기존 방식이 아니라 청나라 북경을 통하여 우회하기 때문에 구분하였다. 다시 말해 전자는 해상 루트이고, 후자는 육상 루트라고 할 수 있다.

〈표 2〉 조선-유구간 교류양상

	전기(1392~1545)	후기(1546~1863)
피로인 송환 및 표류인 쇄환	45	21
교역 및 사신방문	149	9
대장경 및 서적교류	13	0
왜국과의 외교	49	9
외교문제 논의	69	10
선박기술교류	4	0
중국과의 사신 교류	6	13
기타	12	10

〈표 2〉에서『고려대장경』을 비롯한 서적 교류와 관련하여 전기는 13회인 반면 후기는 1회도 없다. 일본에서『고려대장경』구청 관습은 임진왜란 이후 자체적으로 대장경을 판각하면서 사라졌지만, 태조 3년부터 명종 11년 마지막 구청 사례에 이르기까지 구청건수는 107건이라는 사실과는 크게 대조된다.[49] 그리고 전기와 후기 항목 중 '중국과의

제3기는 성종 2년부터 중종대까지로 위사의 시기, 제4기는 명종 원년 이후 인종 14년까지로 명나라를 경유한 간접통교시기로 구분한다. 손승철(1994), 위의 논문, p.115; 하우봉(1994) 앞의 논문, p.147

49) 조선에『고려대장경』구청 주체와 관련하여 일본의 국왕사 29회(위사 22회), 호족 106회(위사 24회)에 대응한 것과 비교해 보면 유구의 구청 건수가 얼마나 미미한가가 잘 알 수 있다. 한문종(2002)「조선전기 일본의 大藏經求請과 韓日間의 文化交流」『한일관계사연구』17, pp.11-14

사신 교류'를 제외하고는 대부분 항목에서 교류의 빈도가 급격히 줄어들고 있는 것도 큰 차이가 난다. 그 중에서도 '교역 및 사신방문'은 149회에서 9회, '왜국과의 외교'도 49회에서 9회로 감소하였다. 전기에 비해 후기에 무려 1/4로 감소하였다.[50] 이는 명나라의 해금정책이 풀리면서 해상교류 주도권이 유구에서 명나라로 넘어간 이유가 가장 크다. 아울러 조선과 유구간 교역 필요성이 축소된 것도 고려해 볼 수 있다. 이는 대장경 전래에 많은 영향을 미쳤을 것으로 추정되므로 좀 더 구체적으로 살펴보기로 하자.

먼저 16~7세기 동아시아의 정서 변화와 밀접하게 연관된다. 명나라는 건국 직후인 15세기에 해금정책을 펼치면서 자국민들의 해외 진출을 막았고, 유구 우대정책을 전개하면서 유구에 의한 대교역시대가 도래하였다. 유구는 이를 바탕으로 교역국가로 번영을 이룰 수가 있지만 16세기에 들어서면 쇠퇴하게 된다. 그것은 명나라가 조공횟수를 2년에 1회로 제한하자 조공무역의 규모가 축소되기 시작하였다.[51] 그리고 동남아시아는 포르투갈이 군사력을 바탕으로 말라카 등의 주요 교역 항

---

[50] 당시 양국의 교류추이와 연관하여 다음 내용이 참조된다. "직간접으로 이루어진 393건의 통교 가운데 약 73.3%인 288건이 薩摩가 유구에 침입하기 전에 이루어졌고 그 가운데 98.6%인 284건이 15세기 전후에 이루어졌다. 특히 세조(1455~1568) 즉위 연간에 빈번한 교류가 이루어져 재위 14년 동안 69건 즉 1년에 약 5건 즉 2.4개월에 한 번씩 교류가 이루어진 셈이다. 이와 같이 양국의 교류가 피크에 다다른 것은 조선 세조 治世의 대부분이 琉球의 尙泰久(1454~1460)라는 것과 두 왕 모두 好佛의 君主였다는 데서 눈길을 끈다고 하겠다." 홍종필(1998) 「오키나와(沖繩)의 舊國寶였던 朝鮮鐘(興海大寺鐘)에 대하여」 『인문과학연구논총』16, 명지대, pp.388-389

[51] 당시 명은 매우 소극적인 대외정책 특히 해금정책을 실시하였다. 그래서 조공 자체 실리보다는 종주국과 번속국의 원칙을 고수하는 방면으로 추진되었고, 번속국의 입공 시기·선박의 수·인원·입공 항구·경로·기일 등을 철저히 제한되었다. 입공시기를 예를 들면 유구는 2년에 한 번만 조공단을 파견할 수 있었으며, 조선·안남·참파는 3년 1공, 일본은 10년 1공으로 정해졌다. 김상범(2003) 「중국. 해상 실크로드의 진원지」 『바다의 실크로드』청어출판부, pp.66-67

구를 점령하였다.

　유럽 일부 국가가 이 지역의 일부를 점유하게 되었고, 명나라의 해금 정책 완화로 중국 상인에 이어 일본 상인도 진출하게 됨에 따라 유구는 동남아시아 교역에서 철퇴를 맞게 되었다.52) 여기에 일본 국내 정세의 변화에 영향을 받는데, 이 시기 창궐한 이른바 후기왜구는 유구의 대외 활동을 방해하는 위협세력이다. 그리고 남서해상의 항행권에 대한 통제를 강화하는 사쓰마와 해외 교역의 주역으로 번성한 하카타가 유구의 중계무역 기반을 점점 약화시켰다. 1644년 명나라가 멸망하고 청나라가 대륙을 재통일하자 상황은 급변하였다. 청나라는 명나라보다도 적극적으로 해금정책을 풀었다.53) 임진·정유재란 등으로 조선과 일본의 외교단절, 명·청 교체기, 일본의 유구 침공, 동남아 해상교역 체계의 변화가 있었기 때문에 유구의 해상교역은 심각한 영향을 받게 되었다.

　16세기를 거치면서 조선-일본, 유구-명나라, 일본-유구 등 동북-동남아시아의 국제 관계 속에서 각 국가간 교류가 급격하게 변화되었다. 이러한 정세 변화에 따라 조선과 유구 교류는 북경을 통해 우회하는 방식으로 바뀌었다. 양국 교류에서 육로 이동은 기존 명나라 또는 청나라와 조선의 사행 경로가 적극 활용되었을 것이다. 당시 사행 경로는 한양-압록강-탕참(湯站)-개주성(開州城)-용봉참(龍鳳站)-연산참(連山站)-요동성(遼東城)-안산역(鞍山驛)-우장역(牛莊驛)-판교역(板橋驛)-십삼산역(十三山驛)-사하역(沙河驛)-산해형(山海衛)-유관(楡關)-영평(永平)-북경(北京)으로 추정한다.54) 유구로 갈려

---

52) 安里 進(2007) 앞의 논문 참조
53) 하우봉(1994) 앞의 논문, pp.136~138 ; 이원순(1995) 앞의 논문, pp.29-33
54) 엄경흠(2004) 「鄭夢周와 權近의 使行詩에 표현된 國際關係」『한국중세사연구』16, pp.183-193

면 북경을 다시 출발하여 항주(抗州)-복주(福州)·천주(泉州)를 거쳐 나하(那覇)로 도착하는 경로를 밟았을 것이다.55) 이 경로는 거리적으로나 시간상으로 힘든 여정이다. 그렇다면 이전의 양국 교역 경로는 어떻게 운용되었을까.

『해동제국기』56)를 통해 당시 양국의 사행노정(使行路程)과 거리를 알 수 있다. 경상도 동래현의 부산포(富山浦)에서 출발하여 우구도(琉球都)까지 이르는 노정을 구간별로 정리해 보면, 동래현 부산포-(48리(里)) 대마도(對馬島) 도이사지(都伊沙只)-(19) 박월포(船越浦)-(48) 일기도(一歧島) 풍본포(風本浦)-(5) 모도이포(毛都伊浦)-(13) 비전주(肥前州) 상송포(上松浦)-(165) 혜라무(惠羅武)-(145) 대도(大島)-(30) 도구도(度九島)-(55) 여륜도(輿論島)-(15) 유구도(琉球都)로서 도합 543리(里)이다.57) 이러한 경로로 유구 왕국의 사신이 부산포에 도착하였을 때 예조에서 3품 조관(朝官)으로 선위사(宣慰使)를 임명하고 통사(通事)를 같이 파견하여 상경하기까지 접대하도록 하였다. 부산에서 대구-문경-충주를 거쳐 한양까지 이동해야 한다. 결국 사신은 유구도로부터 부산포까지 해로와 부산포에서 한양까지 육로를 각각 이동하였다.

『고려대장경』은 총 80,242매로서 인쇄하면 16만 여장의 종이가 필요하며, 책으로 제작할 경우 1,513종 6,807권으로 편성되는 방대한 전적

---

55) 橋本 雄(2006) 「海 海上の道」『うるま ちゅら島 琉球』 九州國立博物館, pp.9-10
56) 『海東諸國記』는 성종 2년 12월에 왕명을 받들어 편찬한 것으로 1권 1책이다. 그 후 성종 4년에 일부 내용이 추가되었고, 연산군 7년에 병조판서 이계동이 유구 사신의 방문이 잦으니 그들의 풍토, 인물, 세대에 대하여 조사하여 일부 내용을 첨가하여 편찬할 것을 건의하였다. 이 책의 내용을 통해 조선 전기 일본 및 유구와 교류를 살펴보는데 크게 무리가 없을 것이다.
57) 『海東諸國記』「유구국기」 도로리수

이다. 6,807권 인경본을 운송하기란 쉽지 않았을 것이다. 일반적으로 해로는 대규모 화물을 일시에 운송할 수 있고, 육로보다도 짧은 기간에 운송할 수 있는 장점을 가지고 있다. 당시 상황을 고려해 볼 때 대장경을 육로로 이동하기란 불가능하다. 해로를 통해 운송하는 것이 효율적이지만, 유구는 제해권을 상실하게 되어 적극적으로 구청하지 못했을 것이다. 정리해 보면 1545년을 기점으로 조선과 유구의 대장경 교류가 이루어지지 않는 것은 양국의 교류 방식이 크게 변화하였기 때문으로 이해된다.

유구로의 『고려대장경』 인경본 전래가 중단된 원인은 무엇보다도 교류 경로가 변하였기 때문으로 추정해 볼 수 있다. 해로에서 육로로 변하면서 방대한 규모의 『고려대장경』을 운송하기란 어려웠을 것이다. 그리고 유구가 해상주도권을 상실하게 됨에 따라 『고려대장경』 인경본을 구청할 수 없을 것이다.

다음은 위사와 관련된 문제를 고려하지 않을 수 없다. 조선에 대장경 구청과 관련해 일본은 국왕, 호족, 지방 세력들이 각기 교류를 추진한[58] 반면 유구는 왕실을 통해서만 추진하고 있어 대조를 보이고 있다. 당시 일본은 대장경을 확보하기 위해 합법적으로 구청하기도 하지만 경우에 따라서는 불법적 행위를 일삼기도 하였다. 그 예로서 앞서 언급한 세조 5년 1월 조선에 왔다가 유구 사신 패가도(覇家島)와 냉천진(冷泉津)의 평씨(平氏)와 호군(護軍) 도안(道安) 등이 귀국 도중 조선 조정에서 보낸 면포·주포와 서계 등을 쓰시마에서 약탈당한 사건이 발생하였다. 이

---

58) 일본에서 『고려대장경』 구청 배경은 크게 4가지 구분된다. 사찰 창건에 따른 대장경 안치, 호족 개인의 대장경에 대한 소유욕, 일본 지배층의 조선 불교문화에 대한 관심, 전란으로 황폐해진 신사(神寺)·불각(佛閣) 등을 재건하는데 도움이 되기 때문에 구청하였던 것이다. 최연주(2008) 앞의 논문, pp.141-142

에 조선 조정에서는 군대를 파병하자는 주장도 있었다.[59] 하지만 조선 조정은 대마도주(對馬島主) 종성직(宗成職)을 타이르는 서계를 지어 보냈다. 그 내용은 다음과 같다.

> 지금 임금의 뜻을 받들진대 지난번 모년 모월에 우구 국왕이 우리나라의 표류한 사람을 도안(道安)에게 부쳐서 돌려보냈다. 내가 그 정성을 가상히 여겨 예물 약간을 도안 편어 부쳐서 보답하게 하였다. 지금 들으니, 도안이 대마도 사포(沙浦)에 이르렀다가 예물 무엇 무엇과 도안이 사사로이 가져가던 물건을 도조리 창탈(搶奪)당하였다고 하니, 심히 무례하다. 너희에게 예조(禮曹)에서 속히 그 사유를 묻고, '또 이제 오로지 궁구하여 모의하여 창탈한 사람과 아울러 그 빼앗은 물건들을 조사하여 밝혀서 보내오도록 하라.' 하였으니, 오로지 족하(足下; 대마도주)는 즉시 마땅히 임금의 뜻을 공경히 받들어 시행하도록 하라. 만약 혹시라도 늦추거나 어긴다면 후회하여도 소용이 없을 것이니, 족하는 잘 살피고 헤아리는 것이 다행할 것이다.(『세조실록』 권 15, 세조 5년 1월 15일 무술)

조선 조정은 좌의정 강맹경(姜孟卿)과 우의정 신숙주(申叔舟), 그리고 도승지(都承旨) 조석문(曹錫文) 등이 대마도주 종성직을 타이르면서, 앞으로 재발 방지를 요구하였다. 물자의 약탈 뿐 아니라 쓰시마 사람, 규슈 또는 하카타 상인들이 유구 사신을 빙자하여 『고려대장경』 인경본을 비롯하여 각종 물자를 하사해 줄 것을 요청하기도 하였다. 일본의 지방세력 및 상인들이 유구 사신으로 위장하고 조선에 대장경을 구청하였다. 세조와 성종대를 거치면서 위사는 쓰시마 또는 하카타 등지에서 매우 빈번하게 내왕하였고, 그래서 조선은 유구에서 온 사신 중 위사에 의한 불법 교류를 막고자 하였다. 이 문제는 양국의 통교체계를 근본

---
59) 『세조실록』 권15, 세조 5년 1월 10일 계사

적으로 무너뜨릴 수 있는 것으로 매우 심각한 사안이었다. 아울러 위사의 『고려대장경』 수시 구청은 조선에 심각한 재정 압박을 주었을 것이다.

대장경 인경은 그 절차가 번거롭고, 사람들의 공역이 많이 소요되므로 국가적 차원에서 추진할 수 밖에 없는 사업이다.[60] 세조 6년 대장경 인경과 관련된 내용을 살펴보면, 해인사에 소장된 『고려대장경』 인출(印出) 과정에서 종이 확보를 위해 각 도의 주요 지역을 중심으로 배정하였다. 대장경 50권을 인출하기 위한 종이의 공납은 각 도별로 책정되었는데, 충청도에 종이 51,126권, 먹 875정, 전라도에 종이 99,004권, 먹 1,750정, 경상도에 종이 99,400권, 먹 1,750정, 황해도에 종이 11,126권, 먹 875정으로 모두 관청에서 스스로 준비하여 해인사에 보내라[61]고 지시했다. 그러면서 각종 물자를 조달하는 과정에서 백성을 괴롭힐까 염려하는 등[62] 국가적으로도 번잡하였다. 『고려대장경』 인경을 위해서는 국가의 재정 부담은 물론 절차상 번잡하므로 매번 하사해 주는 것은 불가능하다. 여기에 위사 접대와 공찬(供饌)의 지출 및 그들에게 하사하는 회사(回賜) 부담 또한 크다. 유구는 사찰 건립을 위한 재정적인 원조까지도 요청하기도 했다. 일본과 유구의 대장경 구청에 대해 조선은 대외 정치 상황을 적극 고려해 응하기도 하였지만, 근본적으로 재정 문제와 직결되므로 심각하게 고려해야 하였다. 이 같은 요인 때문에 조선이 미온적으로 대응하는 계기가 되었을 것이다.

여기에 유구 국내 변화도 무시할 수 없다. 조선 전기에 유구의 『고려

---

60) 최연주(2012) 「조선시대 『高麗大藏經』의 印經과 海印寺」 『동아시아불교문화』 10, pp. 162-165
61) 『세조실록』 권8, 세조 3년 6월 20일 임자
62) 『세조실록』 권8, 세조 3년 9월 23일 갑신

대장경』 구청은 삼산 통일을 계기로 왕권 강화와 통일 왕즈라는 정당성을 확보하고 적극적으로 불교를 보호하기 위해서였다. 그러나 유구는 17세기를 전후하여 섣불리 조선에 접근하기도 어려웠을 것이다. 그 이유는 임진왜란 당시 일본의 원조를 무시한 상황이라 일본으로부터 심각한 위협에 직면해 있었기 때문이다. 조선과 일본의 외교 단절 직후인 1609년 도쿠가와 이에야스의 출병허가를 받은 사쓰마군 3천명이 유구를 무력 침공하였다.63) 유구는 그들의 지배하에 놓이게 되면서 정치 상황이 바뀌었고, 일본에 대한 의존도 높아졌다.64) 그러면서 불교와 관련된 정책도 변경되었을 것이고, 조선으로부터의 각종 문물 수입이 제한되었을 가능성이 많았다. 한편 일본 불교는 그동안 중국대륙과 한반도에서 입수한 『고려대장경』 및 각종 불교전적 등 바탕으로 비약적인 발전을 이루었다. 특히 강호시대의 학승 인징(忍澂 ; 1645~1711)은 건인사 『고려대장경』 인경본을 저본으로 명본(明本)의 대장경을 대조하여 4년에 걸쳐 대장경 교정을 완성하기도 하였다.65) 그 후 수차례 대장경이 만들어졌는데, 1637년부터 1648년까지의 천해판(天海版) 6,323권을, 1669년부터 1681년까지 철안도광(鐵眼道光 ; 1630~1682)에 의해 황벽판(黃檗版) 6,956권이 간행되어 일체경(一切經)이라 칭하고 『고려대장경』과 차별화를 시도하였다. 이처럼 일본이 대장경을 판각할 수 있었던 배경은 임진왜란 때 목판 인쇄 기술자를 납치해 그 기술을 전수받았기 때문이다.66) 일본도 대장경을 자체적으로 판각내지 조성하기 시작하였기 때문에 그 결과물이 유구로 전래되었을 가능

---

63) 高良倉吉지음, 원정식 옮김(2008) 『류쿠왕국』한림대학교 일본학연구소, p.130
64) 『中山傳信錄』 "蓋其國僧皆遊學日本 歸敎其本國子弟習書"
65) 石田瑞麿, 이영자 옮김(1985) 『일본불교사』 민족사, p.252
66) 최연주(2012) 앞의 논문, pp.336-337

성이 높다.

이상에 검토한 바와 같이 17세기 이후 조선과 유구의 교역 방식은 변하였다. 이전 시기에는 해상 루트를 적극 활용하였지만 이 시기 이후에는 육상 루트가 이용되었다. 그 이유는 명나라의 해금정책이 풀리면서 해상교류 주도권이 유구에서 명나라로 넘어갔기 때문이다. 또 명나라가 조공횟수를 2년에 1회로 제한하면서 조공무역의 규모가 축소되었다. 명나라의 해금정책 완화로 중국 상인에 이어 일본 상인도 진출하게 됨에 따라 유구는 동남아시아 교역에서 크게 위축되었다.

청나라가 건국되어 보다 적극적으로 해금정책을 완화시킨 것이 유구의 대외 교역은 심각한 위기에 직면하게 되었다. 결국 조선과 유구의 교역 루트가 해로에서 육로로 변하면서 방대한 규모의 『고려대장경』을 운송하기란 어렵고, 또 유구가 해상주도권을 상실하게 됨에 따라 『고려대장경』 인경본을 더 이상 구청할 수 없었다. 유구 뿐 아니라 쓰시마와 일본인들의 위사에 의한 『고려대장경』 수시 구청은 조선에 심각한 재정 압박을 주었을 것이다. 방대한 규모의 『고려대장경』 인경에는 막대한 비용이 투입되므로 조선 정부의 재정 문제에 심각하게 영향을 주었을 것이다. 그래서 조선은 유구의 『고려대장경』 구청에 대해 미온적으로 대응할 수 밖에 없었을 것이다.

아울러 유구 국내의 정세 변화 때문에 조선에 『고려대장경』 구청을 수시로 할 수 없었다. 임진왜란 당시 일본의 원조를 무시한 상황에서 심각한 위협에 직면해 있었고, 1609년 도쿠가와 이에야스의 출병허가를 받은 사쓰마군 3천명이 유구를 무력 침공하면서 그들의 지배하에 놓이게 되었다. 이러한 정치 상황 변화와 함께 일본에 대한 의존도 높아졌다. 여기에 일본이 임진왜란 이후 조선의 목판 인쇄 기술을 전수받아

자체적으로 대장경을 판각내지 조성하기 시작하면서 유구에서는『고려대장경』의 필요성이 점차 줄어들었다고 할 수 있다.

 ## 4 結論

12세기까지 농경·철기시대를 벗어나지 못한 유구는 14세기에 접어들면서 급격하게 발전하였다. 동아시아의 변방에 머물렀던 유구는 명나라의 해금정책을 계기로 동북아시아와 동남아시아의 교역을 주도하면서 해상교역국가로 성장하였다. 삼산시대를 통합한 유구는 왕실 권위와 체제 안정을 위해서 적극적으로 불교를 수용하고자 하였을 것이다. 그래서 조선으로부터『고려대장경』과 각종 불교 전적 및 의례를 받아들여 동아시아의 불교 중심국가로 성장 발전하였다.

14세기 이후 유구는 불교와 사상, 문화의 발전을 도모하기 위해 조선에『고려대장경』구청과 교류를 적극 추진하였다. 고려 창왕 원년(1389)에 유구 중산왕 찰도가 스스로 신이라 칭하는 표문을 보내와 유구국과 첫 교류가 있었다. 1392년 조선이 건국되고, 1429년 유구가 통일왕국으로 성립되자 양국 교류는 비약적으로 증가하였다.

16만장에 이르는 거대한 분량의『고려대장경』인경본이 여러 차례에 걸쳐 유구로 보냈다는 사실은 단순히 물자의 전달 차원이 아니다. 대장경을 구청해 간 것은 세조 1년(1455)을 비롯하여 총 9회에 달하는데, 조선이 대장경 구청에 적극적으로 응하였던 이유는 문물의 우수함을 과시하려는 의도와 사대교린체제 하에 같은 중화문화권의 형제국가라는 명분 때문이다. 대장경을 비롯한 다양한 불교 경전의 전래는 유구의 불교 발전에 크게 영향을 미친 것으로 추정된다. 유구가 『고려대장경』을 필요로 했던 배경은 무엇일까. 14세기 중반 삼산시대를 거친 유구는 상파지가 즉위하자 수리성을 본격적으로 정비하여 왕권강화에 노력하면서 1429년 남산까지 멸망시켜 비로소 통일된 유구가 성립되었다. 유구 불교는 삼산의 통일을 계기로 본격적으로 발전하게 되었다. 제1상씨 왕조의 상파지로부터 열도 전체를 통일한 제2상씨 왕조의 상진(尙眞)에 이르기까지 대략 100여 년간 유구 왕실은 중국의 정치제도를 수입함과 동시에 불교를 통일왕조의 사상적 구심점으로 삼아 적극적으로 장려하였다. 통일 이전 삼산은 각각 종족 종교를 갖고 있었기 때문에 통일왕조의 출범에 따라 보편적 이념이 필요하였다.

그래서 불교를 내세워 종교 사상적 통일을 도모하면서, 그들의 통치기반을 확대시켜 나가고자 하였다. 통일을 이룬 유구는 왕권강화와 통일 왕조라는 정당성을 확보하기 위해 불교를 보다 적극적으로 보호하였다. 전래된 대장경은 별도의 시설을 갖추고 왕실과 밀접한 관련이 있는 사찰에 안치하였다. 불교 정착은 물론 국가의 안녕을 기원하려는 성격과 정치적 안정을 위해 당시 가장 우수한 『고려대장경』 인경본이 필요하였던 것이다. 아울러 『고려대장경』 전래와 함께 각종 불교 의식도 지속적으로 전해졌을 것이며, 이는 유구 불교 중흥에 크게 기여하였을 것이다.

조선 건국 직후부터 명종 원년까지는 유구와 조선은 해상을 통해 교류하였다. 때로는 쓰시마 또는 하카타 상인에 의해 교류가 중개되기도 하였다. 그러나 16세기를 전후하여 기존 방식이 아니라 청나라 북경을 통하는 우회 방식이 등장한다. 전자는 해상 루트이고 후자는 육상 루트라고 할 수 있다. 이러한 변화와 더불어 대장경 교류는 단 한 차례도 없다. 앞 시기에 13회 교류가 있었던 것을 고려해 볼 때 중대한 요인이 있음을 짐작할 수 있다.

조선은 재정적인 문제를 크게 고려하지 않을 수 없었다. 『고려대장경』 인경을 위해서는 엄청난 비용이 소요되므로 유구의 구청에 매번 응하는 것은 어려웠다. 『고려대장경』은 총 80,242매로서 인쇄한다면 16만장의 종이가 필요하다. 그리고 책으로 제작할 경우 1,513종 6,807권으로 편성되는 거질로서, 육로로 한꺼번에 이동하기란 불가능하다. 해로는 대규모 화물을 일시에 운송하는데 있어서 육로보다도 유리할 수 있다. 또 운송 기간이 짧다는 장점이 있으므로 적극 활용되었을 것이다.

조선-유구간 교류에 있어서 루트의 변경은 조선-일본, 유구-명나라, 유구-일본 등 동북-동남아시아의 국제 관계 속에서 이루어졌다. 이러한 변화는 동아시아의 정세 변화와 깊은 연관성이 있다. 명나라는 해금정책을 펼치면서 자국민들의 해외 진출을 막고, 유구 우대정책을 전개하면서 유구에 의한 대교역시대가 도래하였다. 그러나 해금정책 완화로 중국 상인에 이어 일본 상인도 진출해 오자 유구는 동남아시아 교역에서도 철퇴를 맞게 되었다. 그리고 조선과 유구의 교역도 축소되는데, 전기에 비해 무려 1/4로 감소하였다. 그리고 유구의 국내 정세 변화도 크게 작용하였을 것이다. 유구는 임진왜란 당시 일본의 원조를 무시한 상황이라 일본으로부터 심각한 위협에 직면해 있었기 때문에 섣불리 조선에 접근하기도 어려웠을 것이고, 일본에서 대장경을 자체적으로 판각하기 시작하면서 유구로 전래되었을 가능성이 높다. 이에 대장경을 구청할 필요성이 사라졌을 것이다. 유구가 동아시아 해역에서 그 주도권을 상실하게 됨에 따라 『고려대장경』 인경본의 구청은 무의미하였을 것이다.

> 이 글은 「朝鮮과 琉球의 交流樣相과 『고려대장경』」(『일본근대학연구』45, 2014)를 기초로 대폭 수정 보완한 것이다.

근대기 동아시아 신종교 사상가들의 여성관

장재진(張在辰)

동국대학교를 졸업하고 동대학원에서 문학석사, 철학박사(인도철학)를 수료했으며 국립한국해양대학교에서 동아시아비교종교문화로 박사학위(국제지역학)를 받았다. 현재 동명대학교 학부교양대학 학장, 글로벌문화콘텐츠학과 교수로 재직 중이다. 현재 (사)한국불교학회 법인이사와 재무이사, (사)한국인도학회 부회장, 한국도가도교학회 부회장, 동아시아불교문화학회 학술이사를 맡고 있다. 유토피아니즘에 관심을 가지고 각 종교에 내재된 이상세계에 대해 지속적으로 연구 중이다. 『근대 동아시아의 종교다원주의와 유토피아니즘』, 『'상수, 기호'로 본 천부경의 세계와 '윷'』 등 다수의 저역서가 있다.

# 1 시작하는 말

근대라고 하는 시기는 역사적으로 다른 어떤 시기나 상황보다도 더 역동적이고 격변의 사건들이 다양하게 진행되었음은 주지의 사실이다. 유럽의 경우 영국의 명예혁명이나 프랑스의 시민혁명 그리고 산업혁명이나 르네상스를 통해서 기존의 봉건적인 질서를 탈피하고 근대국가의 길을 향한 발걸음이 동양보다는 더 빨리 진행되었다. 한편으로 동양의 경우도 이러한 시도가 선행되었지만 거의 성공하지 못하고 서양에 의한 식민지 통치를 겪은 이후에 자력과 타력의 복합적인 상황을 통해서 근대국가의 길을 걷게 되었다.

근대기에 발생한 이러한 상황이 동양의 경우 수천 년의 역사 속에서 무릉도원, 동천복지, 대동사회, 옥야, 낙토, 미륵정토 등을 주장하며 이상세계를 꿈꾸어 온 역사적인 산물이라면, 서양의 경우도 황금시대, 파라다이스, 천년왕국 등을 지향하며 유토피아를 갈구했던 염원의 총체라고 하겠다.

동서양을 막론하고 이러한 이상세계를 묘사하는 경전들의 내용을 면면히 살펴보면 사람이 살 수 있는 좋은 여건과 환경 그리고 제도에 대한 내용들이 열거되어 있다. 하지만 전근대적이고 봉건적인 인습이라고 할 수 있는 남녀불평등, 신분제도, 경제적 불평등을 변혁하기 위한 구체적이고 실현 가능한 내용에 대한 언급은 부족한 편으로 보인다. 특히 여성의 존재성에 대해서는 더욱 구체적인 언급이 부족한 것으로 보인다.

동아시아의 근대기를 선도했던 대표적인 사상가들 중에서 여성해방 및 남녀평등을 관건으로 이상세계의 구현을 주도했던 사람들은 오히려 유토피아니즘에 내재된 여성배제에 대해 비판하고 새로운 질서의 개편을 주도했다. 새로운 세상을 열고자 한 열망은 동아시아의 각국에서 지속적으로 진행되었지만 서세동점의 흐름에 대응하지 못하고 개혁의 장을 제대로 마련하지는 못한 채 대부분 식민지의 상황으로 전락해 버렸다.

이러한 상황에서 한국의 경우 최제우, 강증산, 김일부, 박중빈 등이 신종교와 새로운 사상과 이념의 주장을 통해서 여성해방이나 남녀평등의 현실화를 주도했다. 중국의 경우 홍수전과 강유위, 일본의 경우 나카야마 미키가 이를 선도한 사람들이다. 중국과 한국의 경우는 오랫동안 유교, 불교, 도교라고 하는 종교전통과 국가의 이념이 결부되어 이상세계로의 대망이 진행되어 왔다. 일본의 경우는 근대기 이전에 가마쿠라 시대에 도겐, 니치렌, 신란 등 신불교 창시자의 사상 속에서 현세의 이상세계에 대한 추구가 있었고 에도시대에는 부세물어의 사상속에서 현세지상적인 유토피아관을 볼 수 있다.

동아시아에서 이상세계를 구현하고자 노력한 사상가들이 정치제도의 개혁, 생산력과 생산관계 등의 경제적인 변화, 군사제도의 변화에 따른 체제 개편 등의 내용보다도 '여성해방'과 '남녀평등'을 더욱 중요한 관건으로 생각한 배경에 대해 고찰해보고자 한다. 그리고 이들이 주장하고 추구한 유토피아니즘이 어떻게 적용되어 왔는지 그리고 현대사회의 양성평등 실현에 대해 모색해 보고자 한다.

 2 한국 사상가들의 여성관

1) 최제우(1824~1864)

최제우(이하 수운)는 구한말 조선을 비롯해서 동아시아 국가들의 위기를 인식하고 대응방안을 강구했다. 이에 대한 선행 과제로 여성해방과 남녀평등이 필수불가결 함을 강조했다. 여성해방과 남녀평등에 대한 수운의 사상은 '시천주(侍天主)'를 바탕으로 한 '부화부순(夫和婦順)'의 실천이다. 각각의 모든 존재가 하느님을 모시고 있기에 평등한 것으로 인식한 것이 '시천주'이다. 여성에 대한 존중의 표현으로 수운은 "현숙한 내 집 부녀, 거룩한 내 집 부녀, 기장하다 내 집 부녀"라고 해서 여성에 대해 '부녀'라고 언급했다. 수운이 무극대도가 실현되는 지상선경을 구현하기 위해 선행되어야 할 가장 중요한 관건을 여성해방으로 본 것은 당시의 유교적 이데올로기에 함몰되어 있었던 양반사회에 있어서는 획기적인 사건이었다. 그럼에도 불구하고 수운은 두 명의 노비를 며느리와 양녀로 삼고 이들에게 교육의 기회를 준 것은 선진적인 사상을 바로 실천한 선각자의 면모를 보여준 것이라고 하겠다.

수운의 여성에 대한 인식은 '내유신령(內有神靈), 외유기화(外有氣化)'의 보편적 적용이라고 볼 수 있다. 다시 말하면 여성도 남성과 똑같이 하느님을 모시고 있는 존재이기에 평등한 존재로 본 것이다.『용담유사』「안심가」에서는 여성에 대해 다음과 같이 언급된다.

현숙한 내집부녀 이글보고 안심하소 대저생령 초목군생 사생재천 아닐

런가 하물며 만물지간 유인이 최령일세 … …

그 모르는 세상사람 그거로사 말이라고 추켜들고 하는말이 용담이는 명인나서 범도되고 용도되고 … 종종걸음 치는 말을 역력히 … **거룩한 내집부녀** 이글보고 안심하소

나도또한 하늘님께 옥새보전 붕명하내 무명지난 지낸후에 살아나는 인생들은 하늘님께 복록정해 수몃을난 내게비내 내나라 무슨운수 그다지 기험할꼬 **거룩한 내집부녀** 자세보고 안심하소 …

나도또한 한울님께 신선이라 봉명해도 이런고생 다시없드. 세상음해 다하더라 기장하다 **기장하다 내집부녀** 기장하다. 내가또한 신선되어 비상천하더라도 … …

수운의 여성관은 무극대도의 동귀일체론으로 귀결된다, 다시 말하면 신분의 차별, 남녀의 차별, 민족과 국가의 차별이 없는 평등한 세상이 무극대도의 세상이기 때문이다. 그러므로 여성들도 '수심정기'하여 '도성덕립'을 구현할 수 있는 군자공동체의 동등한 자격이 있는 것으로 간주한 것이다.

2) 강일순(1871~1909)

강일순(이하 증산)의 남녀평등주의는 '해원상생'을 바탕으로 전개되는 것이다. 증산은 모든 존재의 해원을 주장했는데 특히 여성의 해원을 가장 중요한 것으로 여겼다. 증산은 정음정양의 시대가 다가올 것이며 남자의 주도로 진행되었던 선천의 역사가 종결되고 남녀동권의 세상이

전개되어야 함을 강조했다.

> 부인이 천하사(天下事)를 하려고 염주를 딱딱거리는 소리가 구천(九天)에 사무쳤으니 장차 부인의 천지를 만들려 함이로다. 그러나 그렇게 까지는 되지 못할 것이요, **남녀동권시대**가 되리라.[1]

> 이때는 해원시대라 몇 천 년 동안 깊이깊이 갇혀있어 남자의 완롱거리와 사역거리에 지나지 못하던 여자의 원(寃)을 풀어 정음정양으로 건곤(乾坤)을 짓게 하려니와 이 뒤로는 예법을 다시 꾸며 여자의 말을 듣지 않고서는 함부로 남자가 권리를 행하지 못하리라.[2]

증산은 그 당시 자신을 따르던 제자들의 부인이 도를 닦는다는 것을 이해하지 못하는 상황을 제자들이 불평하자 다음과 같이 언급함으로써 기존의 여성에 대한 인식을 전환시키고자 했다.

> 대인의 도를 닦으려는 자는 먼저 아내의 뜻을 돌려 모든 일에 순종하게 하여야 하나니, 아무리 하여도 그 마음을 돌리지 못할 때는 더욱 굽혀 예를 갖추어 경배하여 날마다 일과(日課)로 하면 마침내 순종하게 되나니 이것이 옛사람의 법이니라.[3]

증산의 남녀평등주의는 그의 사상의 기저를 이루고 있는 '해원사상'과 '정음정양' 이론을 바탕으로 형성된 것으로 보인다. 증산은 이상세계의 구현을 위해 남녀의 조화로운 평등의 구조가 근간에 자리해야만 다른 모든 세계의 질서가 이상적으로 실현되리라 확신했다.

---

1) 『대순전경』3장 120절
2) 『대순전경』6장 134절
3) 『대순전경』3장 58절

3) 김 항(1826~1898)

김항(이하 일부)이 그의 스승 연담으로부터 전해 받은 화두는 '영동천심월(影動天心月)'이었다. 성리학자의 집안에서 태어나 주역을 통달하고 정역을 창시한 일부의 사상은 정음정양의 세상이 도래하는 것이었다. "天地에 日月이 없으면 빈 껍질이요, 일월에 至人이 없으면 헛된 그림자다."라는 말은 천지간에 사람의 귀중함을 강조한 것이다.

그러나 선천의 세상에서 여성이 온전한 사람으로 취급받지 못했던 원인을 일부는 그의 시에서 "감장다사고인월(敢將多辭古人月)이 기도부상당천심(幾度復上當天心)가."라고 노래했다. 감히 말썽 많던 옛적 달이 몇 번이나 천심에서 일어났던가?

여기서 일부는 해와 달의 균등한 기운의 조화가 다가오는 지천태(地天泰)의 세상을 예견했다.

일부의 여성관은 역학자의 관점에서 우주의 변화를 바탕으로 전개되는 인간존재의 변화를 예고한 것이다. 음과 양의 기운이 조화를 이루는 세상이 오면 기존의 차별과 모순·부조화에서 전개되던 세상이 조화와 평등과 화합의 세상으로 바뀌어 선경과 같은 세계가 전개되는 것으로 인식했다. 일부의 여성관은 우주순환의 법칙을 예견한 가운데 사회의 운동이나 정치적인 변혁을 통한 여성해방의 당위성을 강조하기 보다는 우주변화의 법칙상 여성해방과 남녀평등의 도래를 확신한 것으로 보인다.

4) 박중빈(1891~1943)

박중빈(이하 소태산)은 여성이 남성과 함께 우주 조화의 존재로 평등함을 강조했다. '남녀권리동일'이라는 표현으로 남녀 모두 평등한 주체적 존재임을 말하고 있음을 알 수 있다. 봉건적인 사회에서 억압되었던 여성의 권리를 회복시켜 남성과 동일한 사회적 지위를 부여해야 함을 우선적으로 원불교 교단 내에서 제도화 시켰다. 소태산의 남녀평등주의는 "일원은 우주만유의 본원이며, 제불제성의 심인이며, 일체중생의 본성이며"라고 하는 내용에서 우주에 존재하는 모든 존재는 일원상의 법칙에서 보면 차별 없이 평등하다는 의미를 지닌다.

다시 말하면 모든 존재가 "일원상 진리를 본받은 진리적인 작용의 조화의 모습이며, 있는 그대로 스스로 중심이 되는 주체가 된다."[4] 봉건적 사회의 남성 위주의 권위주의를 타파하고 실용적이고 공익적인 예법으로 개혁하기 위하여 1927년(원기11)에 신정의례를 발표하기도 했다. 여성교무 제도를 통한 여성성직 인정과 조직구성을 통한 남녀평등 사상의 구현은 남녀평등의 제도적인 구현이라고 할 수 있다. 소태산의 제자인 이청춘의 의견서 내용을 통해서 초기 여자교무제도의 실마리를 알 수 있다.

> 조선의 여성은 재래부터 남성들의 지휘 하에 살아왔음은 새삼스러이 논설할 필요가 없으나 특히 본회에 가입한 모든 여성들은 이 구속을 떠나 자유스러운 몸으로 자유스러운 환경에서 자유적 생활을 하여보려고 공부와 사업을 하지 않습니까. 우리의 주의가 단순히 남자를 상대로 자유를 취하고 동권을 원하는 데만 국한한 것은 아니나 우리 여성으로서 등한시 하기 어려운 것은 이 자유 동권의 문제들입니다. …… 본인의 어리석은 소견으로는 여성계에도 실행단원이 없는 바가 아니며 전무 출신할 자격이

---

[4] 박혜훈(2010) 「소태산의 여성관과 원불교여성교무의 현재」『신종교연구』 한국신종교학회, p.62

없는 바가 아니지마는 자못 어떠한 방법으로 어떠한 기관을 펼쳐서 여자로서도 본관에 살을 만한 모략을 내는 자 없음으로 감히 그만한 생각이라도 가지지 못하였다고 생각합니다. 그럼으로 지금부터 삼개 년을 기간으로 여자전무출신 지원자를 모집하야 각자의 출자금과 인원수가 공동생활할 정도에 당할 때는 남자들과 같이 직접 본관에 거주하면서 공부와 사업에 전문하는 것이 본회 사업상으로나 여자 동권상으로나 큰 보조와 본거가 될 줄로 압니다. 어떤 일을 물론하고 계획과 이상만으로는 성취키 어려울 바이니 此意見을 단일 채용치 하신다면 지금부터 발기인을 규합하야 전무출신 지원자의 申込을 수리하는 동시에 수용에 관한 준비로 취지 및 규약을 제정하며 각 신입자에 한해서는 출자금을 수취하야 공고한 계획을 수립함이 가할 듯합니다. 생활의 방도는 여성들의 本能한 식사부와 세탁부를 영위하거나 기타 桑園을 인수하야 양잠을 하거나 가급적 합력의 작농을 하면 충분할 듯합니다. 그래야만 우리 여자들도 비로소 동권생활을 할 수 있으며 주인이 될 줄 압니다.5)

광범하게 조선 여성의 정도는 고사하고도 먼저 본회원인 우리 여성의 정도를 일고합시다. 어떠한가? 均和平一을 주장하는 도덕가인즉 우리 집에서도 남자들은 농업부를 조직한다. 공업원을 규합한다 하야 직접 본관에 거주하면서 주인의 자격으로 사업과 공부에 전무하지 않습니까. 그와 반면에 우리 여성들은 어떠합니까? 동일한 法下에 동일한 인생으로서 우명무실한 손에 불과합니다. …… 알고 보면 남들이 우리에게 차별대우와 구속을 준 것은 결코 아니라 우리가 지식 없고 생활의 자유가 업고 자주의 능력이 부족하여 스스로 손이 되고 第二者를 만들었습니다.6)

소태산은 제자인 이청춘의 의견을 수용하는데 그치지 않고 남녀권리

---

5) 불법연구회(1928-1940) 「월말통신」 제16호, 원광사 편 『원불교자료총서』 제2권, 익산: 원불교출판사, pp.23-28
6) 불법연구회(1928-1940) 「월말통신」 제16호, 원광사 편 『원불교자료총서』 제2권, 익산: 원불교출판사, pp.47-52.

동일 제도를 구현하기 위해 여성의 성직을 인정하고 남성조직과 여성조직을 동등한 수준으로 만들고자 하였다. 1931년(원기15) 매년 총회에 보고되는 사업보고서에 따르면 남성조직과 동등한 여성조직을 나누며 자율적인 여성조직을 운영할 수 있도록 하는 내용이 있다.[7] 근대기 한국의 다른 사상가들과 마찬가지로 소태산 역시 남녀평등과 함께 신분의 평등이 전제가 되어야 좋은 세상이 다가올 것임을 강조했다.

 중국 사상가들의 여성관

1) 홍인곤(1814~1864)

홍인곤(이하 수전)은 천하일가와 만민평등사상을 토대로 여성해방과 남녀평등을 주장했다. 수전이 진행한 여성해방 정책들은 과거의 인습이라고 여겼던 '전족의 폐지', '여성의 관직 임명', '창부제의 폐지', '축첩의 금지', '남영과 여영의 분리', '매매혼의 금지', '일부일처제의 주장' 등 여러 가지 정책을 단행했다. 수전이 태평천국의 건설을 위해 단행했던 여성정책이 완성에 가까운 것은 아니었지만 나름대로 실행을 할 수 있었던 것은 자신이 국가를 통치할 수 있었던 위치에 있었기 때문이라고 할 수 있다. 수전의 여성에 대한 정책은 자신이 환몽이라고 알려진 일종의 자각이 선행된 후에 남긴 시를 통해 알 수 있다.

---

7) 박혜훈(2010)「소태산의 여성관과 원불교여성교무의 현재」『신종교연구』한국신종교학회, p.70

바닷가에 잠긴 용 하늘을 놀라게 할까
잠시 한가로움을 틈타 연못에서 도약하네.
풍운(風雲)이 함께 불어오길 기다려
천지사방(天地四方)에 날아올라 건곤(乾坤)을 정하리

수전은 "亂이 극에 이르면 다스려지고 어둠이 극에 이르면 밝아지는 것은 하늘의 도리이다. 지금은 밤이 물러가고 해가 떠오르는 때이다."라고 하여 새로운 세상이 전개될 것이며 이를 자신을 비롯한 상제회가 이룰 것이라고 단언했다. 이러한 사고를 토대로 한 수전의 남녀평등에 대한 언급은 다음과 같다.

천하에 많은 남자들이 있으니 모두 형제가 되고, 천하에 많은 여자들이 있으니 모두 자매가 되는데, 어찌 서로 간에 경계를 만들어 사사로움을 가질 수 있는 것인가?

天下는 모두 一家의 사람이며 凡間의 사람들 모두가 형제이다. 이는 어째서인가? 사람의 육신으로 말하면 …
사람의 영혼으로 논하면 … 도두 황상제의 일원지기를 받아 태어난 것으로 이른바 하나의 근본이 나뉘어 무수히 다른 것이 되고 무수히 다른 것이 모두 하나의 근본에 귀착한다는 것이다.

반고 이래 삼대에 이르기까지 군민 모두는 한결같이 황천을 받들었다. 그 때 왕은 상천을 숭배하고 제후, 선비, 서민까지도 모두 그러하였다. 天人은 一氣로서 理 또한 둘이 아닌데 어찌 오직 군주만을 받들어 모셔야 하는가?

지금 이 세상에는 얼마나 많은 업신여김과 강탈과 싸움과 살인이 만연

한가? 이것이 일단 변하지 않고서 어찌 강자가 약자를 범하지 않으며, 많이 가진 자가 적게 가진 자를 핍박하지 않으며, 지모가 있는 자가 어리석은 자를 속이지 않으며, 용감한 자가 겁이 많은 자를 고통 주지 않는 세상이 되겠는가?

수전의 태평천국은 여성에게 정치의 참여와 여군의 조직과 진영의 설치에 있어서 남자와 같은 조건을 부여했다. 여성을 차별하고 노예화하는 사회관습을 철폐하는 등의 다양한 정책을 진행했지만 결국 태평천국이 실패로 돌아가자 단절되게 되었다. 이와 같은 수전의 급진적이고 개혁적인 여성정책의 이면에 상반되는 사고나 행위가 있었는데 이것이 정확한 기록인지 아니면 잘 못 전해진 것인지에 대해서는 모호하다고 생각한다.

> 남편의 도는 굳건함에 있다.
> 아내를 사랑하는 도에도 자신의 방법을 가져야 한다.
> 아내의 질투가 심하더라도 결코 공포와 놀라움으로 기가 꺾여서는 안 된다.
> 아내의 도는 삼종에 있다.
> 남편의 통제를 거슬러서는 안 된다.
> 암탉이 새벽에 울면 온 집안을 고통에 빠뜨릴 것이다.

이 내용은 수전이 유교의 삼강오륜의 틀에서 벗어나지 못했으며 제도와 정책에 있어서의 여성정책은 근대국가로의 방향이 진행되었을지라도 인식의 측면에서는 아직 유교전통의 인습을 크게 탈피하지 못했음을 방증한다고 할 수 있다.

2) 강유위(1858~1927)

강유위(이하 장소)는 '원기론', '천부인권사상', 서구의 '민주주의'에 대한 인식을 바탕으로 여성해방을 주장했다. 장소는 봉건제도에서 진행된 여성에 대한 억압이 큰 것임에도 불구하고 여러 고등종교나 철학 등에서 조차 큰 틀에서 해결하려는 의지가 약한 것을 비판했다. 이에 대한 고민은 여성에 대한 것만이 아니라 신분제도와 국가 민족 등에 대한 포괄적인 것이었다고 하겠다. 이에 대한 장소의 고민은 다음과 같다.

> 밤새도록 앉아 한 달 동안 잠들지 못하고, 천상과 인간세를 오가며 마음대로 생각했다. 지극히 고통스럽다가도 지극히 즐거웠다. 元氣의 혼돈에서 시작하여 태평의 세계를 연역했다.

> 여성에게 과거에 응시하여 벼슬을 못하게 한 것.
> 의원이 되지 못하게 한 것.
> 공적인 일에 참여하지 못하게 한 것.
> 학자가 되지 못하게 한 것.
> 자립하지 못하게 한 것.
> 자유를 누리지 못하게 한 것.
> 죄수 취급을 하고 형벌을 받게 한 것.
> 노예 취급하여 사유물로 여긴 것.

이와 같이 여성에게 부여된 억압과 제약은 새로운 세계를 열기 위해 필수불가결한 것이었다고 생각한 장소는 여성에 대한 불평등과 소외 그리고 핍박과 갈등을 부여한 동기가 고등종교를 비롯한 사상들에 있는 것으로 여겼다.

이 세상에는 오랜 세월 동안 현인과 성인 철인들이 끊이지 않고 나와서 법을 세우고 새로운 이론을 창시한 일이 아주 많이 있었다. 그러나 여자들에 대한 구휼과 보살핌은 베풀어지지 않았고, 이러한 부당하고 그릇된 일이 계속해서 이어져 내려왔으니, 지금까지의 오랜 세월 동안 성인 철인들이 행한 어짊과 연민의 대상은 인류의 절반에 지나지 않을 따름이다. 그 나머지 절반은 구석에서 눈물을 흘리며 온갖 수난을 겪고 있으니, 저들은 사람이 아니란 말인가? 어찌하여 이처럼 구휼을 받지 못한단 말인가? 불교에서는 자비를 부르짖지만 여자들은 그 자비의 은혜를 알지 못한다. 기독교에서는 세상을 구원한다고 일컫지만 여자들은 그 구원을 얻을 수가 없다. 브라만교나 이슬람교는 또 남자를 중시하고 여자를 경시하는 종교이니 더욱 논할 가치가 없다. 이상과 같은 사실로 말하자면 세상의 교주도 한결같이 질책을 면할 수가 없다. 그렇게 된 까닭을 미루어 헤아려보면, 여성을 억압하던 풍속이 오랜 세월을 두고 이어져 내려왔기 때문이다.(大同書 戊部)

장소가 구현하려고 한 天下爲公의 大公政府는 반드시 여성해방을 전제로 한 것이었다. 의복의 구별이 없고, 귀천의 구별이 없고, 남녀의 구별이 없는 세상을 지향하고 예견했다.

 ## 4 마치는 말

동아시아에서 신종교를 창도한 사상가들의 여성관에 대해 알아보았다. 수운은 무왕불복(無往不復)의 원환적인 사유를 바탕으로, 증산은 해

원상생(解冤相生)과 시유기시(時有其時) 인유기인(人有其人)의 원리로, 일부는 정음정양의 역학적 순환의 원리로, 수전은 천하일가의 원리로, 장소는 원기론을 바탕으로 새로운 세상이 열려야 하며 그렇게 될 것이라고 믿었다. 이들의 공통점은 여성해방과 남녀평등을 전제로 새로운 세계의 전개가 가능하다는 것이었다.

이들이 주장한 여성해방과 남녀평등의 구현이 근대국가로의 방향을 제시했지만 기성종교의 통합주의적인 발상과 제도의 한계 등에 직면해서 주장에 그쳤거나 일부 적용되고 진행되었거나, 국가라는 강력한 제도적 바탕을 토대로 과감하게 진행되기도 했다.

그 때 당시에는 실패에 그친 것으로 여겨진 다양한 여성정책들이 지금은 당연한 것으로 여겨진 것들이 대다수이다. 수운은 인간의 근본바탕을 '시천주'하는 절대 평등한 존재로 규정했다. '시천주'하는 존재들로 구성된 세상이 이상적인 세계이며 남녀가 당연히 평등해야 하는 것으로 여겼다. 증산은 '해원'이 되지 않고 좋은 세상이 올 수 없다고 여겼다. 당연히 원과 한이 가장 많은 존재가 여성이므로 이를 해결하지 않고는 원과 한으로 가득 찬 세상에 어떻게 용화선경이 건설될 수 있는가 하는 것이었다. 일부(一夫)는 역학적인 원리에 의해서 天地가 地天되는 세상의 도래를 예견함으로써 사회변혁의 주체로서 선도적인 개혁과 혁명을 주장하지는 않았다. 소태산은 원불교(불법연구회) 교단을 중심으로 여성정책을 단행했다. 수전은 국가의 수장으로써 자신의 가치와 이념을 실행에 옮겼고, 장소는 정부의 관리이자 신종교(공자교)를 창교하려는 시도로써 여성해방의 정책을 진행하고자 했다.

동아시아에서 발생한 이상세계관과 이의 바탕으로 삼고자 한 여성관은 프랑스혁명의 이념에 결코 뒤지지 않는 인간의 존엄성과 평등성을 지니고 있다고 하겠다. 서양이 혁명의 성공과 함께 근대국가로 진입했다고 하면, 동양은 훨씬 먼저 뛰어난 평등이념과 유토피아니즘을 지니고 있었음에도 불구하고 전근대적인 사고와 봉건적인 제도의 틀을 벗어나지 못하고 식민국가로 전락해 버린 것이다. 동아시아의 사상가들 대부분이 여성해방을 선행한 남녀평등과 신분의 철폐 그리고 경제적 평등에 대한 논의와 실행방안을 제시하고 이것이 선행되지 않으면 새로운 세계로의 진입이 어려울 것이라고 주장했다. 이와 같은 직관과 예견을 무시한 결과가 100여년의 세월을 학습의 시간으로 받아들일 수밖에 없는 결과를 도출했던 것이다.

본문에서 언급하지 못했던 인물 중에서 중국의 양계초나 담사동 역시 여성해방을 주장했다. 무술변법시기 전족에 반대하는 운동이나 여자학교 진흥운동은 중국의 근대기 여성해방의 모습이었다고 하겠다. 유신파 사상가들은 여성해방을 통한 부국강병을 주도했지만 짧은 시기에 성공을 이루지는 못했다. 하지만 중국의 경우 혁명이 발생할 때마다 여성해방운동은 함께 진행된 것으로 보인다.

근대기에 발생한 여성해방과 남녀평등에 대한 인식은 이상세계를 향한 구현의 관건이 되는 것으로 여겨졌다. 하지만 현대사회가 직면한 젠더에 대한 평등과 차별, 가사노동과 임금논쟁, 직장 내에서의 환경적 문제, 출산과 양육, 교육과 노동 등의 다양한 문제들의 해결을 위한 노력은 이론적인 지향만으로 해결될 것들이 아니다.

페미니즘의 문제가 근대기의 사상가들이 지적한 것처럼 비단 남녀의 문제만은 아닌 것이 되었다. '차이'의 문제는 남녀의 문제를 넘어서 '여성내부'의 문제로 고려의 대상이 되고 있다. 석유의 사용과 함께 전개되어 온 2차 산업과 3차 산업의 혁명은 여성의 노동에 변화를 가져왔고 이로 인한 여성의 사회적인 역할과 지위에 변화가 발생했다. 농업경제를 주된 기반으로 살아온 전근대기 동아시아의 생활에서 남녀평등에 대한 인식은 2차 3차 산업의 시대를 거치면서 다양한 양상을 가져왔다. 4차 산업으로 인한 사회의 급속한 변화는 여성과 유토피아 그리고 페미니즘에 대해서 새로운 인식을 필요로 할 것이다.

> 이 글은 「근대 동아시아 新宗敎의 이상관 비교」『퇴계학논집』16권을 기초로 대폭 수정 보완한 것이다.

동아시아연구총서 제4권
동아시아 종교와 마이너리티

종교적 상징의 의미해석을 통해서 본 고대 대마도 속의 한반도

남춘모(南椿模)

도쿄도릿쓰(東京都立)대학 대학원 사회과학연구과에서 박사학위를 받았으며, 현재 대구가톨릭대학교 사회과학연구소 연구조교수로 재직하고 있다. 한국과 일본의 종교문화에 대한 연구를 해 왔으며,「日本の民族主義問題と伝統の再創造」, PRIME,「일본정신문화의 한국유입과 정착」, 아태연구 등 다수의 논문과 저역서가 있다.

 # 1 머리말

고대 한일 관계에 있어 인적·물적 교류는 현해탄이란 물리적인 공간을 통해서 이루어졌고, 한반도의 고대 삼국이 각각 일본으로 진출하면서 신앙체계도 같이 전래되었다. 이때 일본으로 전해진 신앙체계에 대해서 사서에 나오는 기록은 대체로 신화적 형태를 띠고 있다. 물론 양국 고대 사서에는 사실적인 기록도 많이 있다고 생각되지만, 그것 역시 대체로 신화적 내용을 그리고 있는 것이 많다.

고대 한반도로부터 인적 물적 자원이 일본으로 건너갈 때는 대마도를 경유하지 않을 수 없었다. 즉 대마도는 대륙문화가 한반도로 흘러 들어와서 일본열도로 전파되는 경유지였고, 한편으로는 남방의 문화가 들어오는 길목에 있어서, 어떤 의미에서는 대륙문화와 해양문화의 교착지[1]라고도 할 수 있다. 특히 대륙에서 바다를 통해서 신들이 왕래(물론 인간들의 왕래)하기 시작한 고대 즉 중국-한국-일본 간의 본격적인 종교문화 교류가 일어난 시대에 있어 대마도는 '신들의 사교장' 즉 대륙인과 해양인들의 사교장이었을 것이다. 즉 한국 고대 신앙체계는 대마도를 경유하여 일본으로 흘러 들어갔으며, 이런 흔적이 한일 양국의 고대 사서에도 일부분 나타나고 있지만, 그런 흔적들은 대마도 각지의 신앙대상물, 신사, 전설 즉 상징물 속에 남아서 전해지고 있다.

---

[1] 대마도 향토사학자인 나가토메 히사에(永留久惠)는, 고대문화의 전파 루투에 있어 이런 대마도의 인문지리적 위치와 역할에 대해서, "문화사의 교차로(文化史の十字路)"라고 표현하고 있다. 永留久惠(1988)『海神と天神-対馬の風土と神々-』白水社, pp.17-19

이처럼 한일문화교류사라는 측면에서 보면, 대마도의 문화적 위치는 한반도와 일본과의 문화적 교착지였으며, 이런 대마도의 한계적인 문화적 정체성(Marginal Identity of Culture in Japan and Korea)으로 인해서, 근대에 이르러서도 서양인들의 시각에는 당시 조선과 일본 양측으로부터 애매하게 지배받고 있는 것으로 비춰지고 있었다.[2]

이런 대마도의 인문지리적 위치와 그에 따른 문화전달이란 역사적 역할이란 점에서 보면, 대마도의 종교적 상징물에 대한 의미 해석을 통해서, 일본에 전해진 한반도의 고대 신앙체계를 확인할 수 있을 뿐만 아니라, 더 나아가 한국 고대 신앙체계의 본질을 파악할 수 있는 중요한 지역이라고 할 수 있다. 즉 대마도의 종교적 신앙적 상징물 속에는 한반도를 경유한 대륙계와 동지나해에서 흘러들어온 해양계, 그리고 일본 건국신화와 관련된 일본계 신들이 지역별, 시기별로 나타나며, 또 이런 각 계통의 신들이 습합(syntheticism)의 형태로 생성된 신앙체계도 등장하는 것이다. 여기에서는 대마도의 상징 속에 나타나는 한국 고대 신앙체계의 전파를 확인하고, 또 그렇게 전파된 신앙체계가 대마도를 통해서 어떻게 변질, 습합되었으며, 또 그것이 일본 신화와 신앙체계 속에서 자리잡아가는 과정을 살펴보고자 한다.

이를 위해서 본고에서는, 먼저 고대인의 사고방식에 대한 분석을 통해서, 고대인의 종교적 상징물에 대한 의미해석을 할 것이다. 다음으로 '신화의 남성원리와 여성원리'라는 분석틀을 통해서 대마도의 고대 종

---

[2] 1860년대에 대마도를 방문한 올리펀트(L. Oliphant)는 대마도가 "잘 납득하기 어려운 관계로 조선과 일본 양측과 얽혀져 있다(be bound to the government of Corea and to Japan by relations that are still insufficiently understood)"고 기록하고 있다. Oliphant, Laurance.(1863), A Visit to the Island of Tsusima, near Japan, Journal of the Royal Geographical Society of London, Vol.33, pp.62-63

교적 상징물이 담고 있는 일본 고대 신화와 한반도와의 관련성을 확인하고, 마지막으로 이런 분석결과를 바탕으로 한반도와의 교류유형을 분류하여 대마도에서 나타나는 한반도 신앙체계를 확인하고, 그 의미를 문화교류사적 관점에서 해석하려는 것이다.

 고대 한일 간의 문화교류에 있어서 대마도의 역할

고대에 한반도와 일본과의 교류는, 물리적으로 가장 근접한 한반도 남동부에 위치하고 있던 신라와의 교류 내지 갈등적 접촉이 가장 빈번한 것으로『삼국사기』에 기록되어있다.[3] 여기에 따르면, 신라는 왜로부터 끊임없는 침범을 받은 것으로 되어있으나, 신라가 일본을 공격한 기록은 전혀 나오지 않는데, 일본 사료에는 신라의 일본 침공(주로 대마도)에 대한 기록[4]은 남아있다. 즉 신라는 왜의 침공만 받은 것이 아니라, 대마도 그리고 본토인 규슈(九州)까지 진출하였던 것이다. 이런 기록에 남아있는 신라의 일본(왜)으로의 진출 이외에도, 기록에 남아있지 않는 전설, 우화에는 신라의 흔적에 대한 에피소드가 많이 전해오고

---

[3]『삼국사기』,「신라본기」를 보면, 1대 혁거세 시대(기원전 58년)부터 왜의 침략은 시작되어, 21대 소지(炤知) 마립간 22년(501년)까지 왜의 침입(총 36회)과 화친의 시도(총 6회)에 대한 기록이 남아있다. 구체적인 것은 (강길운역 2011, 13-14) 참조.

[4]『일본후기(日本後紀)』홍인(弘仁) 3년(서기 812년)조에는, "대마도부터 상언. 금월 6일 신라선 3척이 서해에 나타나서, 갑자기 1척이 시모아가타 사스 항에 도착…(對馬島より言上. 今月六日 新羅船三艘西海に浮かび, 俄に一艘の船, 下県郡佐須浦に着く…)"(永留久惠 2009, 312-313), 그리고 상현정지(上県町誌)에도, "신라 해적선 15척, 본토에 도래(新羅海賊船十五艘, 本州に到来)"라는 대제부(大帝府)로 보고한 기록이 남아있다. 上県町誌編纂委員会編(2005)『上県町誌』, p.332

있다. 특히 지리적으로 근접한 대마도에는 신라에 관한 전설과 우화가 많이 남아 있고, 또 신사나 사당의 형식으로도 그 흔적이 남아있다. 또 규슈 북부지역의 여러 지명도 신라와 연관되는 것이 많고, 또 신라에서 건너온 신에 대한 신사들이 산재해있다.[5]

한편, 백제의 경우는 가장 일본과 관련이 있는 것으로 알려져 있다. 현재 천황(아키히토=明仁)는 스스로 백제계의 후손임을 공식적으로 밝힌 바[6]가 있듯이, 한반도 고대 삼국 중 일본과 가장 깊은 관계를 가지고 있었다. 불교가 백제로부터 일본에 전래되었을 때, 불교수용 입장을 취했던 당시 권력의 한 축이었던 소가(蘇我)씨 가문도 백제 도래계라고 추정하는 것일 일반적인 견해이다. 이런 양측의 교류에서 신앙과 관련된 것은 주로 불교에 관한 것이다. 그러나 대마도에 한반도에서 불교가 건너간 흔적은 이즈하라(嚴原)의 슈젠지(修善寺)의 연기(緣起)에 나오는 것이 최초로서 법명(法明)라는 백제에서 도래한 여승에 의해서 652년에 창건되었다고 한다. 이것은 흠명(欽明) 13년(552년)에 백제 성왕에 의해서 불교가 일본에 전래된 후 100년이 지난 후의 일로서, 여기에 대해서는 일본이나 한국의 사서에는 나타나지 않고, 슈젠지의 연기와 대마도 향토사서인 『樂郊紀聞』에만 남아있다.

---

5) 신라와 북 규슈지역과의 그대에서의 교류에 관해서는, (金達壽 1994, pp.202-218) 참조.
6) 2001년 아키히토는 68세 생일의 기자- 회견에서 천황의 모계 혈통이 백제계라는 사실을 이례적으로 언급했다. 아키히토 천황은 자신의 선조의 간무 천황의 어머니인 다카노노니가사(高野新笠)가 백제 무령왕의 10대손이라는『속일본기(續日本紀)』의 내용을 인용했다. 이 사서는 793년 당시 원무(元武)천황이 펴낸 역사서로 간무 천황의 어머니가 백제 무령왕의 직계 후손인 화씨부인이라고 적고 있다. 현재 평성(平成) 천황은 또 구령왕 당시부터 일본에 오경박사가 대대로 초빙됐으며 무령왕의 아들 성왕이 일본에 불교를 전해 줬다고도 말했다. 또 그 이전 1990년 노태우 전 대통령 방일시에 천황 스스로가 한국과의 혼혈이란 점에 더해서 언급한 적도 있다.

한편 유교도 응진(應神)천황 15년(284년)에 백제의 아직기(阿直岐)를 통해서 도입되었고, 이듬해에 백제에 청하여 왕인(王仁)이 논어와 천자문을 가지고 도일하여 태자의 스승이 되고 경연을 한 것(宇治谷孟譯(上) 1996, 217-218), 그리고 그 후에도 계체(繼體)천황 7년(513년)에 오경박사인 단양이(段楊爾)가 파견되었다(宇治谷孟譯(上) 1996, 353-354)는 기록과, 흠명(欽明)천황 13년에 불교 도입에 이어서 15년(554년)에 백제로부터 오경박사와 승려를 받아서 기존 승려들과 교체하고, 역(易)박사, 역(曆)박사, 의(醫)박사, 채약사(採藥師), 악공을 받아들인 기록(宇治谷孟譯(下) 1996, 40-41), 그리고 추고(推古)왕 10년(602년)에 백제승려 관륵(觀勒)이 역서(曆書), 천문지리서, 둔갑방술서(遁甲方術書) 등을 전하였고, 서생(書生) 3, 4인을 선발해서 관륵에게 가르치게 하였다는 기록(宇治谷孟譯(下)1996, 90-91) 등의 기록을 보면, 유교와 관련된 문화의 전래가 이루어졌다는 것을 보여준다. 그러나 이런 고대 유교의 전달에 있어 대마도의 역할에 관한 흔적은 대마도에 남아있는 것이 없고, 사료나 우화에도 나타나지는 않으며, 조선시대에 들어서서 유학이 도쿠가와 막부에 공식적으로 전해지는 과정에서 조선통신사의 영향, 그리고 아메노모리호슈(雨森芳州)에 의해 대마도에 신-유교(Neo-Confucianism=주자학)가 자리잡게 되었다는 기록만 보인다.

한편 대마도의 신화나 전설에서도 백제의 신들의 일본 도래에 관한 것은 그다지 보이지 않고, 오히려 가야와 관련 있는 신의 도래가 전설, 우화로 전해지고 있으며, 신사(神祀)의 형태로도 남아있다.

고구려와 일본과의 관계는 『일본서기』와 『고사기』에 많이 등장한다. 4세기부터 5세기에 걸쳐서 고구려와 왜는 적대적 관계였다. 6세기가 되어서 처음으로 한반도에서 신라가 부상함에 따라 백제와 고구려의 관계가 개선되었고, 570년 일본의 북륙(北陸)에 표류한 고구려인이 가져온 「까마귀 깃털의 표식(烏羽之表)」 즉 국서를 왕진이(王辰爾)가 해석을 하였다는 기록(宇治谷孟譯(下)1996, 57)이 고구려와 왜의 최초의 공식적 교류이었다. 그 이후 7세기 전반까지는 고구려와의 교류는 문화적 교류에 한정되어있었고, 특히 불교 승려들이 도일한 기록이 남아있다.7) 그 후 고구려가 멸망하자 왜로 망명한 고구려인도 있었고, 716년에는 무사시노쿠니(武藏国, 현재 도쿄 북동부 지역 사이타마(埼玉)시)에는 고려군(高麗郡)이 생겼다.8) 이처럼 고대에 있어 고구려와 왜와의 관계도 사서에 나타나는 기록을 보면 율령을 반포한 고대국가가 양측에 성립되고 난 이후에 이루어진 교류관계이다. 그리고 종교에 있어서도, 고구려로부터 불교문화의 일본 전래에 관한 것이 기록의 대부분을 차지하고 있고, 고구려의 고대 신앙체계 즉 천신신앙, 조상숭배 신앙 그리고 국조신앙에 대한 기록은 양측 문헌 어디에서도 찾을 수 없다. 마찬가지로 대마도에도 고구려의 흔적은 거의 보이지 않으며, 이것은 지정학적으로 대마도는 고구려와의 교류가 거의 불가능하였기 때문이었던 것으로 보인다.

---

7) 추고(推古)천황 원년(595년)에 도일하여 후에 성덕(聖德)태자의 스승인 된 혜자(惠慈)와, 18년(610년)에 일본에 가서 수력제분(水力製粉)법을 전하고, 법륭사 벽화를 그린 담징(曇徵) 등이 있다.(宇治谷孟譯(下) 1996, 87, 103)
8) 고려군(高麗郡) 대령(大領)이었던 고마 와카미츠(高麗若光)에게는 705년에 고키시(王)라는 성씨가 부여되었다는 것을 보아, 고구려 왕족이라고 추정된다. 현재 사이타마(埼玉)현 니코(日高)시에는 이 고려왕 와카미츠(若光)를 모시는 고마(高麗)신사가 있다.(출처:jp.wikipedia.or)

 일본의 고대 신앙체계 및 종교의 특징

고대 한국의 신앙체계 및 종교는 국가차원의 「조상숭배」신앙과 민간차원의 「천지신명」신앙으로 특징지을 수 있는데, 5세기 이후부터 신라와 백제의 경우에는, 왕은 정치적 권력자로서의 존재의미가 강하게 되었고, 이전의 천지신명에 대한 기원 신앙은 점차 불교로 넘어가게 되었다. 고구려만은 불교의 공인화가 이루어지지 않았고, 도교와 유교가 혼재해서 신앙체계로서 존재하였던 것으로 보인다.

한편 일본의 경우, 고대부터 일본지역에서 발생하는 거대한 자연현상 즉 화산의 분화나 지진 등은, 인간들에게 당연히 인간세계를 초월한 불가사의한 힘이라고 생각하게 하였을 것이다. 점차 이런 불가사의한 힘은 인간과는 떨어져 있는 의지(意志) 즉 그런 현상을 일으키는 영적 존재에 의한 것이라는 의미의 「모노(モノ)」라고 불리게 되었고, 그런 영적 존재를 신이란 의미의 「카미(カミ)」라고 불리게 되었다. 한편 대륙으로부터 경작문화가 흘러들어오고 정착 생활을 하게 되자, 땅과 사람과의 관계가 고정화되었다. 그리고 그 땅에 사는 사람들의 선조의 영(靈)은 영혼이란 의미의 「타마(タマ)」라고 불리고, 그것은 생산과 관련되는 그 땅의 안정을 좌우하는 존재로 인식되었다. 그리고 의지가 꼭 인간에 의한 것이 아니라고 하더라도, 주체로서의 인격이 있다는 것을 의미하였다. 즉 모노가 단순한 힘 즉 인격을 가지고 있지 않는 존재인데 비해서, 타마나 카미는 인격을 가진 인격적 존재로 그려졌다고 볼 수 있다.(阿部慈園編著 1999, 80) 이런 비인격적인 힘에 대한 신앙을 애니머티즘(animatism)9)이라고 하고, 인격적인 영적 존재에 대한 신앙을

애니미즘(animism) 즉 정령론이라고 한다. 일본에서의 타마나 카미가 인간의 형태를 띤 신(神)이 된 것이 바로 신도(神道)라고 할 수 있다.

신도의 기원은 오래되었고, 일본의 풍토나 생활습관에 따라서 자연적으로 생긴 신 관념이다. 신도라는 명칭은 '신의 뜻대로(かんながら)'의 도(道)라는 의미이다. 중국 문헌에서 나오는 신도는 경외(敬畏)로움(=神)의 도라는 의미로서, 이것은 일본 신도 관념과는 다른 것이다. 또 히미코(卑弥呼) 시대의 종교에 대해서 귀도(鬼道=무당)라는 표현을 하기도 하는데 이것도 중국에서의 귀도 즉 도교 이외의 제 종교라는 의미와는 전혀 다른 것이다. 일본에서 신도라는 명칭은 『일본서기』「용명천황기(用明天皇紀)」에 「천황, 불법을 받아들이고, 신도를 존경하였다(天皇は仏法を信じられ, 神道を尊ばれた)」(宇治谷孟譯(下) 1996, 71)라는 곳에서 최초로 등장한다.10) 원래 신도에는 불교나 기독교어서처럼 카리스마적인 창교자가 존재하지 않는다. 토착 민간신앙과 정치적 권력이 통합된 제정일치의 형태로서 신도가 형성되었으나, 이것이 교의를 언어나 문자로 통일되어 정착되지 못한 것은, 신도가들에 의하면, 신도는 고대부터 '신이면서도 동시에 말로는 표현 못하는 나라(事擧げせぬ國)'11)이기 때문이라고 한다. 이 대문에 신도는 외래종교-융합하기

---

9) 이것은 애니미즘의 전단계로서 인격성이 없는 힘 혹은 생명과 같은 신앙적 관념으로 가리키는데, 전-애니미즘(pre-animism) 혹은 생기론(vitalism), 활력론(dynamism) 등으로도 불린다.
10) 그러나 용명천황은 병에 걸리자, 불교에 귀의하려는 의사를 표명하고, 거기에 대해서 대신들은 '왜 나라의 신을 배반하고, 다른 나라의 신을 받들려고 하는가, 이런 일은 지금까지 들어 본 적이 없다'라고 극력 반대한다.(宇治谷孟譯(下) 1996, pp.74-75)
11) '말로 표현(言挙げ)'하는 것이란 일본신도에 있어 종교적 교의, 해석을 언어로 명확히 한다는 것을 의미하는데, 후의 신도가들 스스로는 이런 해석에 대해서, 신도는 말로 열거할 수 없는 것이란 주장을 하였다.(출처: jp.wikipedia.or)

쉬운 성격을 가지고 있다고 본다.

　일본에는 '야오요로즈 카미(八白萬神)'라고 하여 많은 신들이 있다. 이들 신들은 원래 애니미즘적인 존재인 '타마'나 '카미'가 강한 인격성을 가지고 탄생한 것이다. 최초로 이들이 인격신으로 전환되어 등장하는 것이 바로 일본건국 신화를 통해서이다. 『고사기』와 『일본서기』에는 창조신인 천조대신(天造大神=아마데라스오오미노카미)의 명을 받아서 일본을 창조하기 위해서 두 분류의 신 즉 '고천원(高天原=다카아마하라)로부터 강림하는 천진신(天津神=아마츠카미)과, 지상에서 나타나는 국진신(國津神=쿠니츠카미)이 등장한다. 천조대신의 명을 받은 니니기(瓊瓊杵尊)12)가 나라를 국진신에게 넘기는 것으로 그려져 있다. 이후 야마도(大和)정권 때부터 안정적으로 정착하게 된 고대 일본인들이 섬기는 신이 국진신, 그리고 천황이나 황족이 받드는 신이 천진신이라고 생각된다. 이처럼 일본고대 문헌에서는 신의 위계질서를 세우고, 각 지역의 토착신앙의 대상들도 모두 이 창조신화 속의 신들의 하위범주로 편입시키고 있다. 이런 천황 신앙을 중심으로 한 거대한 신앙체계 전체를 신도라고 한다.

　역사적으로 보면 고대 일본의 신도 신앙은 다음과 같은 특징을 가지고 있다고 할 수 있다. 첫째, 용명천황 이전에 존재하던 씨족, 부족의 공동체 신앙이 바로 신도의 근원이라고 할 수 있다. 베버(Weber, M.)에

---

12) 『고사기』에는 '천이기지국이기지천진일고일자번능이이운명(天邇岐志國邇岐志天津日高日子番能邇邇芸命)', '천이기지(天邇岐志)', '국이기지(国邇岐志)', '천일고일자(天日高日子)' 그리고 『일본서기(日本書紀)』에서는 '천요석국요석천진언화경경저존(天饒石国饒石天津彦火瓊瓊杵尊)', '천진일고언경경저존(天津日高彦瓊瓊杵尊)', '언화경경저(彦火瓊瓊杵)', '화경경저(火瓊瓊杵)' 등으로 표기되어 있고, 일반적으로는 '경경저존(瓊瓊杵尊)' 또는 '邇邇芸命(니니기노미고토)라고 쓴다. (출처: jp.wikipedia.or) 재인용.

의하면, "불교 이전 일본의 지배적인 종교는 기능적 영혼(職能神)에 대한 신앙으로 구성되어있다. 이런 종교의 구성요소에는 성기숭배 신앙, 부적과 주술적인 액막이 그리고 의와 유사한 절차에 대한 신앙이 있다. 그리고 이들 신앙의 주요소는 조상숭배와 인격화된 영웅에 대한 숭배 의식이었다"(Weber,; Gerth & Martindale 1967, 275)라고 한다. 따라서 신도도 신앙체계의 분류에서 본다면, 한국의 고대 부족신앙과 유사한 것이라고 볼 수 있다. 즉 신라의 구속신앙, 그리고 삼국의 시조묘 신앙 역시 직능신에 대한 신앙인 것이다.

둘째, 신도 신앙은 건국신화와 밀접한 관련을 가지고 있다. 물론 일본의 양 고대사기 즉『고사기』와『일본서기』는 일본이 국가로서 자리를 잡고, 국가의 정체성과 정통성을 확립할 필요가 있었던 시기인 712년과 720년에 편찬13)되었기 때문에, 그 속에 나타나는 건국신화에 대한 사실성에 대해서는 의문의 여지가 있으나, 태초의 일본건국 신화 속에 등장하는 신들을 신앙대상으로 삼고, 또 인격신을 천황의 시조신들로 삼아서 받드는「조상숭배 신앙」을 보여주고 있다는 점에서도, 한국 고대 신앙과 유사성을 보여주고 있다.

셋째, 이런 유사점에도 불구하고, 신도는 나름대로의 특이성을 가지고 있는데, 그것은 무엇보다도 신도 신앙이 가지고 있는 현세지향적

---

13) 일본이 국가의 형태를 갖춘 것 즉 중국식 율령을 제정한 것은, 681년에 천무(天武)천황이 율령 제정을 명하였고, 이어서 689년 지통(持統)천황 시대에 완성되어 시행된 것(飛鳥淨御原令)이 최초이다. 그러나 이 율령은 부분적이고 체계적이지 못하였고, 본격적인 율령법전이 만들어 진 것은 701년의「대보율령(大宝律令)」이다. 이때부터 일본은 중국과 한국의 삼국 그리고 통일신라와 같은 정치체제 및 사회법률 체계를 갖춘 고대국가의 위상을 갖추게 된다. 그리고 중국과 한국을 모방하여 국가의 정통성을 획득하기 위사 역사서 편찬을 하게 되는데, 그것이 바로 천무(天武)천황이 명하여 720년 흠명(欽明)천황 때 완성된『일본서기』와 712년 야스마로(安萬侶)가 원명(元明)천황에게 바친 것으로 되어있는『고사기』이다.

성격일 것이다. 베버는 "신도의식(지역신에 대한 신앙=카미)은 외래 신앙(불교)의 원리와는 반대로, 모든 의식 심지어 조상신에 대한 의식도 자신의 현세이익에 기여하는 쪽으로만 받아들인 것"(Weber,; Gerth & Martindale 1967, 276)이라고 하였다. 또 신도와 불교와의 습합에 대해서도, "황실의 비호 속에서 취해졌다"(Weber,; Gerth & Martindale 1967, 281)고 하여, 신도 신앙 그 자체는 황실 및 귀족의 이해관계에 따라서는 모든 다른 종교도 포섭하는 포괄성을 가지고 있었고, 또 그것도 현세이익이라는 현실적 목적을 위한 수단으로 타종교의 교리나 의례·의식을 수용하였다는 점을 지적하고 있다.

4 대마도의 신화·우화·야사에 나타나는 한반도의 신

1) 신화 분석도구와 대마도의 일본 건국신화의 성격

전술한 바와 같이 대마도의 신화는 그 지정학적 성격에 의해서, 대륙계 신화와 해양계 신화가 혼재 혹은 습합적인 형태를 띠고 있는 경우가 많다. 일반적으로 신화의 구성과 그 기능에 관해서 엘리아데는 다음과 같이 논하고 있다. 고대사회의 경험으로서 신화란, 첫째, 초월적 존재의 행위의 역사를 구성하며, 둘째, 그 역사는 절대적으로 진실(그것이 실재와 관련이 있기 때문에)하고, 신성한 것(그것이 초월적 존재의 활동과 관련이 있기 때문에)이다. 셋째, 신화는 항상 창조와 관련이 있는데, 그것은 어떤 것이 어떻게 해서 존재하게 되고, 혹은 어떤 행위 유형,

제도, 활동방식이 어떻게 만들어진 것인가를 말해준다. …넷째, 신화를 알게 됨으로써 인간은 사물의 기원을 알고, 그럼으로써 사물을 인간의 의지대로 통제하며 조절할 수 있다. 다시 말해 신화는 외적 추상적 지식이 아니라, 인간이 신화를 의식(儀式)에서 다시 전하거나 정당한 의식을 행함으로서, 의식적으로 경험하는 지식이다. 다섯째, 인간은 재생되거나 다시 세워지는 사건들의 신성하고 강력한 힘에 사로잡혀 있다는 의미에서, 하나 이상의 방식으로 인간은 신화와 함께 생활을 하고 있다 (Eliade, M.(trans. by Trask) 1963, 18-19)는 것이다.

위의 논의에 비추어 보면, 대마도 신화도 엘리아데의 일반적인 신화의 구성과 기능에 부합한다고 할 수 있다. 즉 대마도 신화들 대다수가 초월적인 존재의 행위와 관련되어 있으며, 또 종교적으로 신성함을 보여주고 있다. 또 창조와 관련하여서 대마도에는 당연히 일본건국 신화에 등장하는 신들의 활동과 관련된 신화가 다수 존재하며, 그리고 대마도 신화 역시 신사의 의례, 의식을 통해서 전달되고, 대마도인들은 이 신사 의식과 마쯔리(祭り)를 통해서 신화와 함께 생활하고 있다고 볼 수 있다.

이와 같은 점에서 보면, 대마도 신화에 대한 분석은, 한국 고대 신앙체계가 대마도에 흘러 들어가서 대마도에서 어떤 의미로 수용되었고, 또 그것이 해양문화와 어떻게 습합하여 변용되었는가 그리고 그런 습합 혹은 변용된 신앙체계가 일본 본토에 어떤 형식으로 영향을 미쳤는가를 설명하고 해석할 수 있는 하나의 방향을 제시하는 것이다. 이를 위해서 우선 고대인은 어떤 사고를 가지고 사물과 현상을 인식하였는가에 대해서 살펴보기로 한다.

고대인은 오늘날 과학문명 속에 살고 있는 우리에게는 당연한 것인

자연세계에서 신비한 일이나 현상들을 비일상적, 신비적인 현상으로 받아들여서, 거기에 초월적인 힘이 있다고 생각하였다. 이런 고대인들의 대상인식과 그 대상에 부여하는 의미는, 고대 유물만이 아니라 에피소드(신화, 전설, 우화) 속의 상징으로부터 읽어낼 수 있다. 여기서 문제가 되는 것은 이 고대인의 사고와 그 상징의 의미해석에는 관점에 따라서 다양할 수 있다는 것이다.

고대인의 사고와 신화, 전설 속의 상징에 대해서는 이미 역사학, 민속학 그리고 종교학에서 다양한 관점에서 연구가 진행되어왔다. 서구의 대표적인 종교사학자인 엘리아데(Eliade, M.)는 단편적인 역사적 사료(문서·우화·설화 등)에서 성스러운 것(히에로파네, hierophanie)[14]의 역사를 추적하여, 무엇보다도 그 히에로파네의 양태를 이해하고 설명하는 것이 종교사학의 임무라고 논하였다. 또 미술사적 입장에서 서구 고대 신화 속의 상징을 체계적으로 해석, 정리한 실롯(Cirlot, J. E.)[15]은 서구 고대의 추상적 기호나 형상물이 가지고 있는 상징적 의미를 현대적으로 해석하고, 또 비서구에서의 그런 상징들의 의미도 설명하고 있으며, 일부이긴 하지만 동양의 고유한 상징의 의미도 해석하고 있다. 이런 서구학자들에 의한 서구 고대인의 사고나 상징에 대한 설명과 해석이 유용한 분석수단임에는 틀림이 없지만, 그것을 우리 고대인

---

14) 엘리아데는 모든 종교나 민속에 있어서 세속적, 일상적인 것과 대비되는 성스러운 것 혹은 신비한 것의 출현을 히에로파니(hierophanie)라고 부르고, 이것은 성스러운 것의 다양한 형태 즉 의례·신화·신의모습·숭배물·상징·우주론·성자·동물이나 식물·성스러운 장소 등으로 표현된다고 한다. 그리고 그런 형태와 관계없이, 그것인 성스러운 것과 그 역사적 순간을 표현하고 있는 한, 요컨대 인간의 다양한 성스러움의 체험 속에서 한 가지가 표현되는 한에서는, 하나의 히에로파니라고 생각해야 한다고 주장한다.(Eliade, M. trans. by Sheed, R. 1958, pp.1-4)
15) 서구 고대인의 상징에 대한 대표적인 해석서로는, Cirlot, J. E.(1991). A Dictionary of Symbol, Routledge&Kagan Paul.이 있다.

의 사고나 상징 분석에 그대로 적용하는 데에는 한계가 있다. 문명의 차는 문화 전반의 차이이며, 기호론적으로는 로마문자와 한문의 구성과 구조의 차이가 되며, 결국 그것은 사고방식과 상징의 의미의 차이로 이어지는 것이다. 따라서 우리의 역사와 문화에 있어서 고대인의 사고와 상징에 관한 우리들의 설명과 해석을 위한 분석틀을 새롭게 구축할 필요가 있을 것이다. 그래야만 우리 고대인의 사고나 상징에 대한 정확한 설명과 해석을 할 수 있으며, 나아가 문화연구에 있어 상대주의(cultural relativism) 원칙에 충실하게 따르는 것이라고 할 수 있다.

이처럼 이런 일반적인 신화의 구성과 기능은 모든 지역과 민족의 신화에도 적용할 수 있는 보편성을 가지고 있다고 할 수 있으나, 신화의 생성과 변화의 과정에 초점을 맞추어서 보면, 서양의 신화와는 다른 일본신화의 구성 원리에 있어서의 특수성을 엿볼 수 있다. 『고사기』의 신대(神代) 신화의 기호를 탈-구조주의적 입장에서 재해석한 가와무라 노조무(河村望)는, 고사기의 신대 신화에는 「여성원리에서 남성원리」로의 전환이 보인다는 점을 지적하고 있다. 그에 따르면, 일본신화에서 등장하는 상징적 기호로서의 개구리는 신비함[16]을 상징하는 것이며, 올챙이로부터 개구리로의 변화는 생명력을 상징하며, 따라서 신화 속의 상징으로서 개구리는 여성원리에 해당된다는 것이다. 이 여성원리에 해당되는 신화 스토리에는 '변화'를 담고 있으나, 그 변화 속에 공통적인 것은 생명력이며, 아름다운 것, 가치 있는 것이 신비한 것으로 그

---

16) 가와무라는, 개구리가 신비한 힘을 가진다는 것은, 고대인에게 있어 개구리와 올챙이는 전혀 다른 생물이었으나, 올챙이가 개구리로 되는 것을 발견하였을 때, 불가사의한 힘이 있다고 생각하였다고 본다.(河村望 1991, 11)

려지고 있으며, 따라서 '달(月)', '물(水)', '알(卵) '이 신이 된다는 것이다. 한편 『고사기』의 신대 신화에는 여성원리에서 남성원리로의 전환이 나타나는데, 남성원리의 신화에는 변화하지 않는 것, 특정한 형태를 유지하는 것이 '생명력'을 가지고, 신비한 것으로 그려지며, 따라서 대지(土), 나무(木)가 神을 상징하고 있다는 것이다. 이 여성원리에서 남성원리로의 전환은 남성혁명에 의한 권력의 교체를 의미하며, 남성원리가 지배하게 되면, 이전 여성원리에서의 '신비함'의 상징들은 신성(神聖)을 상실하여 원래의 기호의 의미로 개념화, 문자화 되어버린다(河村望 1991, 14-16)는 것이다.

이 가와무라의 『고사기』에 대한 해석은 역사학, 신화학의 많은 해석과는 달리 통시론(diachronic)적으로 신화 속의 상징의 변화를 파악하고 있다는 점에서 새로운 시도[17]라고 볼 수 있다. 그러나 이 해석에는 신화 속 남성원리로의 전환이 가져오는 신의 의미변화와 그에 따른 사회변화는 설명하지 못한다는 약점을 가지고 있다. 신무(神武)천왕의 탄생은 일본 신화에 있어서 여성원리에서 남성원리로의 전환을 보여주고 있지만, 한편으로 이것은 지배구조의 탄생이라는 사회변화를 의미하는 것이기도 하다. 이런 부분을 보충하여 일본신화에 있어서의 「여성원리에서 남성원리로의 전환(conversion to a male principle from a feminine principle)」을 도식화하면 다음과 같다.

---

[17] 물론 이 신화 속에 나타나는 남성/여성원리를 한국 신화에도 적용하여 해석하는 것도 가능할 것이다.

〈표 1〉 일본신화에 있어 여성원리에서 남성원리로의 전환

	여성원리	⇨	남성원리
기본적 원리	• 변화(change)		• 힘(power)
생명력의 근원	• 변화, 재생하는 것		• 불변적인 것
신비의 근원	• 아름다운 것, 가치 있는 것		• 특정형태를 유지하는 비일상적 것
신성(神聖)의 근원	• 변화와 탄생		• 지배와 권력
신의 상징	• 달(月), 물(水), 알(卵)	⇨	• 해(日), 대지(土), 나무(木), 돌(石), 산(山)
신의 능력	• 생명 탄생의 능력		• 수임 능력
전환 후 신성	• 신성의 상실(상징이 가진 원래 기호의 표상적 의미로의 회귀)		• 새로운 신성의 획득
신 존재방식 전환	• 신비함(경의)		• 일상화(권력)

위의 도식에서 보면, 첫째, 일본신화에 있어 여성원리의 기본은 '변화(change)'이며, 남성원리의 기본은 '힘(power)'으로 특징지을 수 있다. 둘째, 생명력의 근원은 여성원리에서는 '변화, 재생하는 것'이 되며, 남성원리에서는 '불변적인 것'이 영원한 생명력을 가지는 것으로 그려진다. 셋째, 신비함의 근원은 여성원리에서는 '아름다운 것, 가치 있는 것'이며, 남성원리에서는 '특정한 형태를 유지하는 비일상적인 것'이며, 넷째, 여성원리에서의 신성의 근원은 '변화와 탄생'이며, 남성원리에서는 '지배와 권력'이 된다. 다섯째, 따라서 여성원리에서는 변화와 재생하는 '달, 물, 알'이 신의 상징이 되며, 남성원리에서는 불변하는 '해, 대지, 나무, 돌, 산'이 신의 상징이 된다. 여섯째, 신의 능력은 여성원리에서는 '생명탄생' 그리고 남성원리에서는 '수임 능력'이 된다. 일곱째, 여성원리에서 남성원리로 전환이 되면, 여성원리에서의 상징들은 신성(神聖)을 상실하여, 그 상징의 원 기호의 표상적 의미로 회귀, 즉 개념적 문자

적 의미만을 남기게 되며, 반면 남성적 원리에서 신의 상징들은 권력과 지배에 바탕을 둔 새로운 신성을 획득하게 된다. 마지막으로 신의 존재 방식을 보면, 여성원리에서 신은 그 신비함, 비일상성에 대한 경외에 의해 존재하지만, 남성원리로 전환하게 되면, 신은 권력에 바탕을 둔 존재로 일상화(a routinization of god based on power) 된다.

즉 신화 속에 있어 여성원리에서 남성원리로의 전환은 '현실세계에 있어서의 권력의 생성'을 보여주는 것이며, 이 권력의 생성이 '이성적 국가의 탄생'으로 이어지게 되고, 이것은 결국 역사의식이 만들어 진다는 것을 의미한다. 이 신화 속의 '여성원리와 남성원리'는 모든 신화에 나타나는 보편적인 원리라고 할 수 있으나, 특히 상하위계와 성적 구분을 인간사회의 일반적 질서로 강조하는 유교문화권에 있어서는, 그 신화 속에도 창조신 또는 직능신(職能神)과 같은 형태로서 남녀 신들의 역할과 기능 구분이 뚜렷이 나타난다고 볼 수 있다. 따라서 여기에서 논하려는 대마도 신화·전설·우화에 대한 설명과 해석을 위한 하나의 분석도구로서 「신화 속의 남성원리와 여성원리」라는 논리를 구성하고자 한다. 대마도가 한국과 일본 간에 고대 신앙체계 교류에 관한 자료의 보고라는 것은, 무엇보다도 일본의 건국신화가 대마도와 밀접하게 관련이 있다는 점이다.

이 '여성원리와 남성원리'라는 신화를 읽는 해석도구(an interpretative instrument)를 통해서 보면, 『고사기』와 『일본서기』에 등장하는 일본 건국신화 속의 신들의 성격을 새로운 시각에서 파악할 수 있을 것이다. 여기에서 이 해석도구를 통해서, 대마도와 관련이 있는 것으로 알려진 일본 건국신화 속의 신들과, 그 외에 대마도에서 전래된 신화 속의 신들 중 몇 가지 사례를 선택하여 각각 신들의 성격을 파악하고자 한다.

2) 남성원리와 여성원리로 본 대마도의 신들

우선『고사기』와『일본서기』에 등장하는 신들 중, 대마도에 전해지는 신으로는, 다카미무스비노카미(高御産巣日神=高皇産靈神)18)가 있다. 다카미무스비는 일본신화에서는 만령(萬靈)을 생산한 조신(祖神)으로서 그려지고 있는데, 이 다카미무스비를 모시는 신사가 대마도 즈즈(豆酘)에 있는 다카미무스비(高御魂)신사19)이다. 이 신이 대마도에 나타난 연유에 대해서『대주신사지(対州神社誌)』에는, "즈즈 곶에 떠오르는 배(ウツロ船)가 있어 어선이 다가가서 보니까, 속에 빛나는 돌이 있었다. 기괴하게 빛나는 것을 가지고 돌아와서 제사를 모셨다는 속설이 있다(昔醴豆酘崎に浮侯うつお(ほ)船有り, 漁船差し寄り見れば, 内に光る石有りて, 奇怪に光るを以て, 取帰りて祭ると云ふ俗説あり)"20)고 되어있다.『일본서기』에는 이 다카미무스비를 아마데라스오오미가미(天照大神)가 자신의 선조라고 부르고 그 신탁(神託)에 의해서 아스카(飛鳥)로 이전(遷座)하였다21)고 한다.

이 다카미무스비의 일본 신화 속에서의 존재의미나 역할에 관한 논의는 본고의 범위를 벗어나기 때문에, 여기서는 '여성/남성원리'에 따라

---

18) 일본신화의 태초 천지개벽 때 등장하는 아마츠카미(天津神)계와 쿠니츠카미(国津神)계 중에, 아마츠카미계에는 조화(造化)의 3신으로 아메노미나카누시노카미(天之御中主神)와 카미무스비(神皇産靈神), 그리고 다카미무스비가 있으며, 다카미무스비는 아메노미나카누시노카미에 이어서 다카마가하라(高天原)에 강림하여 만령(萬靈)을 창조한 신으로 그려져 있다.(倉野憲司校注 1990, 18) 참조.
19) 원래 다카미무스비 신사는 바닷가에 위치하고 있었으나 현재 위치로 이전하여, 다쿠즈타마(多久頭魂)신사와 함께 있다.
20) (鈴木棠三 1972, 353), 그리고 (永留久恵 2009, 3) 재인용.
21) 나가토메는『고사기』에 의거하여, 다카미무스비(高御魂)가 대마도로부터 야마토에 권청(勸請)되어 아스카(飛鳥)로 상경한 것은, 추고(推古)천황 15년(서기607년) 혹은 천지(天智)천황 6년(서기667년)이라고 추정하고 있다. (永留久恵 2009, p.163)

서 다카미무스비의 성격을 해석하는데 초점을 맞추고자 한다. 『일본서기』『고사기』에는 천지개벽에 등장하는 아마츠카미(天津神)계의 3신은 성별구분이 없는 독신(独神)로 그려져 있다. 그러나 '여성/남성원리'에 비추어 보면, 이 다카미무스비는 여성원리에 속하는 신이라고 추정할 수 있다.

그 이유로는 첫째, 이 신의 출현과 관련된 것으로서, 『고사기』와 『일본서기』(이하『기기(記紀)』)에서는 다카오부스비는 다카마가하라(高天原)22)에 아메노미나카누시노카미(天之御中主神) 다음으로 나타난 것으로 되어있다. 여기서 다카마가하라는 물론 신들의 세계이며, 따라서 그 소재지에 관해서는 다양한 논의23)가 있으나, 바다와 관련이 있다는 점에 대해서는 대체로 수용하고 있다. 전술한 바와 같이, 그 신체(神體)는 츠즈(豆酘)에 표착한 것, 즉 여성원리에 있어 신의 상징 중 하나인 물(水)에서 출현한 것이다. 게다가 다카미무스비는 만신(萬神)을 창조하는 조화(造化)의 신이라는 점에서 여성원리에서의 신성(神聖)의 근원인 탄생과 관련이 있다고 할 수 있다.

두 번째로, 『기기』의 신대(神代)에 등장하는 신으로는 토요타마히메(豊玉姫)가 있다. 토요타마히메는 쿠니즈카미(国津神)계인 소코츠와타즈미(底津少童命=豊玉彦命)24)의 딸로서, 아마즈카미(天津神)계25)의 호

---

22) 『고사기』의 서두「別天つ神五柱」에 신들이 나타나는 장소, 그리고 많은 천진신(天津神)들이 살고 있는 것으로 그려져 있다.(倉野憲司校注 1990, p.19)
23) 여기에 관해서는, 신화는 만들어진 것이므로 다카마가하라의 장소를 묻는 자체가 의미가 없다고 보는「위작설(作爲說)」과, 이곳은 신들이 사는 곳이므로, 천상의 세계이며 따라서 그 외 다른 장소라고 생각하는 자체가 불손하다고 보는「천상설(天上說)」, 그리고 신화의 사실성을 중시하여, 이곳을 사마대국(邪馬台国) 혹은 중국 남부라고 보는「지상설(地上說)」이 있다.
24) 이자나기가 황천(黃泉)의 진흙에서 옷을 벗고 몸을 정결히 하자 탄생한 신들 중에서, 물 속 바닥(水の底)에서 몸을 정결히 하자 탄생한 두 신(底津綿津見神, 底筒之

오리노미고토(火遠理命)와 결혼하여, 우가야후키아에즈(鵜葺草葺不合命)를 생산하며, 우가야후키아에즈는 토요타마히메의 동생(즉 이모)인 토요타마요리(豊玉依)와 결혼, 인간 1대 천황인 신무(神武)천황을 생산한 것으로 되어있다. 토요타마히메가 주신(主神)으로 되어있는 신사는 미네(峯)의 카이진(海神)26)신사와 이즈하라의 스미요시(住吉)신사이다. 토요타마히메의 경우 이미 『기기』에 여신으로서 신무천황을 생산하였다는 점에서 '탄생의 능력'을 보여주고 있으며, 또 카이진(海神)신사가 있는 미네(峯)의 키사카(木坂) 마을에 전해져온 우부야(産屋) 습속27)은 토요타마히메의 여성원리를 잘 보여주고 있다.

한편 대마도 신화와 전설 중에는 남성원리에 의해 구성된 것도 물론

男神(소코츠츠노오노카미) 중 하나로서, 해신(海神)의 상징이다.(倉野憲司校注 1991, p.30)
25) 『고사기』와『일본서기』에 등장하는 신들의 계보는 정치, 제사, 군사를 담당하는 정복자로서의 아마츠카미(天津神)계와 생산자, 토지의 신인 피정복자로서의 쿠니즈카미(国津神)계로 나누어진다. 대마도 신들의 계열에 관한 구체적인 논의는, (永留久恵, 1997, pp.259-273) 참조.
26) 현재 제신(祭神)은 히코호호데미노미고토(彦火火出見), 토요타마히미, 카마우지카야아에즈(鵜葺草葺不合命)로 되어있으나, 원래 주 제신은 토요타마히메와 이소라(磯良=磯武良)라고 한다.(永留久恵 2009, 22) 한편 키사카(木坂)의 카이진 신사는 원래 대마도 하치만(八幡) 제1궁이었으나, 메이지 4년(1871년)에 大政官 명에 의해서 카이진 신사로 개명되었다고 한다. 메이지 정부의 신도국유화 정책 때, 관폐대사(官幣大社)로는 무리라고 궁내청으로부터 통보를 받아서 국폐중사(國幣中社)로 격하되었다고 한다. (永留久恵 1988, 257) 그러나 하치만에서 카이신으로 개명 당함과 함께, 신사의 격까지 이 강등당한 것은, 메이지 정부의 신도 국유화 정책을 행하는 중에 천황제 국가의 정통성 이데올로기를 확립하려는 데에 있어, 여기가 일본천황가의 생산의 근원지라는 것을 인정하는 것은 결국 한반도와 관련이 있다고 생각될 수 있다는 점을 고려한 것이 아닌가라고 추정할 수 있다.
27) 『고사기』에는, 출산에 임한 토요타마히메가, "아마츠카미(天つ神)의 자식은 해변(海原)에서 태어나야한다고 하여, 해변에 접동새 깃털(鵜の羽)로 우부야(産殿)를 만들고…"라고 되어있다.(倉野憲司校注 1990, pp.76-77) 한편 이처럼 출산 때 작은 산실을 만들어서 출산하는 습속이 카사카 마을에서는 메이지 시대 초까지 전해져 왔다고 하는데, 즉 여성은 출산 시에 강의 남쪽으로 옮겨서 작은 집에서 출산하고, 당분간 厄이 사라질 때까지 거기에 체재하였다고 한다.

존재한다. 대마도에 전해지는 『기기』에 등장하는 대표적인 남성원리의 신은 스사노오미고토(建速須佐之男命=素戔嗚尊)이다. 『기기』에는 스사노가 오호게츠히메노카미(大氣津比賣神)28)를 죽이고 그 몸에서 나오는 오곡(五穀)을 취하여 이즈모(出雲)로 가는 것으로 되어있다.(倉野憲司校注 1990, 39) 한편 이 스사노의 오곡과 관련된 설화가 대마도 칸잔(神山)에 남아있는데, 『진도기사(津島紀事)』에는, "구사본기(舊事本紀)에 따르면, …스사노가 나무의 씨를 한지(韓地)에는 심지 못하고 가지고 와서, 본방(本邦)의 이 산에 올라 사방이 풍요로운 곳이라 하여 여기에 식목을 하여…이에 칸잔(神山)으로 하여 이 신에 제사를 지내고… 이 산에 오르거나 벌목을 금하였다…"(鈴木棠三遍 1972, 109-110)고 되어있다. 즉 스사노는 한지(韓地)에서 온 신으로 여기서 한지는 신라와 관련이 있을 것이라는 설이 일반적이다. 즉 신라에서 나무의 씨를 가져온 곡령(穀靈)신이란 직능신으로 그려지고 있는 것이다. 이 스사노의 활동을 보면 힘을 상징하는 남성원리의 신29)이라고 할 수 있다. 그러나 대마도에서 스사노를 제신으로 모시는 신사30)는 있지만, 대마도에서의 스사노의 흔적은 여기에 그치며, 스사노는 이즈모(出雲)로 가서 쿠시나다히메(櫛名田比売)와 결혼하여 머무는 것으로 되어있다. 즉 적어도 대마도에서는 스사노의 남성혁명31)은 이루어지지 못하였고, 그 혁명은

---

28) 식물을 관장하는 여신이라고 한다.(倉野憲司校注 1990, p.38)
29) 스사노는, 다카아마가하라(高天原)에서는 흉포한 면을 보여주며, 이즈모(出雲)에 내려서는 야마타노오로치(八岐大蛇)를 물리치고, 천황이 가진 삼종의 신기(神器) 중 무력을 나타내는 신기인 아메노무라쿠모노츠루기(天叢雲劍)를 취득하는 등 남성원리의 상징적 신이다.(倉野憲司校注 1990, 32-33, pp.38-39) 참조.
30) 카미쓰시마(上対馬)의 도요(豊)에 있는 시마오오쿠니타마(島大国魂)신사의 제신으로 되어있으나, 신사라는 것은 후대 인위적으로 만들어진 것으로서, 나가토메씨도 스사노가 이 신사의 제신으로 된 유래에 관해서는 알 수 없다고 한다.(永留久恵, 1988, pp.341-342) 참조.

신계(神界)에서는 다카아마가하라(高天原)에서의 난폭함과 저항을 통해서, 그리고 인간계에서는 이즈모(出雲)에서 완성되는 것이다.

또 다른 남성원리의 신으로는 이소라(磯良)가 있다. 이스라는 신공(神功)황후의 삼한정벌 때에 물길 안내자로서 물에 빠진 닻은 건져 올린 능력자32)로 그려지고 있는데, 와타즈미(ワタヅミ)신사33)의 제신(祭神) 중 하나로 받들어지고 있다.34) 이 이소라의 정체에 대해서는 상반되는 논의35)가 있으나, 그런 능력 소유자로서 이소라는 분명히 남성원리에 속하는 신이라고 할 수 있다. 그러나 이 설화 속에서 이소라는 어디까지나 진구우 황후에 종속된 직능신으로서의 위치를 가지고 있을 뿐이며, 남성적 상징으로 그려지고 있다고는 하지만, 남성혁명을 일으

---

31) 스사노의 남성혁명이라고 한다면, 누이인 아마테라스오오미카미(天照大神)에 대한 저항과 반발로 인해서 다카아마-하라에서 추방당하고, 이즈모에 강림하여 야마타노오로치(八岐大蛇)를 퇴치하는 등과 같은 사건에서 나타나듯이, 스사노는 힘, 검과 같은 남성원리를 상징하는 신으로 그려져 있다.
32) 『진도기사(津島紀事)』에는, 신공(神功)황후의 신라 정벌 때,「…칸스키(琴崎)만에 도착했을 때, 배의 닻이 해저에 빠지자, 바로 조정자(舵師)인 아즈미노이소다케라(安曇磯武良)가 바다 속에 들어가 ㅇ 것을 건져서 나왔다.(琴崎沖に到る時御船の碇海底に沈めり、乃ち舵師の安曇磯武良(アヅミノイソタケラ)海中に入り之を獲て還る)」라고 되어있다.(対馬教育会編, 1940, p.205) 재인용.
33) 와타즈미라는 명칭을 사용하는 신사는 대마도에 여러 곳이 있으나, 미네(峯)의 와타즈미가 본사라고 한다.
34) 신사 앞 바닷가에 균열된 작은 바위가 있는데, 그것이 이소라의 상징이라고 한다.
35) 위의 『진도기사』에서는 이소라(=이소다케라)를 배의 키를 조정하는 사람(=舵師)이라는 실재 인물처럼 묘사하고 있으나, 나가토메는, 이소라의 능력에 관한 사료의 기술 그리고 와니우라(鰐浦)라는 지명을 모티브로 하여, 이소라의 정체를 海蛇라고 생각하며, 또 중국 절강성 유적에서 출토된 악어뼈 화석을 근거로 하여, 마치 실재한 악어와 연관시키고 있다. 永留久惠, 1988, pp.79-80. 그러나 논자는 2012년 6월 현지조사에서 대마도 사람들은 이부터 대마도 배를 카모(鴨), 그리고 외부에서 온 배를 와니(鰐)라고 불렀다는 진술(長崎県立対馬歴史民俗資料館, 관장인 아히루 노리오(阿比留徳生))을 얻었다. 이것을 보면, 나가토메는 신화해석에 있어서 저지르기 쉬운 실재의 함정(a pitfall of reality in interpreting a myth)에 빠진 것이 아닌가 하는 생각이 든다.

킬 수 있는 존재적 의미는 가지고 있지는 않다고 할 수 있다.

  이상에서 살펴본 바와 같이, 대마도 신화는 일본 건국신화와 밀접하게 연관되어있다. 대마도 신사의 신은 일본 최초의 인격화된 신인 신무(神武)천황을 탄생시킨 부모의 신들이 자리 잡고 있는 건국신들의 고향인 것이다. 그러나 대마도 건국관련 신들은 대부분 여성원리의 신들이고, 남성으로의 전환은 대마도에서 일어나지 않았다. 즉 고대사회에서 종교적 권위로부터 정치적 권력으로의 전환을 말하는 남성혁명은 대마도에서 일어나지 않고, 이즈모(出雲)로 옮겨가서 남성혁명이 일어나고 거기에서 일본의 정치적 정체성을 구성하는 일본국이 건립되는 것이다.

(3) 대마도의 종교적 상징물 속에 나타나는 고대 신앙체계의 교류 유형

  한편 대마도 신화 속에는 일본건국 관련 신들 이외에도 한반도로부터 전래된 많은 신들이 등장한다. 이 신들이 당시 한반도의 어떤 지역, 부족, 국가로부터 전래하였는지를 확인하고, 또 그렇게 전래된 한반도의 신과 신앙체계가, 토착신앙이나 다른 경로를 통해 들어온 신앙체계와 어떻게 습합되었는가를 밝히고 그 특징적인 유형을 분류하고자 한다.

  대마도 신화연구의 중심적 인물인 향토사가인 나가토메 히사에(永留久惠)는 대마도 신들을, ① 바다 속에서 나타난 신, ② 해상에서 표류해 온 신, ③ 하늘에서 강림한 신, ④ 신혼(神婚)에 의해서 탄생한 신의 네 가지로 분류하고, 『紀記』에 등장하는 신들과 연관시켜서 ①②는 해신(海神=国つ神)계이며, ③④는 천신(天神=天つ神)계라고 본다.(永留久惠 2009, 3) 그리고 이 분류에 따라서 대마도 신에 대한 구체적이고 세밀한 기술을 하고 있다.

이 분류에 따른 설명은 대마도 신화 속에 등장하는 신의 출현적 성격에 초점을 둔 것이지만, 그러나 이 유형으로 대마도 신화와 신에 대한 설명을 하는 데에는 세 가지 한계가 있다. 하나는 그의 해신과 천신의 분류에는 애매한 점이 있다는 것이다. 대마도 신화 속의 신들은 어떤 식이든 바다와 관련이 있다는 점에서, 그의 해신과 천신의 분류는 문제점을 가지고 있다고 할 수 있다. 즉 대마도 신화 중에는 대륙계 신화에서 나타나는 형식의 천손강림 신화는 존재하지 않는다는 점이다. 그는 천손강림에 해당되는 신으로서, 사고(佐護) 미나토(湊)의 칸무스비(神御魂)신사의 뇨우보(女房)신의 전설36)을 유일한 예로 들고 있다. 그러나 뇨우보의 경우에는 탄생한 영웅적 인물의 존재가 없다는 점에서 대륙계의 천손강림 유형에 속한다고 보는 것은 지나친 유추일 것이다. 즉 그의 분류에서 ①②③ 모두는 도착형에 속하는 해신계이며, 또 ④의 경우로 들고 있는 코우자키(神崎) 나이라(奈伊良)신사의 뇨우인(女院)과 天童탄생의 전설37)도 신혼(神婚)에 의한 신의 탄생이라고 보기는 어려운데, 왜냐하면 천동의 탄생의 근원은 어머니가 일광(日光)에 의해 회임하였다고는 하지만, 그것을 신혼에 의한 신의 탄생으로 보는 것 역시 지나친 유추에 지나지 않는다고 할 수 있다.

둘째, 그는 신의 출현에 관한 분류에 있어서, 신화 생성과 신 출현에 대한 상황론적 인식의 부족으로 인해서, 그 분류에는 대마도 지역에

---

36) 여기에 대해서도 나가토메는, 『신사대장(神社大帳)』의 "神御魂神社. 神体木像, 女体抱日丸. 今俗称女房神也"라는 기록에 근거하여, 이 역시 감정(感精) 전설로서 천손강림 유형에 속하는 것으로 추정하고 있다. (永留久恵, 2009, p.52)
37) 이에 대해 나가토메는, 『대마신사지』의 "対馬州豆酘郡内院村に, 照日某と云者有, 一人娘を生す. 此女日輪之光に感じ有妊, 男を生ず."라는 기록에 근거하여, 일광감정설에 해당되며, 따라서 천도동자의 탄생을 천손강림 유형에 속하는 것으로 보고 있다.(永留久恵 2009, p.50)

편재하는 신화와 신의 존재 발생에 있어서의 지역적 역사적 상황이 고려되어 있지 않다는 점, 즉 사회사적 관점이 결여되어있다는 점이다.

마지막으로, 매우 중요한 것으로서, 그의 분류에 의한 설명으로는, 대마도 신이 왜 대마도에서 탄생하고, 그 존재가 대마도에서 어떤 의미를 가지는가라는 존재양식과 그 의미에 대한 해석은 할 수 없다는 점이다. 즉 대마도 신의 탄생과 신화의 생성, 그리고 그것이 대마도인들에게 어떤 존재로 대상화(objectification of God)되었으며, 그것이 어떤 상징적 의미를 가지며, 그 역할은 무엇인지에 대해서는 설명하고 있지 않다. 따라서 나가토메의 대마도 신화와 신에 대한 설명에서는, 대마도 신이 대마도인에게 주는 존재론적 의미, 그리고 신들의 구체적인 계보에 관한 논의는 결여되어있는 것이다.

이런 한계점을 감안하면서, 대마도 신들의 탄생과 존재의미, 그리고 기능에 따라서 존재양식을 분류하고, 거기에 따라 각 존재양식의 신들이 어떤 계기와 경유로 대마도에 도래 혹은 탄생하였고, 습합의 과정을 겪었으며, 또 그렇게 형성된 신앙체계가 대마도인들에게 어떤 의미를 주고 기능을 하였는지를 확인하여, 한반도에서 전래된 신앙체계의 유형을 추정하고자 한다.

대마도 「신의 존재양식」으로는, '생산(creation)형', '경외(awe)형', '구제(relief)형'으로 나눌 수 있을 것이다.[38] 각 유형은, 그 '교류유형', '신격(神格)', '대상화(對象化)', 그리고 '기능(機能)'이라는 기준에 따라서 분류된 것이다. 먼저 「교류유형」으로는 '수용형', '토착형', 그리고 '습합형'으로 나눌 수 있다. 수용형의 경우, "수평선 바다와 하늘에서 나타난

---

38) 이 신의 존재양식의 분류는 논자가 대마도의 종교적 상징을 해석하기 위해 구성한 일종의 이념형(Ideal Type)이다.

것을 배제 없이 받아들인 것"39)이며, '토착형'은 신이 바다로부터 표착하여 해안이나 해변에 나타나 표착한 인간이 신으로 화한 경우이다. 그리고 '습합형'은 해변, 대지, 산에 출현하는 것으로서, 이것은 대마도 고유 신앙과 도래한 신이 결합하여 새로운 형태의 신으로 탄생한 경우에 해당된다. 두 번째 기준인 「신격」이란, 신화 속 대마도 신들의 위치에 관한 것으로서, '창조에 관련된 신', '지역의 역사와 민속에 관련된 지역신', 그리고 특정한 활동영역에 관계하는 '직능신'으로 구분된다. 세 번째 기준인 「대상화」는, 그 신이 '초월적 존재'로 대상화 되어있는지, 또는 '기능적 카리스마의 소유자'나 '두려움의 존재'로 대상화 되어있는가에 따른 분류이다. 마지막 기준인 「기능」에 있어서는, 그 신이 '만물생산'의 기능을 하는지, 아니면 '도덕, 윤리'적 기능을 하는지, 혹은 '재난으로부터의 구원'의 기능을 하는지에 따른 분류이다. 이 네 가지 기준에 따라서 신의 존재양식을 표로 나타내면 다음과 같다.

〈표 2〉 대마도 신들의 존재양식 유형

존재양식 분류기준	생산형	경외형	구제형
교류유형	수용형	습합형	정착형
신격	창조신	지역신	직능신
대상화	초월적 존재로 대상화	두려운 존재로 대상화	기능적 카리스마 소유자로서 대상화
기능	만물(만신) 생산	도덕, 윤리의 근원	재난으로부터 구원

위의 세 가지 유형의 존재양식에 따라서 대마도 신들을 분류하면 다

---

39) 여기서 하늘이라고 해도, 대마도의 경우, 천손강림이 神山에서 이루어지는 대륙계 신화와는 달리, 수평선과 접하는 하늘 저편에서 출현하는 것이므로, 어디까지나 바다로부터 출현하는 것이다.

음과 같다. 첫째, 존재양식으로는 생산형에 해당되며, 교류유형으로는 '수용형'에 해당되며, 신격으로는 '창조신' 그리고 대상으로서는 '초월적 존재'이며, 기능으로는 '만물(萬神)을 생산하는 신'으로는 다카미무스비(高御魂)40)가 있다. 전술 한 바와 같이 다카미무스비는 『기기』에서 만신을 생산하는 조화의 신 즉 창조신으로 초월적인 신으로 대상화되어 있다. 또 그 출현 형태는 표착한 도래신의 성격을 나타내고 있다. 그 다음으로 생산형에 해당되는 대표적인 신으로는 와타즈미(和多都美)신사의 제신인 토요타마히메(豊玉姬)이다. 토요타마히메의 출현 형태에 관해서는 『신사명세장(神社明細帳)』에 "해신 토요타마히코노미코토(豊玉彦命, 〈그림 1〉의 ①)41) 이 땅에 궁전을 지어 살아, 일남 이녀를 두고, 남자를 호다카미노미코토(穂高見命), 두 딸을 토요타마히메노미코토(豊玉姬命, 〈표 1〉의 ②), 타마요리히메(玉依姬, 〈표 3〉의 ④)라도 불렀다. 어느 날 히코호호데미(彦火火出見, 천신계, 〈표 1〉의 ③)가 잃어버린 갈구리(鉤)를 찾으려 하늘(上國)에서 내려와 이 해궁에 와서…토요타마히메를 배우자로 맞이하여…"(永留久恵, 1988, p.291, 재인용)라고 되어있다. 토요타마히메는 소코츠와타즈미(底津少童命=豊玉彦命)42)의

---

40) 현재 다카미무스비 신사는 츠즈(豆酘)의 텐진다쿠즈타마(天神多久頭)신사와 합사되어있는데, 여기 제신(祭神)은 다쿠즈타마와 함께 아마데라스(天照大神) 등의 황조신으로 되어있다. 그러나 나가토메도 지적하는 바와 같이, 이것은 메이지 초기에 새롭게 정해진 것으로, 원래 다쿠츠(タクツ) 대마도의 고대 점술가문인 우라베(卜部)氏가 모시던 조상신이었을 것이다.(永留久恵 1988, p.363) 참조. 현재 신사에는 다쿠즈타마를 최정점에 두고, 다카미무스비는 그 아래에 위치하고 있다.
41) 이자나기가 황천(黃泉)의 진흙에서 옷을 벗고 몸을 정결히 하자 탄생한 신들 중, 물 속 바닥(水の底)에서 정결히 하자 탄생한 두 신 중에 소코츠와타즈미(底津綿津見神)를 말하는 것이다.
42) 이자나기가 黃泉의 진흙에서 옷을 벗고 몸을 정결히 하자 탄생한 신들 중에서, 물 속 바닥(水の底)에서 몸을 정결히 하자 탄생한 두 신(底津綿津見神, 底筒之男神(소코츠츠노오노카미) 중 하나로서, 海神의 상징이다. 倉野憲司(校注), p.30.

딸로서, 아마즈카미(天津神)계[43]의 호오리노미고토(火遠理命)와 결혼하여, 우가야후키아에즈(鵜葺草葺不合命)를 생산하며, 우가야후키아에즈는 토요타마히메의 동생인 토요타마요리(豊玉依)와 결혼, 인간 1대 천황인 신무(神武)천황을 생산한다.

여기에서 나타나듯이 토요타마히메는 해신의 딸이라는 점에서 그 출현은 도래신 계보에 속한다고 볼 수 있다. 또 토요타마히메는 신대(神代)의 신으로서 초월적인 존재로 대상화되어있으며, 신무천황의 부에 해당되는 우가야후키아에즈(鵜葺草葺不合命)를 생산하였다는 점에서 신을 생산하는 역할을 하는 것으로 그려져 있다. 이처럼 생산형에 속하는 대마도 신들은 『기기』신화 속에서 일본의 창조와 관련이 있는 신들이다.

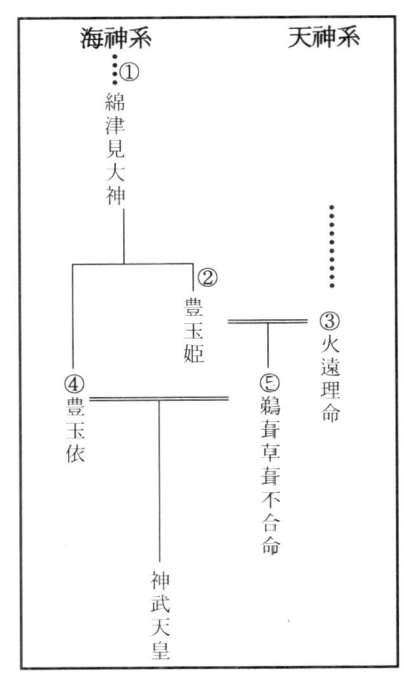

〈그림 1〉 대마도 신대(神代) 신

한편 생산을 한 신이라고는 볼 수 없지만, 교류유형으로는 '수용형'에 해당되며, '초월적 존재로 대상화'된 신으로는, 『기기』에도 등장하는 스사노오미고토(素戔嗚尊)[44]이다. 『일본서기』에는 스사노가 다카마가하

---

43) 『기기』에 등장하는 신들의 계보는 정치, 제사, 군사를 담당하는 정복자로서의 아마즈카미(天津神)계와 생산자, 토지의 신인 피정복자로서의 쿠니즈카미(国津神)계로 나누어진다. 대마도 신들의 계열에 관한 구체적인 논의는, (永留久恵 1997, pp.259-273) 참조.

라(高天原)에서 추방된 후, "그의 아들인 이소다케루노카미(五十猛神)를 데리고 시라기(新羅)국 소시모리(曽戸茂梨)로 갔다. 거기서 불복(不服)한다는 말을 듣고, …배를 만들어 타고 동쪽으로 건너가서 이즈모(出雲)의 히노가와(簸の川) 상류의 토리카미(鳥神) 산에 도착하였다"(宇治谷孟訳(上) 1997, 49-50)는 기술은 있으나, 스사노가 대마도에서 활동한 것에 관한 기술은 『기기』 어느 곳에도 나타나지 않는다. 따라서 스사노의 경우 도래형에 속한다고 단언할 수도 없으며, 신대(神代)의 초월적 존재로 대상화되어있긴 하지만, 칸잔에 나무 씨앗을 뿌렸다는 것만으로 생산의 기능을 하였다고는 볼 수 없다. 또 시대는 후대가 되지만, 『기기』 속의 신공(神功)황후[45]의 흔적도 대마도에서 나타난다. 신공황후의 삼한 정벌 전설에서는, 대마도를 경유하는 것으로 되어있으며, 후술하겠지만, 거기에서 이소라(磯良)라는 새로운 신을 탄생시키는 것으로 되어있다. 그러나 신공황후가 대마도에서 만물이나 만령의 생산과 직접 관련되어있지는 않다.

이처럼 대마도의 생산형 신들은 우선 『기기』에 등장하는 신들이다. 이런 관계로 대마도의 신 계통과 일본신화 천황 계통을 대비시켜서 둘 간의 계통적 친근성을 주장하는 설[46]도 있으나, 이즈모 신화를 생각해

---

44) 대마도 카미아가카(上県)의 시마노오호쿠니타마(島大国魂)신사의 主神으로 되어있다.(永留久恵 1988, p.341)
45) 신공황후는 카이진(海神)신사의 섭사(攝社)에 제신으로 모셔져 있다.
46) 예를 들면, 나가토메는 대마도 신 계통의 "다카미무스비(高御魂)⇒아마테루(阿麻底留)⇒닛코(日子, 대마도주의 조상인 일신(日神))"를, 신화 속 천황계통 "다카미무스비(高皇産霊)⇒아마테라스오오미가미(天照大神)⇒히코(日子=천황)"과 대비시켜서 천황가(天皇家) 신화 속의 신들과의 유사성을 지적하고 있으며, 카와모토 다츠(川本達)는, 이런 『기기』속 신들에 관한 대마도 신화와 전설을 바탕으로, 다카마가하라(高天原)는 남부 조선으로, 대마도는 그 분지국이었다고 본다.(永留久恵 1988, 20), 그리고 (金達寿 1994, p.230) 재인용.

보면, 아마테라스오오미카미(天照大神)까지 대마도에 근거를 둔 신이라고 생각하는 것은 지나친 유추일 것이다.

두 번째, 존재양식으로는 '경외형' 그리고 교류유형으로는 '습합형'에 해당되는 신으로서, 대개 도래 후 지역과의 상호작용을 통해서 지역에 정착한 지역신이 여기에 해당된다. 이런 신으로는, 우선 대다도 최북단 토요우라(豊浦)의 무인도인 시이티지마(椎根島)에 전해오는 전설에 등장하는 신이 해당된다. 전설에 의하면, "섬 속 이와쿠라(磐座=신이 안주하는 곳) 옆 연못이 있었는데, 거기에는 시라헤비(白蛇)가 살았다…한 사람이 나무하러 갔다가 백발(白髮)노인의 만나서…맞아서 즉사하였다"(永留久惠, 1988, 32)고 전하는데, 여기서 나타나듯이, 이 신의 출현은 도래 즉 바다와 접한 지역이 되며, 그리고 지역과의 상호작용을 하면서 습합적 성격을 띠게 되며, 또 두려운 존재로 대상화되며, 신성함을 해하는 불경함에 대해 제재를 하는 일종의 도덕적 덕목을 암시하고 있는 것이다.

또 다른 예로서는, 전술한 하나미야고젠(花宮御前)의 "많은 재물을 가지고 표착하였으나, 마을 호족에게 살해당하여, 그의 저주에 의해서 마을이 망하였다"는 전설(永留久惠, 1988, 34)에서처럼, 하나미야고젠도 그 출현은 수용 후 지역에서 두려운 존재로 대상화된 지역신이며, 기능적으로는 도덕적 덕목을 암시하고 있다는 점에서 경외형에 해당된다. 그 외에도 대마도 서해안 시시미(鹿見) 마을 카사야마(笠山) 포구 상류의 마쇼도코(魔性所)의 전설의 요괴담이나, 대마도 남부 시모아가타(下縣)의 시이네(椎根) 마을의 뱀 전설의 요괴담(永留久惠, 1988, 40-42)에 있어서도 그 신은 지역 토착신으로서 두려운 존재로 대상화되어있다.

또 존재양식으로는 '구제형', 그리고 교류유형으로는 '습합형'에 해당되는 신으로는 우선 이소라(磯良)를 들 수 있다. 이소라는 앞서 논한 것처럼, 진구우 황후의 삼한 정벌 때 대마도에서 나타나는 신으로, 해저에서 나타나서 자신의 임무를 다하자 다시 해저로 사라졌다는 전설47)을 보아서는 수용형에 가깝지만, 진구우 황후 삼한정벌 스토리 중 대마도에서 그 존재가 나타난다는 점, 그리고 와타즈미 신사 앞 해변의 거북등 모양의 바위를 그 상징물로 하고 있다는 점48)에서 보면, 도래한 신이 대마도의 고유한 애니미즘 혹은 토테미즘 신앙과 결부된 형태를 취하고 있는 습합형 범주에 속한다고 볼 수 있다. 또 이소라는 앞서 주24)에서 논한 것처럼, 뛰어난 잠수 능력을 가진 직능신의 형태를 띠며, 따라서 그 존재는 기능적 카리스마의 소유자로서 대상화 되어있으며, 현재에도 바다에서의 무사 항해를 기원하는 신으로서 받들어지고 있다는 점에서 기능적으로는 구제적 성격을 보여 주고 있다.

마지막으로 존재양식으로는 '구제형'이면서 '정착형'을 대표하는 신은 천도(天道)보살이라고 할 수 있다. 앞서 논한 바와 같이, 천도신앙이 주목을 받은 것은, 대마도라는 지정학적 역사적 위치에서만 발생할 수 있는 특유의 복합적인 형태 즉 탄생과 관련된 일광감정(日光感精) 신화적 성격, 곡령숭배적 요소, 또 조상숭배 신앙, 게다가 불교적 요소까지 습합된 형태를 띠고 있기 때문이다. 여기에서 알 수 있듯이, 천도동자

---

47) 『기기』의 「신공황후전(神功皇后伝)」에는 이소라가 등장하지 않는다. 그러나 대마도 칸자키(琴崎)의 전설에 의하면, "신공황후 배의 닻이 물속에 빠져서 항해 불능이 되었을 때, 이소라가 거북을 타고 해저로 들어가서 닻을 건져 올리고는 다시 바다 속으로 사라졌다"고 한다.(永留久惠 1988, p.22)
48) 와타즈미 신사 앞 작은 해변에 있는 균열된 형태로 된 작은 바위로서 이소라의 무덤이라는 설이 전해지고 있다.

(天道童子)의 모는 표착하여 일광에 의해 회임하여 천도동자가 탄생한다는 것은 출현에 있어 습합형이 해당된다. 그리고 문무(文武)천황의 병을 고치는 전설에서처럼 천도보살은 비범한 비상술과 치병능력을 가진 기능적 카리스마의 소유자로 대상화 되어있으며, 따라서 천도보살은 직능신으로서 구원과 구제의 기능을 하는 것으로 그려져 있는 것이다.

이상에서 살펴 본「생산형」,「경외형」,「구제형」으로 나타나는 대마도 신화 속의 신들과 그 신앙체계를,「수용/배척」-「습합」-「정체」-「정착」이라는 단계별 교류 유형을 통해서, 한반도에서 전래된 각각 신들과 신앙체계가 대마도에서 역사적으로 어떤 단계와 과정을 거치게 되는가를 확인하고자 한다.

먼저,「수용형」에 해당되는 신화를 보면 다음과 같다. 고대에 대마도에 수용되는 신의 루트는 말할 것도 없이 한반도로부터 바다를 통해서 건너온 도래 신들이다. 이런 신들의 특징을 보면, 우선 출현은 기본적으로 바다를 통해서 이루어진다. 그것이 바다 속에서 나오든지 아니면 바다 저편에서 흘러와서 표착하였는가에 대해서는 그 에피소드의 생성 시기에 따라서 구분되는 것[49]일 뿐, 당연히 표착신화가 시기적으로 후

---

49) 예를 들면, 바다 혹은 바다 속에서 나타난 와타즈미(和多都美) 계통의 신들 즉「다카미무스비(高御魂)」,「소코츠와다츠미노미고토(底津少童命)」나「도요타마히코(豊玉彦)와 도요타마히메(豊玉姫)」, 그리고「이소라(磯良)」처럼 대마도와 대마도 사람에게 있어서는 당위적, 본질적인 해신계통의 신들은, 보다 사실적으로 배(ウツロ船)나 옹기(甕)를 타고 표착하였다고 하는 신들 즉「요우인(女院)=간자키(神崎)의 전설」,「뇨보우(女房)神=간무스비(神御魂)神社」의 신들보다도 먼저 생성되었다. 그것은 고대인에게 있어 신기루처럼 바다에서 나타난 신들이 후에는 배를 타고 도착하였다고 생각하는 인식의 전환, 다시 말해서 그것은 고대의 어느 시기에 고대 대마도인들의 인식방식에 있어서「추상화에서부터 사실화로의 전환」이 일어났기 때문이며, 이것이 바로「역사의식의 탄생」이라고도 할 수 있을 것이다. 이처럼 신화적 사고에서 환상과 같은 추상적인 것이 사실적인 것보다 선행한

에 생성된 것이다. 또 하늘에서 강림한 신의 경우, 대마도에서는 하늘(天)이라고 하지만, 그것은 어디까지나 하늘에서 땅으로가 아니라 바다에 강림50)하였기 때문에, 이신들도 마찬가지로 한반도에서부터 도래한 신들이다. 즉 대마도에서 하늘이라는 것은, 수평선에 바다와 접하는 하늘이었고, 하늘과 바다에서 출현한다는 것 그 자체는 단지 대마도 내가 아니라 바다 건너 다른 지역에서 건너왔다는 것이며, 여기서의 다른 지역은 주로 한반도이며, 중국이나 남방으로부터 온 것은 드물다.

둘째, 이 「수용형」의 신들은 일본국가 탄생 신화와 관련된 경우가 많다. 원래 대마도 자체가 일본건국 신화의 탄생 무대51)이며, 천조대신(天照大御神)에 상응하는 다카미무스비(高御魂尊)는 대마도주(즉 宗씨 가문)의 조일(祖日)신인 「다카미노무스비(高御魂)」(永留久恵 2009, 3)

다는 것이야말로, 엘리아데의 「본질이 존재를 선행한다(the essential precedes existence)」는 언급이 가리키는 의미일 것이다.(Eliade 1963, pp.92-93)

50) 이점에 대해서는, 나가토메(永留)도 같은 견해를 보여주고 있다. 그는 "일본어(倭語)의 경우, 바다도 하늘도 모두 「아마(アマ)」라고 발음한다…바다 멀리 수평선이…보이는 날과 거친 파도로 인해서 바다와 하늘의 경계가 잘 보이지 않을 때가 있다. 이런 거친 날씨의 경우 「바다평원(海原=アマハラ)」라고 부르는데, 이때는 바다와 하늘이 일체가 된다는 것을 생각해보면, 되는 것을 생각해보면, 이상한 것도 아니다. 다카아마하라(高天原)에서 하늘의 구름(八重雲) 속을 헤치고 강림한 천신도 바다평원에서 여덟 층(八重)의 조류를 넘어서 온 해신도 본래는 미분화된 「하늘의 신(アメノカミ)」은 아니었는가라고 생각한다"고 논하고 있다.(永留久恵 2009, p.5)

51) 『기기』에 등장하는 신대(神代)의 창조신들 즉 시모아가타(下県)의 메이진(名神)신사와 즈즈(豆酘)의 다카미노무스비(高御魂)신사의 주신인 「다카미노무스비=高皇霊」, 또 와타즈미 신사의 「히코히히데미(彦火火出見)」와 「도요타마히메(豊玉姫)」, 그리고 이 두 신의 아들인 「히코나기사다케우가야부키아헤즈(彦波瀲武鸕鶿草葺不合)」만이 아니라, 고후나고에(小船越)의 「아마테라(阿麻氐留)신사」의 주신인 아마데라스오오미카미(天照大神) 등을 보면, 대마도가 일본건국신화의 탄생지이며, 신화 속의 신들의 탄생지로 그려지고 있는 다카아마하라(高天原)는 한반도와 대마도 그리고 현해탄을 가리키는 것이라고 추측할 수 있을 것이다.

이며, 또 일본 개국신인「스사노오노미고토(素盞男尊」52)도 대마도의 토요무라(豊村)에 있는「시마오오쿠니노미고토(島大国魂)신사」의 제신이다.53) 그리고 일본국의 최초의 인격신이자 시조인 신무(神武)천황의 모친에 해당되는「타마요리히메(玉依姫=玉依毘売命)」는 대마도 와타즈미(和多都美)계통 신사의 주신으로 받들고 있다. 이소라(磯良)의 경우도, 건국은 아니지만, 진쿠우(神功) 황후의 신라 정벌과 관련이 있다는 것을 보면, 직접은 아니지만, 건국신화와 관련되어있다. 물론 이런 한반도에서 도래한「수용형」중에는 건국과 전혀 관련이 없는 신화도 있다. 예를 들면, 카미아가타(上県)의 시타루(志多留)마을의 카나구라단(神座壇)이라고 불리는 신산(神山)의 전설에서는, "옛날 시타루 해변에 표주박이 흘러 들어와서, 그 속에서 사람이 나타나 '나는 카라(韓)의 나라에서 왔다. 제발 카라의 나라가 보이는 곳에 나를 두어주었으면 좋겠다'라고 하여 조선이 보이는 산에 두었다"(永留久恵 1988, 54)라고 한다.

셋째, 이「수용형」의 신들의 경우, 실재적 세계 즉 대마도 혹은 일본이라는 실재적 세계의 생성과, 대마도인과 일본인의 존재 근원(다카미노무스비의 경우처럼)을 설명해 주기 때문에, 이 신들은 '성스러운', '현세구제적' 신들이며, 또 이소라처럼 혼란의 상황에 도움을 주어 거친 바다를 잔잔하게 해주는 신도 있다. 여기에 해당되는 신들로는, 시모아

---

52)『개정:대마도지(改訂:対馬島誌)』에는「스사노(素盞男尊本土) 원래 한지(韓地)에 왕래해서 본 섬을 통과하였고, 유적으로 전해지는 곳은 '도요사키(豊崎)마을의 도요섬(豊島)의 머리 부분 장소(頭), 미네(峰)마을의 시타가(志多賀)의 신선(神仙) 등이 있다」라고 기록되어있다.(対馬教育会編 1940, p.201)
53) 물론 일본에서 건국신화와 관련된 신사라고 하면 일반적으로「스미요시(住吉)신사」와「하치만쿠(八番宮)신사」로 되어있으나, 이들을 여기에서 논하게 되면, 국가신도까지 다루어야 되기 때문에, 두 신사에 대한 논의는 차후의 과제로 한다.

가타(下県)의 「다카노무스부(高御魂)신사의 주신」, 도요타마(豊玉)정 니이(仁位)마을의 와타즈미 신사의 「이소라 에비스(磯良エビス)」, 항해 안전을 기원하는 이즈하라(厳原) 항구의 「시카다이묘(志賀大明)신」, 미즈시마(美津島)정 오후나고에(大船超)의 아마가케(網掛) 곶(崎)의 「이소다케라(磯武良)」, 카미쓰시마(上対馬)정 고토사키(琴崎)의 「이소라(磯良)」, 카미쓰시마(上対馬)정 와니우라(鰐浦)의 「아마카미(海神)」를 들 수 있다.

넷째, 그러면 이 신들은 어떻게 해서 신이 되었는가? 이것은 앞서 논한 「고대인의 사고방식」과 「상징 생성의 논리」에 따라서 설명하면 다음과 같다. 예를 들면 「다카미노무스비(高御魂)」와 「이소라(磯良)=이소다케라(磯武良)」가 신이 된 것은, 다카미노무스비의 경우에는, 바다 저편에서 배를 타고 나타난 대상 즉 일상적 대상과는 다른 「환상과 같은 대상」은 당시 고대인에게 있어서 신기한 것으로 인식되었고, 그것이 그들에게는 신비한 힘을 가진 신으로 여기게 된 것이다. 또 이소라의 경우에도, 바다 밑에 빠진 닻을 잠수하여 건져 올려 신공황후를 도와준 모습이 마찬가지로 신기한 모습 즉 「신비한 힘의 소유자」로 인식되어서 신으로 바뀐 것이다. 이소라가 신으로 바뀐 것은 바다에만 의존하여 생활할 수밖에 없었던 당시 사람들에게는 생존을 위해서는 없어서는 안 될, 말하자면 「당위론적 출현」인 것이다.

이런 수용형 단계의 신들은 거의 다 한반도 신화와 관련이 있다. 앞서 논한 다카미무스비노카미(高御巣日神=高皇産霊神)가 대표적이다. 다카미무스비는 일본신화에서는 만령(萬靈)을 생산한 조상신으로서 그려지고 있는데, 이 다카미무스비를 모시는 신사가 대마도 즈즈(豆酘)에 있는 다카미무스비(高御魂)신사[54]이다. 그런데 여기에서 다카미무스비의 출현은 바다에서 나타난 신비한 배에서 비롯되는 것으로서, 여기의 '신비한 배(虛舟)'는 주몽 신화와 혁거세 신화에 등장하는 알(卵) 그리고 박(瓠)과 같은 이미지라고 보는 것이 타당할 것이다. 대마도 신화 중에 바다 저편에서 나타나는 신비한 배 또는 바다 속에서 나타나는 박은 모두 하늘과 연관되어있다고 할 수 있다. 전술한 바와 같이 하늘과 바다가 맞닿은 수평선이 대마도 신화에서는 바로 하늘과 연결되는 것이다.

또 수용형 신화 중에 일본건국신화와 연관성을 갖고 있으면서 한국 신화와의 연결되어있는 것으로 보이는 신이 있다. 바로 일본 창조의 주신인 신무천황의 할머니에 해당되는 와타즈미(和多都美)신사의 제신인 토요타마히메(豊玉姬)이다. 앞에서 본 것처럼, 토요타마히메는 호오리노미고토(火遠理命)와 결혼하여, 우가야후키아에즈(鵜葺草葺不合命)를 생산하며, 우가야후키아에즈는 토요타마히메의 동생인 토요타마요리(豊玉依)와 결혼, 인간 1대 천황인 신무(神武)천황을 생산한다.

여기에서 나타나듯이 토요타마히메는 해신의 딸이라는 점에서, 고구려 주몽의 어머니를 연상시키는데, 주몽의 어머니 유화(柳花)부인은 강을 다스리는 신인 하백(河伯)의 딸이다. 즉 대마도의 일본건국신화의 토요타마히메[55]는 주몽신화에서의 유화부인과 매우 유사하게 그려져 있다.

그러나 와타즈미 신사의 안내 설명서에는 "와타즈미 신사의 정면에서 한반도를 보면, 김해 땅을 가리킨다"라고 되어있는데 『삼국유사』「가

---

54) 원래 다카미무스비 신사는 바닷가에 위치하고 있었으나 현재 위치로 이전하여, 다쿠즈타마(多久頭魂)신사와 함께 있다.
55) 물론 진무천황의 아버지는 토요타마히메가 아니라 여동생인 토요타마요리(豊玉依)와 결혼한 것으로, 토요타마히메는 신무천황의 이모뻘에 해당된다.

락국기」에 의하면, 수로왕의 부인인 허황후(許黃玉, 33-189년)는 원래 인도 아유타국(阿踰陁國)의 공주인데, 많은 종자(從者)들을 데리고 김해 남쪽 해안에 도착한 것(一然;김원중역 2007, 249-251)으로 기록되어 있다.56) 이 허황후의 전설과 토요타마히메의 신화 줄거리에 유사성이 보이는 것은 물론, 카이진 신사가 옛 가야 땅과 가장 가까운 위치에 있다는 점을 보아 가야와의 연관성을 부정할 수 없게 한다. 특히 토요타마히메는 토요다마요리(豊玉依)와 자매로 그려지고 있는데, 『삼국유사』 「가락국기」에는, 허황후의 "잉신(孕臣)이던 천부경(泉府卿) 신보와 종정감(宗正監) 조광은 가락국에 도착한지 30년만에 각자 두 딸을 나았는데... 고국을 그리워하는 슬픔을 지닌 채 고향을 향해 죽으니..."(一然;김원중역, 252)라고 기록 되어있는데, 와타즈미 신사의 토요타마히메와 토요타마요리의 존재와 관련하여 시기와 상황을 고려해 보면, 이들 허황후의 신하의 자매 존재와 와타즈미 신사의 두 자매 존재와의 관련성을 조심스럽게 추론해볼 수 있다고 생각된다.

다음으로 「습합형」에 해당되는 신화이다. 이것들은 한반도에서 전래된 신들이 대마도의 당시 지리적 사회적 환경과 강한 연관성을 가지고 변형된 유형에 해당된다. 이런 유형에 해당되는 신화 속의 신들은 밖(주로 바다)로부터 들어와서 대마도에 토착화된 신앙체계이다. 이런 유형의 신화에서는, 밖(주로 바다)에서 와서 대마도에 토착화한 신들이다.

첫째, 이 유형에 해당되는 신화에서는, 신이 되는 대상이 자연물인 경우가 많고, 거기서 신이 출현한 것으로 되어있다. 물론 대마도 신사

---

56) 현재 경상남도 김해시 구산동(龜山洞)의 고분이 허황후의 능이라고 전하여 오고 있다. 그녀가 인도 아유타국에서 왔다는 것은 불교가 우리나라에 들어온 이후에 윤색된 것으로 보이며 본래의 시조설화에는 왕후가 먼 바다를 건너온 것으로 되어 있지 않았나 생각된다. 이러한 설화는 남방아시아에 많이 있기 때문이다.

전체를 보면 일본의 다른 신사들과 마찬가지로「어폐(御幣)」57)를 신체(神體)로 모시고 있는 신사들이 많다. 그러나 토착형에 해당되는 신화에서는 해변, 곶, 암초, 돌 그리고 상상적 동물도 상징이 된다. 앞의 수용형에서는 대체로 자연물인 신치가 되는 경우는 드물다. 그러나 앞의 수용형 중에는, 예를 들면, 카이진(海神)신사(구 하치만쿠우(八番宮))의 경우만 신체는 금으로 된 형상(2개)와 나무로 된 형상(3개) 등 5개의 형상이 있다58)고 한다. 그러나 수용형인 와타즈미(和多都美)신사의 경우에도,『대마신사지(対馬神社誌)』에서는 "신체의 의미는 알 수 없다"(鈴木棠三 1972, 283) 59)고 되어있고, 그리고 신사(바다에 접하고 있음)의 앞 바다에는 이소라에비스(磯良エビス)를 상징하는 거북등 모양의 암초가 있다. 이「토착형」에 속하는 대마도 신화 중에 가장 많이 등장하는 상징물은 돌, 바위 그리고 범이다.

둘째, 습합형 신화는 건국신화의 주인공이 아니라, 지역의 생활환경과 관련이 있는 경우가 많다. 예를 들면, 대마도 북단 토요우라(豊浦) 오키아이(沖合)에 있는 시이네시마(椎根島)의「시마오오쿠니타마(島大国魂)신사」60)의 흰 물의 전설에서 나오는 백발의 노인61), 히타카츠(比

---

57) 신도 제사 때 사용하는 일종의 위패(位牌)로서, 두 장의 지수(紙垂, 접은 종이)를 대나무나 나무에 끼운 것이다. 통상 지수는 흰 종이로 만들지만, 오색, 금박, 은박을 한 종이를 사용하기도 한다. 옛날 신에게 직물을 올릴 때 나무에 끼워서 받치는 것이 변화하여 현재의 어폐가 된 것이라고 한다. (출처:jp.wikipedia.or)
58)『대마신사지(対馬神社誌)』에는,「신체는 5체, 그 중 두 개는 금상, 3개는 목상(御體五體 内二體は金像 同三體は木像)」이라고 기록되어있다.(鈴木棠三 1972, p.283)
59) 나가토메(永留久恵)에 의하면,『대마주신사대장(対馬州神社大帳)』에는, 와타즈미 신사의 신체에 대해서, "신체 목상, 제신 2좌(神体木像, 祭神二座)"라고 기록되어있다고 한다.(永留久恵 1988, p.39), 재인용.
60)『대마신사지』에는 "시마노카우헤(嶋頭)신사(제신 오오쿠니타마(大国魂尊), 스사노오노미고토(素戔嗚尊)이다. 신체는 백석(神体白石)」이라고 기록되어있다.(鈴木棠三 1972, p.254)
61)『악효기문(楽効紀聞)』에는, 여기에 대해서, "타국의 배가 장작을 줍기 위해서 섬의

田勝) 미우타(三宇田)의 「하나미야고젠(花宮御前)」62)의 전설63)에서는, 신에 해당되는 존재가 초월적, 신비적인 것이 아니라, 일상적 존재로서 그려지고 있다. 즉 이 「토착형」단계에서는 도래한 「수용형」에서의 초월적인 신이 실재화되는 소위 「초월적 존재의 일상화(routinization of transcendental existence)」를 엿볼 수 있는 것이다.

셋째, 습합형 단계의 신들은 두려움과 경외의 존재로 그려진 경우가 많다. 앞의 백발노인이나 하나미야고젠(花宮御前)의 존재도 노우시마(納島)64)의 「나이지마(奈伊島)신사」 전설65) 속의 신도 두려움의 대상으로 그려져 있다. 즉 토착형에 속하는 신들은 밖(주로 한반도)에서 흘러 들어와서 대마도에서는 두려운 존재의 이미지로 토착화된 사례가 많은 것66)이다.

넷째, 이런 습합형에 속하는 신화나 에피소드는 대마도 각지에서 전

산으로 올라갔을 때, 흰 물과 노란 물로 갈라지는 곳이 있어서, 서서보고 있자니, 백발노인이 나타나서 '빨리 돌아가라'고 하기에, 돌아가려고 하자, '이 물은 봤다는 것을 다른 사람에게 말한다면 죽일 것'이라고 해서, '아닙니다. 잊어 버렸습니다'라고 하였으나 그 자리에서 맞아 즉사하였다"는 전설이 있다.(永留久惠 1988, p.31) 재인용.
62) 『대마신사지』에는 "신체 돌이며 높이 6촌, 근청은 알지 못함. 제신은 코노하나사쿠야히메노카미(神体石高六村 勸請不知. 祭神木花開耶姫神)"라고 기록되어있다. (鈴木棠三 1972, pp.252-253)
63) 전설에 의하면, "하나미야고젠(花宮御前)은 배를 타고 흘러 온 귀인(姫君)으로서 많은 재물을 가지고 있었으나, 대마도 사람에게 살해당하고, 소지품 일체를 빼앗긴 후 여기에 매장되었다"고 한다.(永留久惠 1988, p.35) 재인용.
64) 대마도 최남단의 바위섬으로 『대마신사지』에는 "신체 목상 근청 모름(神体木像 勸請不知)"이라고 기록되어있다.(鈴木棠三 1972, p.335)
65) 전설에 의하면, "노우지마(納島)의 신은 여신으로서, 남성을 매우 싫어해서, 뱀을 남편으로 삼고, 머리에 감고 있었다"고 한다.(永留久惠 1988, p.35)
66) 이 외에도, "도노사키(殿崎) 본상의 소나무에 있었다고 하는 흰 뱀의 전설", "카사야마(笠山)의 이무기(우와바미)의 전설", "노우베(濃部)의 이무기", "시이네(椎根) 토요와타즈미(豊和多都美)신사의 8개머리의 뱀 전설"등이 있다.(永留久惠 1988, pp.40-47) 참조.

해져 오고 있으나, 그것들을 자세히 보면, 한 가지 특징이 있다는 것을 알 수 있다. 즉 그것은 흰 백(白, 시로 혹은 시라)을 상징으로 하고 있는 경우에는 꼭 공포와 경외의 이미지로 그려진다는 점이다. 일본 고대 신화나 신사에서 나타나는 시로(シロ)라는 기호가 신라(新羅, 일본어 발음으로는 시라기)와 관련이 있다는 점에 대해서는 이미 여러 학자들이 견해[67]를 제시해 왔다. 대마도 신화나 전설 속에서도 이 시로(白)란 기호가 사용되는 곳이 많으며, 그것도 대개 대마도 북부지역에 집중되어 있다는 점에 주목하지 않으면 안 될 것이다. 토요무라(豊村) 시이네지마(椎根島)의「시마노코우베(嶋頭)신사」의 경우, "저신은 오오쿠니타마노미고토이고, 스사노미고토이며, 신체는 흰 돌(祭神大国魂尊, 素盞嗚也. 神体白石)"(鈴木棠三 1972, 254)이라고 기록되어있는데, 여기에 흰 돌과, 또 그 전설에 등장하는 '백괄노인이나 흰 뱀'은 시라기(新羅)와 관련이 있는 것이다. 또 대마도 최북단에 니시토마리(西泊まり)의 본산의 흰 뱀의 전설에서도 시로(白)가 등장한다. 그 뿐만이 아니라, 대마도 서해안에 접한 카미아가타(上県)정의 가사야마(笠山) 상류의 마쵸도코(魔性所)의 전설에도 '시타에(シラエ)'가 등장하는 등 대마도에는「시라에(シラエ)」또는「시레에(シレエ)」라는 지명이 여러 군데에 있다.(永留久恵 1988, 40-41)「白=シラ」라는 명칭이 나오는 많은 신화나 전설 모두가「시라기(シラギ=新羅)」와 관련이 있다고 단언할 수는 없지만, 해류의 흐름이나 지리적 근접성을 생각해보면, 그 중 대다수의 경우가 신라와 관련이 있는 신이나 인물이라고 추측할 수 있다. 앞서 논한 세 가지 특징과 관련해서 말한다면, 이「습합형」신화 중에서도 특히「시라, 시로(白)」란 기호가 등장하는 것들은, 분명히 신라와 관련이 있는

---

[67] 예를 들면, (出羽弘明 2004, p.754) 그리고 (金達寿 1994, pp.185-187) 참조.

두렵고, 경외의 이미지[68]를 담고 있다고 할 수 있다.

다섯째, 이 습합형 신화의 생성을, 수용형과 비교해보면, 좀 더 사실적인 세계에 다가간 것이라고 생각할 수 있다. 여기서의 신 혹은 두려운 존재가 비일상적인 현상이나 형태라는 점에 있어서는 둘 다 차이는 없지만, 어디까지나 토착형의 경우에는, 당시 대마도 사람들의 사고 속에서는 외부에서 온 두려운 존재(인식대상)[69]이 자기들 지역에 정착하여 (처한 상황), 그것이 고대 대마도사람들의 생활이나 생명을 위협하는 존재로서의 이미지로 그려져서 신의 카테고리로 자리 잡은 것이다. 여기서 이런 유형의 신이나 두려운 존재에 대한 제사는 그런 신들의 노여움을 가라앉히는 의미로 행해진 것이다.

마지막으로「정착형」은 앞의 두 가지 유형보다도, 시간적으로 늦게 생성되었으며, 그 추상화의 정도도 상대적으로 낮은, 다시 말해서 가장 사실성(일상화)이 높은 신화이다. 그 대표적인 사례가 바로 대마도 즈즈(豆酘)의「천도(天道)신앙」이다. 이 천도신앙은 대마도 종교의 독특함을 잘 보여주는 신앙으로서, 일본만이 아니라 한국에서도 많은 연구 관심과 연구결과물[70]이 있기 때문에, 여기에서는 천도신앙의 형성에 있어서 정착(토착화)과정에 초점을 맞추어서 논하고자 한다.

첫째, 대표적인 정착형인 천도신앙(天道信仰)[71]에서 받드는 신 즉

---

[68] 신라(シラギ)와 관련된 것이 두려운 존재로 이미지화된 것은, 「스사노의 본토에서 한지로의 왕래(素盞男尊本土より韓地への往来)」(鈴木棠三遍 1972, pp.109-110), 또 「신공황후의 신라정벌」(宇治谷孟訳注(上) 1996, pp.189-194) 기록으로 추측할 수 있다.

[69] 그것이 두렵다는 것은 당연히 당시 대마도사람들보다 뛰어난 능력과 기술을 가지고 있었기 때문일 것이다.

[70] 한국에서 천도신앙에 대한 연구서로는, (임동권 2004, 99-124), (임동권 1988, pp.173-198), (임동권외 5인 1985, pp.56-63), (노성환 2001, pp.44-47), (현용준 1974, pp.55-65) 등이 있다.

「천도동자(童子)=천도법사(法師)=천도보살(菩薩)」의 출현을 보면, 초월적인 존재가 대마도에 흘러 들어와서, 오랜 기간 살아가는 가운데서, 대마도 환경과 사람들과의 상호작용을 하면서 먼저 습합의 과정을 겪는다. 이 천도신앙의 습합의 역사에 관해서는, 『대마신사지』에 상세하게 기록되어있는데, 나가토메(永留久惠)의 요약과 설명에 의하면, "천동(天童)이란 대마도 고유의 신도를 형성해온 천도신앙의 상징으로서, 신 또는 인간이라고도 불리던 천도동자를 말한다. 그 어머니는 배(ウツロ舟, 바다에 나타난 신비한 배)를 탈고 표착하였는데, 일광(日光)을 통해서 임신하였다[72]고 하는 전설이 있으며, 따라서 천도동자란 태양신(日神)의 아들을 표명하기 위한 이름이다. 이 천도가 법사가 되어서 천도법사라고 불리게 되는 데, 이것은 불교(진언밀교)와의 습합을 통한 변화이며, 일명「천도보살」이라고도 불렀다"(永留久惠 1988, 156-158)라고 한다. 또 그는 "이 천도신앙의 연증행사는 원시적 품종이라고 하는 붉은 쌀(赤米)를 경작하고, 그 곡령(穀靈)을 신(天道)으로 해서 제사를 모시고, 이 영을 계승하는 행사가 중심이 되어서 인간과 신의 일체화를 꾀하게 된다…각 집에는 호타케사마(ホタケサマ)라고 하는 신전이 있으며, 곡령과 조상령(祖靈)을 하나로 보는 시각이 있다"라고 해서, "천도신앙

---

71) 『대마신사지』에는 「천도(天道)」라는 명칭이 나오는 곳이 13개소(사고(佐護)의 미나토무라(湊村), 미네(峰)의 키사카무라(木坂村), 아오미무라(青見村), 고미네무라(小峰村), 토요타마(豊玉)의 다무라(田村), 메이무라(銘村), 사호무라(佐保村), 이즈하라(嚴原)의 나이인무라(內院村), 그리고 즈즈(豆酘)의 천도)이며, 또 천도라는 제사 기록까지 포함하면, 합해서 20개소가 있다.(鈴木棠三 1972, 260, 284, 289, 291, 306, 310, 336, 345) 그리고 (永留久惠 1988, 112-127) 참조.
72) 천도동자의 어머니에 관해서는, 세 가지 다른 전설 즉 '태양(照日)의 달로서의 일광회임설', '신비한 배(ウツロ舟)의 표착설', 그리고 '나이인노우고(內院女御)의 하녀(婢)설'이 있으나, 모두가 일광감정에 의해서 회임하였다는 것에는 차이가 없다.(永留久惠 1988, pp.156-158 참조.

은 태양신과 곡령, 그리고 조상신이 혼연일체가 된 것」(永留久惠 1988, 104-105)이라고 해석한다. 이 언급에서 알 수 있듯이, 천도신앙은 그 생성에 있어서는, 표착신화적 요소(ウツロ舟)와 일광감정(日光感精)신화적 요소(일광에 의한 회임)와의 습합, 그리고 그 신앙의 성격에 있어서는, 나가토메도 지적하는 것처럼, 고대 농경문화(일신(日神)숭배·곡령숭배·조령숭배)와 불교와의 습합(일신과 대일여래(大日如來)의 습합)(永留久惠 1988, 21)의 성격을 잘 보여주는 것이다.

이런 습합의 과정은 고대에 한반도에서 흘러들어 온 고대 신앙체계와 불교가 지역 신앙과 융합의 하면서 천도신앙을 형성하여, 대마도 특유의 신앙체계로 정착하게 되는 것이다.

둘째, 한국 신화와의 관련성이다. 천도신앙에서 감정신화 즉 태양신으로부터의 감정(感精)에 의해서 그 아들을 생산한다는 것에 대해서, 미시나하키히데(三品彰英)는 "일본의 천손강림의 신화(다카아마하라(高天原)의 아마데라스오오미카미=천조대신(天照大神)과 한국의 천자(天子)신화(고구려 주몽의 탄생 신화)와의 사이에는 상당한 차이가 있기 때문에, 이것을 비교하기는 어렵다"(三品彰英 1980, 250-252)고 본다. 그러나 대마도에는 태양신으로부터 감정을 나타내는 신화가, 천도동자 이외에도 시기적으로 훨씬 이전에 해당되는 카미아가타(上県)정사고(佐護)의 「덴도뇨타이미야(天道女體宮)」(신체의 복부에 둥근 해무리를 안고 있는 여신상)이 있다. 이런 대마도 신화와 한국 건국신화에서 나타나는 하늘로부터의 감정을 통한 탄생에는 원리적으로는 차이가 없는 것으로 보인다. 다만 새로운 영웅 혹은 신의 탄생의 목적에 따른 신화생성에서의 차이는 분명히 있다.

고구려의 주몽 탄생에 관해서는 『삼국사기』와 『삼국유사』에 전해지고 있는데, 주몽의 아버지 '해모수(解慕漱)'는 천제(天帝) 혹은 천제의 아들로 기록되어있다. 해모수가 하백(河伯)의 딸 유화(柳花)를 부인으로 삼아 낳은 알(卵)에서 주몽이 탄생하게 되고, 또 신라의 혁거세 역시 감정에 의한 회임이란 기록은 없지만, 하늘에서 내려온 백마의 알에서 탄생한 것이다. 여기서의 알(卵)과 대마도 천도동자의 어머니가 타고 표착했다는 신비로운 배(虛船)와 대마도 표착신화에 자주 등장하는 박(瓠)는 거의 유사한 이미지임에 분명하다. 즉 배나 알, 그리고 박은 모두가 신비로운 생명 탄생의 모태를 가리키는 것이다. 이런 점에서 본다면, 대마도 천도신앙, 사고(佐護)의 덴도뇨타이미야(天道女體宮) 신의 원형은 한국의 탄생 신화와 거의 같은 계열에 속하는 것이다. 즉 다시금 대마도가 고대 대륙의 신앙체계의 중계지 내지 수용지라는 점을 알 수 있다.

그러나 양측의 신화에서 등장하는 신 내지 초월적 영웅의 탄생 목적에는 분명한 차이가 있는데, 고구려와 신라의 경우, 국가권력자 즉 왕의 정당성과 그 지배의 타당성이란 정치적 차원에서 만들어진 것이지만, 대마도의 천도신앙을 비롯한 천신과 관련하여 탄생한 신, 영웅들은 이런 정치적 차원의 목적을 위해서는 아니라는 점이다. 이것은 고대 대마도에는 신격(神格)의 전환 즉「여성원리로부터 남성의 원리로의 전환」은 일어나지 않았고, 따라서 대마도에서의 독립적이고 통일적 정치적 공동체가 형성되지 않았다는 점에 기인하는 것이다. 특히 시대가 뒤떨어진 천도신앙의 경우에는 일본본토에 이미 고대국가가 형성되어 안정적인 상태에 있었다는 점을 생각하면, 천도법사 신앙은 역시 지역의 직능신 수준에 머무를 수밖에 없는 것이다.

셋째, 천도신앙에서의 신의 경우에는, 앞의 두 가지 유형과 비교해서,

상대적으로 사실성이 높게 나타난다. 앞의 두 가지 유형을 보면, 도래한 신과 신앙체계를 그대로 받아들이는 「수용형」의 신들은 매우 추상성이 높고, 또 「습합형」의 신들도 일상화 현상은 나타나지만, 어느 정도는 추상적으로 그려져 있다. 그러나 이 「정착형」인 천도신앙의 경우에는, '동자'에서 '법사'로 그리고 '보살'로 신의 상징이 변화하였다는 것은, 그 신의 추상성이 시간이 흐름에 따라서 사실화되어 갔다는 것을 보여준다고 생각된다. 즉 태양의 아들인 동자가 법사가 되고 보살이 되는 과정은 신의 이미지의 추상성이 사실성으로 바뀌어 가는 과정이며, 일광감정에 의해서 태어난 동자(추상적 단계)가 법사·보살(사실적 단계)로 변화한 과정을 보여주는 것이다. 또 이 동자·법사·보살로의 변화는 매우 중요한 의미를 가지고 있다. 즉 천도신앙의 숭배대상이 시간이 흐름에 따라서 변모하는 이미지로서 그려지고 있는 것은, 드디어 대마도인들의 사고 속에 「역사의식」이 형성되어가는 것을 보여주고, 또 그 인식대상이 실재인물[73]로서 역사에 등장하여 세속세계에 존재[74]하게 되는 것이다.

넷째, 「정착형」인 천도신앙은 무엇보다도 「생활에의 밀착성」을 특징으로 하고 있다. 이 생활에의 밀착성은 당연히 사실성과 관련이 있으나, 천동 혹은 천도법사에 관한 기록 속에는 "붉은 쌀(赤米)이란 고대의 씨앗을 천동이 가져왔다"는 전설과, "문무(文武)천황의 치병"의 기록에서

---

73) 『개정:대마도지(改訂:対馬島誌)』는 천도법사에 대해서, "황기(皇紀)1,333년 천무(天武)천황 원년(674年), 천도법사 시모아가타(下県)군 쿠다무라(久田村) 즈즈나이인(豆酘内院)에서 태어나다"(対馬教育委員会編 1940, p.214)라고 기록되어있다. 여기에 대해서 나가토메(永留氏)는, 중세 신불습합 시대에 "신앙의 상징으로서 천도동자라고 칭하는 신인(神人)의 출현을 논하고, 그 사적을 날조한 설화이다"라고 본다.(永留久恵 1988, p.108)
74) 법사의 세속적, 사실적 유래 또 신불습합의 역사에 대해서는, (鈴木棠三 1972, pp.106-112) 참조.

도 알 수 있듯이, 천도법사는 세속세계에서 비범한 힘을 가진 능력자이며, 결코 눈에 보이지 않는 신비력을 가진 초월적 세계의 존재로 그려지는 것이 아니라는 점이다. 이런 세속세계에서의 비범한 존재라는 것은 「성스런 존재의 세속화(secularization of the sacred)」를 보여주는 것이며, 이 과정을 통해서 천동은 천도법사가 되고, 또 형식화된 제도 속으로 편입 즉 천황으로부터 다카라노죠우닌(寶野上人)이란 호와 보살(菩薩)의 호를 받은 것75)으로 인해서 「천도보살」이라는 인격신(人格神)이 된 것이다.

다섯째, 천도신화는 신으로서의 이 천도법사는, 「환경-인간들-인식대상과의 상호작용」이 가장 빈번하게, 그리고 밀접하게 이루어지는 과정에 의해서 생성되고 변화된 것이다. 즉 이 천도법사가 법사로 모셔지는 신이 된 것은, 도래한 신이 대마도에서 토착화(대상)해서, 그리고 지역환경과 사람들과 오랜 기간 동안에 걸쳐서 상호작용을 하는 가운데 하나의 신앙체계로 자리 잡은 것이다. 물론 이런 흔적에 관한 기록(일본서기나 대마도 사료)이 날조되었거나 가공적일 수도 있다. 그러나 더욱 중요한 것은 이런 기록이 중세에 쓰여 졌다는 것은, 오히려 중세가 되어서야 천도신앙이 대마도에서 하나의 종교적 권위로서 자리 잡게 되고, 그것이 적어도 대마도 내에서의 정치적 권력과 연관되었을 것이라고 추측할 수 있는 하나의 단서가 될 수 있는 것이다.

---

75) 문부(文武)천황의 치병을 위해서, 「비행술로 대마도 나이인(內院)에서 잇키(壱岐)의 고시로야마(小城山)로, 게다가 황궁(帝都)의 정문(金門)으로 날아간 후에, 거기서 천황을 위해 기도 17일간 하자, 서서히 천황의 병이 나았다. 천황은 법사의 법력에 감동하여, 다카라노죠우닌(三野上人)과 보살의 호를 받았다」(鈴木棠三 1972, pp.107-108)는 것은 형식화된 천황의 통치제도에 의해서 법사의 신분이 높아졌다는 것을 의미하며, 그런 점에서 이것도 일종의 「신성함의 세속화」현상일 것이다.

 5 대마도의 고대 신앙체계와 한반도

앞에서 살펴본 바와 같이, 고대 한일 간에는 대륙문화가 한반도를 거쳐서 일본으로 전파되는「대륙⇒한국⇒일본」루트를 통해서 전파되었다. 이 루트에서 중요한 지리적 요충지로서 대마도가 자리 잡고 있다. 한반도에서 대마도를 경유하여 일본본토로 전파되는 종교, 신앙 체계는 일단 대마도를 거친 것으로 보이며, 또 대마도의 신사 조사에서 확인된 것처럼, 대마도는 신화에 대한 사실적 해석에 의하면, 고대 일본 건국신화에서 일본의 신들이 탄생하는 다카아마하라(高天原)로 추정되는 것처럼, 한반도 고대신앙이 일본으로 건너가는 중계지 였던 것이다. 따라서 대마도의 신사(神社)의 신들에 대한 에피소드나 대마도 각 지역의 전설과 우화 속에는 한반도의 고대 신앙체계의 흔적이 많이 남아있다는 것을 알 수 있다.

고대 한반도에서 일본으로 전파된 고대 신앙체계를, 그것의 존재유형으로는「생산형」,「경외형」그리고「구제형」으로 나누고, 이 각각을「교류유형」단계에 따라서 표로 정리하면 다음과 같다.

<표 3> 고대 신앙체계의 교류유형 단계

교류유형	존재유형		생산형	경외형	구제형
수용		시기	• 고대		
		대상화	• 초월적 존재		
		기능	• 만물(만신)의 창조		
	해당신앙체계		• 천황생산 - 천황1대 선무천황의 모계 토요타마히메(豊玉姬)의 탄생 - 일광감정설(≒고구려 신화) - 강림(天=수평선) - 상징: 배(虛舟)=알(卵), 박(瓠)(≒신라 혁거세 신화) - 표착(≒가야 허황후) • 창조신 - 다카미무스비(高御魂) - 신화에서 만물(만신)을 생산하는 신 • 스사노(素戔嗚尊) - 한지(韓地)로부터 씨 가져옴 - 이즈모(出雲)로 출정 - 이즈모신화의 주인공		
습합		시기		• 고대	• 고대
		대상화		• 두려운 존재	• 기능적 카리스마 소유자
		기능		• 도덕, 윤리의 근원제공	• 재난으로부터의 구원
	해당신앙체계			• 신라(新羅, 시라=白)계통의 신 - 시이네지마(椎根島) - 하나미야고젠(花宮御前) - 마쇼도코(魔性所) - 초월적 능력에 대한 두려움	• 이소라(磯良=磯武良) - 잠수 능력(바다의 신) - 구원 기원 대상 - 신라 호(瓠)공과 연관성 『삼국사기』

정착	시기			• 중세(7세기) 이후
	대상화			• 기능적 카리스마 소유자
	기능			• 현세이익, 구제(치병, 주술)
	해당신앙 체계			• 천도동자(법사) - 탄생:일광감정설(고대 신앙) - 불교와 습합: 동자에서 법사 - 곡령신앙과 습합:적미(赤米)의식

첫째, 생산형이면서 수용형에 해당되는 것은 카이진(海神)신사의 토요타마히메이다. 전술한 바와 같이 토요타마히메의 전설은, 신무천황의 부에 해당되는 우가야후키아에즈(鵜葺草葺不合命)를 생산하였다. 이것과 한반도의 고대 건국신화와 비교해 보면, 한반도의 건국신앙(고구려 주몽 탄생 신화)에 등장하는 천신 해모스(解慕漱)와 강의 신인 하백(河伯)의 딸 유화(柳花)부인의 전설이, 일본 최초의 인격신인 신무(神武)천황의 어머니 즉 토요타마히메의 신화와 매우 유사하다는 점이다. 즉 두 신화 속에 등장하는 유화부인은 주몽을 생산하였고, 또 토요타마히메는 신무천황의 부에 해당되는 우가야후키아에즈를 생산하였다는 점에서 고구려와 일본건국신화와의 연관성을 추정할 수 있다. 이 대륙의 천신과 해신(하백은 강의 신) 즉 하늘과 강 사이에서 주몽과 신무천황이 탄생한 것으로 그려지고 있는 것은, 대륙의 탄생신화가 한반도를 거쳐 대마도를 경유하여 일본열도로 전파되어, 후에 일본본토의 지역신 즉 「신도(神道)와의 습합」을 통해서 일본 건국신화의 중심으로 자리 잡았다는 것을 알 수 있다.

그러나 이런 사료에 기초한 건국신화 비교와는 달리, 역사사회학적 방법으로 해석을 하자면, 토요타마히메의 에피소드는 오히려 가야와 밀접한 관련성을 가지고 있다고 볼 수 있을 것이다. 즉 카이진 신사와 와타즈미 신사의 인문지리적 위치와 함께, 두 여신들의 창조 형태, 그리고 가야와의 관련성을 나타내는 에피소드 등을 감안할 때, 토요타마히메의 신화는 고구려의 신화와의 관련성보다는 가야와 역사사회적 사실적 관계가 강하다고 추측할 수 있을 것이다.

둘째, 수용형이면서도, 토요타마히메처럼 일본의 창조신을 생산한 생산형에 속하지는 않지만, 건국신화의 중심적 신으로 활약한 스사노노미고토(素戔嗚尊)가 있다. 그는 한지(韓地)에서 씨를 가져왔다고 전해지는데, 이것은 곡령신앙의 일종으로 볼 수 있다. 곡령신앙의 경우, 『삼국지』「위지동이전」에, 고구려에서는 "...오곡신도 모신다"는 기록에서도 알 수 있듯이, 당시 고구려에는 곡령신앙이 있었고, 이것 또한 천신신앙과 함께 한반도를 거쳐 일본으로 전파되었을 것이라고 추측할 수 있다. 또한 신라에도 마찬가지로 차차웅의 경우 신궁에 제사를 모시면서 곡령에 대한 기원도 한 것으로 추정된다.

셋째, 존재유형으로는 경외형에 속하고, 교류유형으로는 습합형에 해당되는 것으로는, 대마도에 전해오는 신라와 관련있는 신앙체계를 그 예로 들 수 있다. 여기에 해당되는 신앙체계로서는, 토요우라(豊浦) 시이네지마(椎根島)의 두려운 백발노인 전설, 하나미야고젠(花宮御前)의 저주 전설, 그 외 마쇼도코(魔性所)의 요괴담과 시모아가타(下県) 시이네(椎根) 마을의 뱀 전설 등이다. 이런 신들의 출현은 바다와 접하거나 강에 접한 지역이 되며, 그리고 지역과의 상호작용을 하면서 습합적 성격을 띠게 되며, 또 두려운 존재로 대상화되며, 신성함을 해하는 불경함에 대해 제재를 하는 일종의 드덕적 덕목을 암시하고 있는 것이다.

넷째, 존재유형으로는 구제형에 속하고, 교류유형으로는 습합형에 속하는 신앙체계로서 이소라가 있다. 『기·기』에는 이소라는 단지 신공황후의 신라정벌에 황후를 도와준 인물로만 그려져 있고, 창조신화와는 관련성이 없다. 이소라는 뛰어난 잠수능력을 갖춘 인격신으로서, 대마도와 규슈 지역에서는 바다의 신으로 받들어지고 있다. 이소라는 위의 신라와 관련있는 경외형 신들과는 달리 초월적인 능력으로 현세에 이익을 주는 존재이다. 그리고 와타즈미 신사 앞 해변의 거북등 모양의 바위를 그 상징물로 하고 있다는 점은, 도래한 신이 대마도의 고유한 애니미즘 혹은 토테미즘 신앙과 결부된 형태를 취하고 있는 습합형에 해당된다.

다섯째, 시기적으로 가장 늦으면서 습합의 과정을 겪으면서 토착화 즉 정착화된 신앙체계로 「천도신앙」이 있다. 이것은 지리적 위치로 인해서 흘러 들어오는 여러 신앙체계가 융합된 형태로 나타난 것으로 보인다. 천도신앙이 대마도에서 언제부터 나타났는지에 관한 정확한 기록은 없으나, 천도동자의 탄생은 674년(対馬敎育委員会編 1940, 214)이라고 한다. 이 시기에는 이미 대마도에는 불교가 전래[76]되어 이미 100여년이 지난 후이다. 이때에는 일본본토에는 천황중심의 정치체제가 완비되어있었고, 따라서 대마도도 일본의 통제를 받던 시기이기도 한다.

천도신앙은 이런 정치·사회적 상황 하에서 형성된 것이다. 따라서

---

76) 전술한 바와 같이, 현재 대마도 수선사(修善寺)의 유래를 보면, 백제로부터 일본에 불교가 전해진 직후인 552년에, 백제로부터 비구니(법명은 法明)가 와서 이 절을 세웠고, 당시 법명이 가지고 온 불서(阿彌陀經), 가사(袈裟), 수정(瑪瑙)염주가 전해져 왔으나, 亨保(1716-1736년) 시기의 화재로 인해서 소실하였다고 한다. (中川延良, 鈴木棠三校注 2004, pp.376-377)

천도신앙은 과거 대륙으로부터 흘러 들어온 고대 신앙체계 즉 일광감정설(탄생 전설)과 곡령신앙(의식) 그리고 불교(법사의 명칭)가 융합하여 형성된 습합형 신앙체계인 것이다. 이 습합의 과정도 그 명칭의 변화 즉 「동자」에서 「법사」 그리고 「보살」로의 변화에서 알 수 있듯이, 신앙체계 자체도 고대신앙과 불교신앙이 시간적으로 융합하였다는 것을 알 수 있다.

> 본고는 (2012)「相互作用論的観点による対馬神話の類型分類とそのシンボルの解釈」『日本近代學研究』, 第37輯, (2012)「構成原理와 存在樣式으로 본 對馬島神話 傳說 속의 神들의 性格」『韓日関係史研究』, 第42輯, (2014)「宗教社会学的にみた日本の仏教受容と日本仏教の成立」『日本近代學研究』, 第42輯, (2016)「종교문화 교류유형으로 본 일본의 유교 수용과 습합 및 정착과정」『日本近代學研究』, 第52輯에서 발표한 논문에서 발췌 및 보완한 것이다.

동아시아연구총서 제4권
동아시아 종교와 마이너리티

중국특색사회주의 종교이론의 고찰

강경구(姜京求)

동의대학교 중국어학과 교수, 동의대학교 교양대학 학장으로서 중국문학 및 중국불교의 연구와 교육에 종사하고 있으며, 『두 선사와 함께 읽은 신심명』, 『서유기와 마음관찰 여행』, 『시진핑시대, 중국 종교정책과 신종교사무조례』(공저) 등의 저서와 다수의 논문이 있다.

김경아(金敬娥)

중국사회과학원에서 박사·학위를 취득하였다. 현재 동의대학교 디그니타스교양교육연구소 연구원으로 재직하고 있으며, 『중국막우와 소설』(저서), 『시진핑시대, 중국 종교정책과 신종교사두조례』(공저), 『일본전설』(역서) 외 「중국 종교정책과 법치화수준의 제고」 등 다수의 논문이 있다.

 서론

중국특색사회주의 종교이론은 중국식 사회주의와 중국식 종교라는 두 가지 내용을 포함한다. 또한 그것은 사회주의 중국의 종교에 대한 정책의 변화는 물론, 종교의 사회주의화 또는 종교의 중국화 지향을 가장 여실하게 담아가고 있는 현재진행형1)의 정책기조를 가리키는 명칭이기도 하다.

그것은 덩샤오핑(鄧小平)의 창안인 중국특색사회주의로부터 출발한다. 제12차 당대회 이후 중국공산당은 중국사회의 주요모순이 계급 간 모순에서 물질문화에 대한 인민의 커가는 요구와 중국사회의 낙후한 생산력 사이의 모순으로 전환되었다고 선언한다. 그리하여 국가의 제1과제를 생산력 발전에 두고 이를 위해 해결해야 할 일련의 현실적 과제와 방법을 제시한다. 그것은 중국의 특색을 가진 사회주의(有中國特色的社會主義)(80년대) → 중국특색 있는 사회주의(有中國特色社會主義)(90년대) → 중국특색사회주의(中國特色社會主義)(2000년대)로 표현이 명사화되는 길을 밟으면서 중국의 고유한 정치사상으로 형성되었다.

중국특색사회주의 종교이론은 이러한 중국특색사회주의의 종교버전으로서 2016년 4월 전국종교공작회의에서 시진핑에 의해 그것을 견지하고 발전시켜야 한다는 과제가 공식으로 제기된다. 그렇다고 그것이 시진핑의 창안인 것은 아니다.2) 이미 '사회주의적종교론'3), '중국화된

---

1) 그것은 개방체계를 갖고 있다고 평가되며 완성형이 아님을 강조하고 있다. 이에 대해서는 陳宗榮,「中國特色社會主義宗教理論堅持和發展」,『中國宗教』, 2016.06, p.21.
2) 오히려 王作安은 이 중국특색사회주의 종교이론을 창안한 공이 덩샤오핑에 있다고

마르크스주의 종교관[4] 등과 같은 다양한 용어가 제시되어 관련된 활발한 논의가 이루어진 바 있고, 중국특색사회주의 종교이론이라는 용어만 해도 2000년대 초중반에 이미 제시되고 있기 때문이다. 이와 관련하여 2004년 후즈젠(胡志堅)의 논문이 보이고,[5] 2005년 이 명칭과 덩샤오핑 이론의 상관관계를 논하는 허링(何玲)의 글[6]도 보인다.

그러므로 여러 측면에서 중국특색사회주의 종교이론은 덩샤오핑에게서 시작된 중국특색사회주의 이론체계의 일부[7]에 해당한다고 보아야 옳다. 다만 현재의 중국특색사회주의 종교이론은 종교에 관한 기왕의 논의를 적극 수용하며 그 내포와 외연을 부단히 확장해가는 과정에 있어 과거의 그것과 차별성 및 동질성을 갖는다는 점에 주목할 필요가 있다.

이에 대한 논의가 본격화된 것은 중국특색사회주의 종교이론의 교과

정리하기도 하였다. 王作安,「鄧小平對中國特色社會主義宗敎理論的開創之功」,『中國宗敎』, 2014.09.
3) 社會主義的宗敎論은 2003년에 적극적으로 제기된 용어이다. 國家宗敎局의 국장이었던 葉小文의「社會主義的宗敎論」이 2003년 1월에 발표된 뒤 2003년-2004년 사이에 관련논문이 집중적으로 발표된다. 논문의 내용이 대동소이하고 2003년 집중 발표된 이후 새로운 논문이 별로 보이지 않는 것으로 보아 국가종교국의 기획에 의한 연구였음을 알 수 있다. 사회주의적종교론은 냉전종식 이후의 급격한 국제관계의 변화와도 관련이 깊다.
4) 중국화된 마르크스주의 종교관(中國化的馬克思主義宗敎觀)이라는 용어는 2005년 경부터 나타나 2016년 최근까지 자주 쓰인 것으로 파악된다. 2007년 발표된 何虎生의「中國化的馬克思主義宗敎觀硏究」등 수십 편의 관련논문이 발표된 바 있다.
5) 胡志堅,「中國特色社會主義宗敎理論初探」,『新疆社科論壇』第1期, 2004.02.
6) 何玲,「鄧小平理論在中國特色社會主義宗敎理論中的地位及其影響」,『靑海社會科學』, 2005.05.
7) 중국특색사회주의 이론체계라는 용어는 공산당 제17차 대회(2017)에서 제시되었다. 龔學增은 이것이 중국공산당의 실천적 성과의 총합을 통칭하는 말이라고 정리한다. (把黨在改革開放以來中國特色社會主義偉大實踐中形成的馬克思主義創新理論成果,卽鄧小平理論、"三個代表"重要思想以及科學發展觀等重大戰略思想整合爲一個統一整體, 統稱爲"中國特色社會主義理論體系")이에 대해서는 龔學增,「試論中國特色社會主義宗敎理論體系」,『西南民族大學學報』(總第 207期), 2008.11, p.144 참조.

서에 해당하는 『중국특색사회주의종교이론학습독본』8)이 출판될 즈음의 일이다. 2010년 국가종교사무국에서 집필진을 구성하여 이 책의 집필을 시작할 당시의 최초제목은 『마르크스주의종교 간부독본』이었다. 이후 거듭된 토론을 거치면서 2011년 책의 제목이 현재와 같이 조정되었다. 그러니까 시진핑은 중국특색사회주의 종교이론의 1차 완성본을 전달받은 입장에서 이를 견지하고 발전시킬 새로운 책무를 자임한 것이다. 그럼에도 이와 관련된 정책적·학문적 논의가 시진핑 이후에 집중되어 나타나고 있다는 것은 주목할 필요가 있다. 그것은 종교인구의 증가, 종교인 구성의 변화, 종교간 균형의 변화, 종교와 관련된 외국과의 관계 변화, 종교로 인한 내외 모순의 다변화 등 새로운 상황의 변화와 관련이 있다. 이 점을 고려하여 시진핑은 2016년 4월 22일-23일, 양일간 개최된 전국종교공작회의에서 다음과 같이 강조한다.

> 새로운 상황 하에서 우리는 중국특색사회주의 종교이론을 견지하고 발전시켜야 합니다. 당의 종교사업에 대한 기본방침을 관철하되 우리나라 종교사업의 경향을 분석하고, 종교사업이 당면하고 있는 새로운 상황과 새로운 문제를 연구하여 종교사업의 수준을 전면적으로 끌어올려야 합니다. 그리하여 많은 신앙인 대중들을 전국의 인민과 함께 결합시켜 두 개의 100년이라는 분투목표를 실현하고 중화민족의 위대한 부흥이라는 중국의 꿈을 실현하기 위해 분투해야 합니다.9)

---

8) 國家宗教事務局黨組理論學習中心組編著, 『中國特色社會主義宗教理論學習讀本』, 宗教文化出版社, 2013.12.
9) 新形勢下, 我們要堅持和發展中國特色社會主義宗教理論, 全面貫徹黨的宗教工作基本方針, 分析我國宗教工作形勢, 研究我國宗教工作面臨的新情況新問題, 全面提高宗教工作水平, 更好組織和凝聚廣大信教群衆同全國人民一道, 爲實現"兩個一百年"奮鬥目標、實現中華民族偉大複興的中國夢而奮鬥. 習近平, 「全面提高新形勢下宗教工作水平」(新華網, 2016.04.23.), http://news.xinhuanet.com/politics/2016-04/23/c_1118716540.htm

이러한 시진핑의 진단에 따라 국가종교사무국에서는 2017년 5월 16일-17일, 양일간 정저우(鄭州)에서 전체 종교부서와 종교계, 그리고 학계를 망라하는 토론회를 개최한다. 전국의 종교사무 책임자와 종교단체 대표자는 물론 중국사회과학원, 중국인민대학 등의 전문가들이 함께 한 전국규모의 토론회였다. 이 토론회는 중국특색사회주의 종교이론이 국가종교사무의 기본정신으로 확립되었음을 알리는 지표가 된다.

중국의 공식적 표현과 같이 중국특색사회주의 종교이론은 마르크스주의 종교관에 바탕하여 당면한 현실문제에 대응한 중국적 실천의 결과를 통칭하는 말이다. 이론의 핵심은 마르크스주의 종교관으로서 종교의 장기성과 대중성을 인정하는데 있다. 중국특색사회주의 종교이론은 이를 핵심으로 고려하면서 다양하게 제기되는 현실적 문제들에 대응하는 방식으로 그 영역을 확충하여 왔다. 이론의 창안주체들은 이것을 원칙의 견지와 실사구시적 실천이 통일된 결과물이라 자평한다. 이와 관련하여 어떠한 현실문제에 대응하여 어떠한 이론이 창안되었는지를 살펴보는 일은 매우 흥미로운 일이 될 것이다. 본고에서는 중국특색사회주의 종교이론의 형성과정과 내용적 특징에 대한 고찰을 통해 그것의 지향점을 살펴보고, 그에 대한 비판적 의견들을 살펴봄으로써 중국 정신문화의 현재와 미래를 가늠해보는 자료로 삼아 보고자 한다.

 2 중국특색사회주의 종교이론의 형성

계급모순을 인류의 주요모순으로 규정하고 그 해결방안을 제시하고 자 했던 공산주의 사상에 있어서 종교는 불편한 의식형태였다. 종교가 피압박 민중의 탄식임에 분명하지만 항의와 저항의 길이 아닌 포기와 수용의 길을 제시함으로써 해방운동의 동력을 약화시킨다고 판단하였 기 때문이다. 종교가 인민의 아편(마르크스), 정신계의 싸구려 술(레닌) 로 규정된 것도 이러한 사정과 무관하지 않다. 공산주의의 이상을 중국 에 구현하고자 하였던 중국의 공산당 역시 종교를 계급소멸과 함께 소 멸될 반동적 의식형태로 규정하였다. 그럼에도 중국공산당의 초기부 터 종교의 자유는 계속 보장10)되었다. 마르크스사상에서 인정하는 바 와 같이 그것이 인류와 시말을 같이 하는 장기성을 갖는다는 점, 다양 한 대중을 포용하는 통일전선의 구축에 지대한 영향을 끼친다는 점을 중시하였기 때문이다. 다만 이것은 종교자체의 가치에 대한 인정이라 기보다는 종교의 현실성과 정치적 효용성에 대한 소극적인 용인에 가 깝다.

이후 종교문제 처리의 경험이 축적됨에 따라 중국공산당은 점차 소

---

10) 1931年11月5日, 중화소비에트 제1차전국대표대회에서 통과된 『中華蘇維埃共和 國憲法大綱』제13조에 인민의 신앙자유를 보장하는 조항(中國蘇維埃政權以保障 工農勞苦民衆有真正的信教自由爲實際目的)이 포함되었고, 1945년 중국공산당 제 7차전국대회에서 마오쩌둥은 정치보고 「論聯合政府」를 통해 종교신앙의 자유(根 據信教自由的原則, 中國解放區容許各派宗教存在. 不論基督教、天主教、回教、 佛教及其他宗教, 只要教徒們遵守人民政府法律, 人民政府就給以保護. 信教的和 不信教的各有他們的自由, 不許加以強迫或歧視)를 역설한다. 중국이 공산화된 뒤에는 「中華人民共和國憲法」과 중국인민정치협상회의의 「共同綱領」에 종교신 앙의 자유가 명기된다.

극적인 차원에서 적극적인 차원으로 종교를 인정하는 정도를 높혀 간다. 류샤오위(劉曉玉)는 대체로 그것이 반동적 의식형태 → 사회역사문화 현상 → 인류문명의 구성부분으로 인정의 수준을 높여 나아가는 변화의 궤적을 그려왔다고 정리한다.

> 종교가 무엇인가 하는 문제에 대해 중국의 공산당은 ……종교는 반동적 사회의식형태라는 판단으로부터 그것이 일종의 사회역사문화현상이라는 인식에 도달하였고, 결국 종교를 인류문명의 구성부분으로 인정하는 심화, 발전, 완성의 역사적 과정을 거쳐왔다.11)

중국공산당의 종교에 대한 이러한 관점의 변화는 새로운 상황에 대한 대응과 밀접하게 관련되어 있다. 공산당의 정권장악 초기에는 계급투쟁과 인민해방이 현실적 당면과제였고 또한 정치지향의 핵심이었기 때문에 종교는 반동적 의식형태로서 조만간 소멸될 관념으로 다루어졌다. 또한 인위적 운동의 힘을 과신했던 문혁시기에 종교는 강제적 소멸운동의 대상이 되기도 하였다.

종교를 반동적 사회의식형태로 규정하는 공산당의 이러한 관점에 변화가 일어난 것은 덩샤오핑의 경제건설 제일주의의 원칙이 채택된 1978년 제11대 3중전회 이후의 일이다. 바로 중국특색사회주의가 기치를 내건 시기로서 종교에 대해서도 덩샤오핑은 문혁의 극좌적 노선에 대한 철저한 비판과 함께 종교에 대한 일련의 온건한 지침을 수립한다.

---

11) 對宗敎是什麽的問題, 我們黨經歷了從 ……判定宗敎是一種反動的社會意識形態 到認爲宗敎是一種社會文化現象 直至肯定宗敎是人類文明組成部分這樣一個不斷深化、發展、完善的歷史過程. 劉曉玉 「中國特色社會主義宗敎理論的新成果――十八大以來習近平關于宗敎問題系列講話精神解讀」, 『黃河科技大學學報』, 2017.03, p.44.

특히 1982년 이른 바 19호 문건[12]은 종교가 장기적으로 존속하는 특징을 지니고 있다는 점을 인정하는 것에서 시작하여 종교에 대한 적극적 인정의 논리를 제시하고 있어 주목을 요한다. 이 문건에서는 종교가 단순한 관념이 아니라 사회역사현상으로서 종교신앙, 종교감정, 종교의식, 종교조직이 모두 실재하는 현상[13]이라는 점을 강조하고 있다. 종교가 고유의 원리에 따라 생성·변화·발전하는 실제적 현상이라고 보는 이러한 관점의 변화는 비록 종교자체의 가치를 인정하는 것은 아니지만 사회주의적 종교관의 혁신이라 할 만하다. 이러한 종교관에 기초하여 19호 문건은 종교에 대한 인위적 소멸운동의 오류를 지적하면서 종교신앙의 자유를 재천명한다. 종교에 대한 소극적 용인에서 적극적 인정으로의 방향선회가 이루어진 것이다. 그런 점에서 중국특색사회주의 종교이론이라는 전체 여정에서 19호 문건은 특별히 중요하게 다루어져야 하는 것이다. 이는 중국의 학자들이 공통으로 인정하는 점이기도 하다.

그럼에도 19호 문건은 종교에 대한 통제와 보장이라는 모순된 두 가지 지향을 함께 담고 있다는 점에서 중국특색사회주의와 맥을 같이 한다. 그것은 행정명령이나 강제적 수단에 의한 소멸운동의 착오를 지적[14]하는 동시에 종교에 대한 방임적 태도를 경고한다.[15] 그리하여 전

---

12) 1982년 중공중앙에서 발표한「關于我國社會主義時期宗教問題的基本觀點和基本政策」은 中發19號로 발표된 문건이라는 뜻에서 19號文件으로 지칭한다.
13) 宗教是人類社會發展一定階段的歷史現象, 有它發生、發展和消亡的過程. 宗教信仰, 宗教感情, 以及同這種信仰和感情相適應的宗教儀式和宗教組織, 都是社會的歷史的産物.「關于我國社會主義時期宗教問題的基本觀點和基本政策」(正保法律教育網, 1982.03), http://www.chinalawedu.com/falvfagui/fg22598/5441.shtml
14) 那種認爲依靠行政命令, 或其他强制手段, 可以一擧消滅宗教的想法和做法, 更是背離馬克思主義關于宗教問題的基本觀點的, 是完全錯誤和非常有害的.「關于我國社會主義時期宗教問題的基本觀點和基本政策」(正保法律教育網, 1982.03),

체 문건은 좌적·우적 편향을 함께 극복하고자 하는 수사법으로 가득하게 된다.

1993년에는 '종교자유방침, 법치 방침, 사회주의사회 적응방침'을 내용으로 하는 장저민(江澤民)의 세 마디 말(三句話)16)이 제시된다. 19호 문건이 종교의 시민권을 인정한 것이라면 장쩌민의 세 마디 말(三句話)은 종교가 시민권을 계속 유지하려면 어떻게 해야 하는지에 대한 포괄적 원칙을 담고 있다. 이후 2002년 공산당 제16차 대회에서는 기존의 세 마디 말(三句話)에 '독립·자주·자영의 원칙을 견지한다'는 구절이 추가된 네마디 말(四句話)이 당의 종교정책으로 제시되고, 2003년에는 이것을 종교사업에 대한 당의 기본방침으로 확정한다. 또한 문장의 논리성을 고려하여 그 순서를 다음과 같이 조정하여 확정된 방침으로 공표한다.

> 당의 종교신앙자유 정책을 전면적으로 관철한다. 법에 의거하여 종교사무를 관리한다. 독립·자주·자영의 원칙을 견지한다. 종교를 적극 인도하여 사회주의사회에 적응하도록 한다.17)

---

http://www.chinalawedu.com/falvfagui/fg22598/5441.shtml

15) 這就要求我們各級黨委, 對宗教問題, 一定要采取如列寧所指出的"特別慎重"、"十分嚴謹"和"周密考慮"的態度, 誇大問題的嚴重性和複雜性, 張皇失措, 是不對的；忽視實際問題的存在和複雜性, 掉以輕心, 聽之任之, 也是不對的. 「關于我國社會主義時期宗教問題的基本觀點和基本政策」(正保法律教育網, 1982.03), http://www.chinalawedu.com/falvfagui/fg22598/5441.shtml

16) 1993年, 江澤民同志, 在全國統戰工作會議上提出, 在宗教問題上要強調三句話：一是全面、正確地貫徹執行黨的宗教政策, 二是依法加強對宗教事務的管理, 三是積極引導宗教與社會主義社會相適應. 여기에 장쩌민은 다시 2001년 12월 전국종교공작회의에서 자신의 三句話에 독립자주주영의 원칙 견지(堅持獨立自主自辦原則)라는 한 항목을 추가하여 四句話를 제시한다. 「江澤民總書記關于宗教工作的"四句話"」(中國共産黨新聞網, 2017.11.11.), http://cpc.people.com.cn/GB/64107/65708/66067/66082/4468758.html?kgr

17) 全面貫徹, 黨的宗教信仰自由政策, 依法管理宗教事務, 堅持獨立自主自辦的原則, 積極引導宗教與社會主義社會相適. 「江澤民總書記關于宗教工作的"四句話"」

사회주의사회 종교이론의 원칙과 방법론과 목표가 제시되어 있다고 평가되는 이 지침에서 특히 주목할 것은 종교가 사회주의사회에 적응하도록 적극 인도한다는 마지막 항목이다. 종교자유정책과 법에 의거한 종교사무의 관리는 결국 종교를 사회주의 사회에 적응하도록 인도하는 방법론에 해당하기 때문이다. 새로 추가된 독립·자주·자영의 삼자 원칙18) 역시 사회주의 중국사회에 종교가 어떻게 적응해야 할 것인지에 대한 방법론에 해당한다. 이것을 세 번째에 끼워 넣은 것은 종교의 사회주의사회 적응이라는 항목을 마지막으로 배치하여 그 전체적 목적성을 부각시키기 위한 조치로 이해된다. 종교는 본질적으로 세속법과 국가적 경계를 뛰어넘는 특징을 갖고 있다. 이에 비해 중국특색사회주의 종교이론은 종교가 세속법과 국가경영의 범주를 넘어서지 못하도록 적극 통제하고자 하는 원칙을 항상 고려하고 있는 것이다.

이후 종교에 대한 인정은 점차 심화되고 공식화된다. 2007년 공산당 제17차 대회에서는 그 정치보고에 처음으로 통일전선 전략의 일환으로 종교에 대한 기본방침을 관철한 점, 종교계 인사와 신도들의 경제사회 발전에 대한 적극적 역할을 발휘하도록 한 점이 보고19)되었고, 수정된

(中國共産黨新聞網, 2017.11.11.),
http://cpc.people.com.cn/GB/64107/65708/66067/66082/4468758.html?kgr
18) 중국이 공산화된 뒤 교회에서는 自治, 自養, 自傳을 기치로 하는 三自 애국운동을 일으킨다. 四句話로 추가된 독립·자주·자영의 원칙 역시 기본적으로 이 三自의 정신과 일맥상통한다. 三自에 대해서는 趙志恩, 「三自愛國運動的神學意義」, 『天風』(1996.09), 丁光訓, 「三自愛國運動的發展和充實」, 『天風』(2000.01), 鄭汝銓, 「三自愛國運動的回首與展望」(『天風』(2000.04) 등을 참고할 만하다.
19) 全面貫徹, 黨的宗教工作基本方針, 發揮宗教界人士和信教群衆在促進經濟社會發展中的積極作用. 胡錦濤, 「高舉中國特色社會主義偉大旗幟, 爲奪取全面建設小康社會新勝利而奮鬥－－在中國共産黨第七次全國代表大會上的報告」(中國共产党新闻网, 2007.12.05.),
http://cpc.people.com.cn/GB/104019/104099/6429414.html 참조

당의 장정에도 동일한 내용20)이 포함되었다. 이것은 헌법에 종교자유의 원칙이 포함된 것21)과는 다른 의미를 갖는다. 공산당 내부에서도 종교가 존재하는 사회적 현실성과 역할을 인정한다는 원칙이 수립되었음을 뜻하는 사건이기 때문이다.

이러한 과정을 거쳐 2016년 4월 시진핑은 전국종교공작자회의에서 중국특색사회주의 종교이론을 견지하고 지속발전시킬 과제를 제시하게 된 것이다. 앞에서 정의한 바와 같이 중국특색사회주의 종교이론은 공산당 제17차 및 제18차 대회에서 강조되고, 제19차 대회에서 공산당 장정에 들어간 중국특색사회주의의 종교관이다. 그러므로 중국특색사회주의 종교이론은 중화민족의 위대한 부흥이라는 중국의 꿈을 실현하는데 적극적 역할을 다하는 종교를 지향한다. 종교를 정치적 목표를 실현하는 부속성분으로 삼은 것이다. 이처럼 중국의 꿈 실현이라는 목표를 실현하는 역량으로 종교를 끌어안기로 한 이상 그에 대한 법규적·규범적 인도와 강제는 필수불가결한 일에 해당한다.

중국 공산당은 이를 위해 다양한 법규와 규범을 제정하여 시행하였는데 그 결정판이 바로 국무원령으로 시행되는「종교사무조례」이다.「종교사무조례」는 2005년 3월부터 시행된 종교법규의 총결판으로서

---

20) 全面貫徹, 黨的宗教工作基本方針, 團結信教群衆爲經濟社會發展作貢獻.「团结广大信教群众为经济社会发展作贡献」,『中国宗教』, 2014.03, pp.11-13 참조.
21) 1954년 9월, 제1차 전국인민대표대회에서 중국 최초의 헌법이 통과되었는데, 제88조에 '중화인민공화국 공민은 종교신앙의 자유를 갖는다(中華人民共和國公民有宗教信仰的自由)'고 되어 있다. 또한 1982년 제5차 전국인민대표대회에서 통과된 신헌법에는 이러한 원칙에 더해 그에 대한 국가적 보장방침을 제시하고 있다. 신헌법 제36조에 '중화인민공화국의 공민은 종교신앙의 자유를 갖는다. 어떠한 국가기관이나 사회단체, 개인도 공민을 강제하여 종교를 신앙하게 하거나 신앙하지 못하게 해서는 안 된다. 신앙인과 비신앙인을 멸시해서는 안 된다.(中華人民共和國公民有宗教信仰自由. 任何國家機關, 社會團體和個人不得强制公民信仰宗教或者不信仰宗教, 不得歧視信仰宗教的公民和不信仰宗教的公民)'고 규정하고 있다.

현재는 2017년 수정통과된 수정조례가 2018년 2월 시행되었다. 「종교사무조례」는 종교의 시민권에 대한 인정이 법적 차원에서 명문화되었다는 의미를 갖는다. 그럼에도 우리가 관심을 가져야 하는 것은 이러한 종교신앙 보장의 역사가 바로 종교 통제의 세련화 역사이기도 하다는 점이다.

 중국특색사회주의 종교이론의 핵심 내용

중국특색사회주의 종교이론을 말하는데 있어서 중국의 관리나 학자들은 공통적으로 그것이 마르크스주의 종교관에서 이론적 자양을 받고, 중국의 역사와 문화를 토양으로 하여, 중국공산당의 종교에 대한 실천적 경험을 결집하는 과정에서 탄생·성장·완성되었다는 점을 강조한다. 또한 그것은 종교신앙의 자유에 대한 당의 정책, 법에 의거한 종교사무의 관리, 독립·자주·자영의 원칙, 사회주의 사회에 적응하도록 적극 인도하는 기본방침을 구체적 내용으로 한다고 정리된다. 그러니까 중국특색사회주의 종교이론은 중국식 사회주의 이상국가를 실현하는데 종교가 그 적극적인 역할을 다하고, 그 소극적인 역할[22]을 해소하도록 인도하는 정책지향의 다른 이름이다. 이것은 중국, 사회주의, 종교라는

---

22) 2015년 5월 시진핑은 중앙통전공작회의에서 종교의 사회적 작용을 강조하면서, 그 적극적 작용으로 평화, 평등, 우호의 종교적 전통을 들었고, 소극적인 측면으로 민족단결과 국가안전, 사회안정에 영향을 끼칠 수 있다는 점을 지적한 바 있다. 何虎生, 「論中國特色社會主義宗教理論體系的層次、內涵及特點」, 『世界宗教文化』, 2017.03, p.7.

3가지의 다른 차원이 만나는 현장이므로 그 내용은 기본적으로 이질적인 것의 결합을 특징으로 한다.

먼저 마르크스주의 종교관과 중국종교의 현실이 결합된다. 마르크스주의는 종교의 유신론을 부정하는 입장에 있지만 종교 자체를 금지하지는 않으며, 오히려 종교의 자유를 인정하는 입장에 있다. 다만 종교를 있게 하는 사회적 소외와 착취의 상황을 소멸시키는 것을 지향으로 할 뿐이다. 어쨌든 원칙적으로 종교가 존재하는 현실을 인정하는 것이다. 나아가 혁명의 주력인 대중들 중에 신앙인들이 포함된다는 점도 함께 고려되어야 한다고 규정된다.

문제는 사회주의 중국의 특수성이다. 공산당의 집권으로 중국에서 계급모순이 기본적으로 해소되기는 하였지만 전 인민이 경제적으로 풍요한 사회는 요원한 상황에 있다는 것이 중국정부의 판단이다. 그래서 얘기되는 것이 사회주의 초급단계이고 주요모순의 전환이다. 그들에 의하면 공산화 이전 사회의 주요모순은 계급모순이었다. 그런데 공산당의 집권으로 계급투쟁이 완료되면서 그 주요모순이 낙후한 생산력과 인민들의 물질문화에 대한 요구 사이의 모순으로 전환[23]되었다는 것이다. 그래서 당과 정부의 핵심과제가 경제적 발전을 이루는 것으로 전환되었던 것이다.

종교사무는 이러한 역량의 집중에 중요한 역할을 하는 것으로 간주된다. 이와 관련하여 후진타오(胡錦濤)는 종교문제가 공산당과 국가의

---

23) 社會主義初級階段, 主要矛盾是1981年十一屆六中全會指出的內容. 在現階段, 我國社會的主要矛盾是人民日益增長的物質文化需要同落後的社會生產力之間的矛盾.這個主要矛盾, 貫穿于我國社會主義初級階段的整個過程和社會生活的各個方面, 決定了我們的根本任務是集中力量發展社會生產力. 只有牢牢抓住這個主要矛盾, 才能清醒地觀察和把握社會矛盾的全局, 有效地促進各種社會矛盾的解決.

전체 사업은 물론 사회의 안정, 경제의 발전과 밀접히 관련되어 있으며, 궁극적으로 중국특색사회주의를 발전시키는 일과 밀접히 관련되어 있음을 지적한 바 있고[24], 시진핑 역시 이를 계승하여 다음과 같이 '4가지 관계되어 있음'을 밝힌 바 있다.

> 종교사업은 당과 국가의 사업전반에 있어서 특별히 중요합니다. 중국 특색사회주의 사업의 발전에 관계되며, 당과 인민대중의 혈연적 연계, 사회화합과 민족단결, 국가안전과 조국통일에 관계되어 있습니다.[25]

개혁개방 이후 중국 종교의 사회적 영향력은 계속 증대되고 있으며 그 신자의 인원[26] 및 구성에 있어서도 주목할 만한 질적인 변화가 일어

---

[24] 正確認識和處理宗敎問題, 切實做好宗敎工作, 關係黨和國家工作全局, 關係社會和諧穩定, 關係全面建設小康社會進程, 關係中國特色社會主義事業發展. 胡錦濤의 이 말은 2010년 전국종교공작회의에서 발언된 것으로 정리되어 있지만 이에 앞서 2007년 12월 중공중앙정치국 집체학습 시간에 발언되었던 내용으로 알려져 있다. 이에 관해서는 杜玉芳, 「當代中國的宗敎狀況和宗敎政策」(360doc, 2014.01.02.), http://www.360doc.com/content/14/0102/11/7160930_342004789.shtml 참조.

[25] 宗敎工作在黨和國家工作全局中, 具有特殊重要性, 關係中國特色社會主義事業發展, 關係黨同人民群衆的血肉聯系, 關係社會和諧、民族團結, 關係國家安全和祖國統一. 習近平, 「全國宗敎工作會議上的講話」, 「發展中國特色社會主義宗敎理論全面提高新形勢下宗敎工作水平」(人民網, 2016.04.24.),
http://politics.people.com.cn/n1/2016/0424/c1024-28299800.html 참조.

[26] 2014년 갤럽의 조사에 의하면 중국의 종교신자 비율은 인구대비 10.5%에 달하는 것으로 밝혀져 있으며, 2012년 北京大學中國社會科學調査中心에서 실시한 中國家庭追蹤調査나 2011년 중국인민대학에서 실시한 中國綜合社會調査에 의하면 중국의 5대종교 신앙인은 인구대비 11%에 달하는 것으로 밝혀져 있다. 구체적으로 불교 2.44억명, 기독교·천주교 6841명, 무슬림 2469만명, 도교 908명의 비율을 보이는 것으로 조사보고되어 있다. 3기관의 숫자가 대체로 일치하는 것을 보면 인구대비 11%의 인구가 종교를 신앙하고 있다는 것은 대체로 신빙성이 있는 것으로 보인다. 이를 1016년의 인구(13. 8271억)에 적용하면 대략 1.5억의 인구가 종교가 종교를 믿고 있다는 말이 된다. 물론 이는 사회주의 중국의 특수한 종교적 상황을 고려할 때 종교인은 대략 그 두 배에 해당하는 3억을 넘을 것으로 인정된다. 갤럽 등의 조사결과에 대해서는 加潤國, 「全球信敎人口數據」(中國社會科學網, 2015.05.26.),

나고 있다. 우선 공산화 직후 1억으로 추산되던 종교인구가 2010년대 들어 대략 3억 명으로 증가된 것으로 추산된다. 또한 문화혁명 직후 5가지 많음(五多)을 특징으로 하던 신자의 구성에도 변화가 일어나 노인, 여성, 저학력, 농촌, 소수민족에 속하는 사람들이 종교신자의 다수를 점하던 상황에서 청장년, 고학력, 도시, 고소득자가 종교신자의 다수를 점하는 상황으로 역전현상이 일어나게 된다.[27] 여기에 종교와 관련된 기왕의 소수민족문제, 외교문제, 홍콩·마카오문제, 양안문제까지 더해져 종교야말로 중국의 제반문제가 집중적으로 드러나고 있는 현장이 되고 있는 것이다.

공산당의 입장에서 볼 때 이 복잡다단한 종교문제는 부강한 선진국가를 향한 여정에 독이 될 수도 있고 약이 될 수도 있다. 그리하여 종교에 대한 인정과 포용을 내용으로 하는 기존의 마르크스주의 종교관에 종교에 대한 사회주의적 인도라는 이론이 더해진 것이다. 엄밀히 말하자면 이는 국가가 종교를 지배하는 형태에 속하며 종교가 이를 거부할 때 바로 종교에 대한 박해로 전환될 수 있는 조건을 갖추고 있다. 결국 중국 공산당은 부강한 중국의 실현이라는 중국의 꿈을 거대종교로 하여 사회의 모든 역량을 이에 복속시키는 국가교회를 운영하고자 하고 있는 셈이다.

다음으로 중국특색사회주의 종교이론은 종교의 원리와 중국의 역사문화적 토양의 결합을 지향한다. 이들은 대부분의 성공한 종교는 중국

---

  http://www.cssn.cn/zjx/zjx_zjsj/201505/t20150526_2010096.shtml 참조, 종교인구 3억설에 대해서는 孫軼煒,「中國當代人宗敎信仰調査」(2007.07.16.)
  https://zhidao.baidu.com/question/1542844173904066780.html 참조.
[27] 이를 포함하여 그 밖의 변화된 상황과 문제에 대해서는 王作安,「中國宗敎狀況的新變化」,『中央社會主義學院學報』(2008年 3期) 참조.

에 들어온 뒤 장기간에 걸쳐 중국화되는 과정을 거쳤다고 주장한다. 나아가 이러한 종교의 중국화는 중국의 풍속과 습관은 물론 주류 사상과 문화에 적응하고자 하는 노력, 정치권력과의 적극적인 협력관계가 있었기 때문에 이루어질 수 있었다고 주장한다. 그리하여 현지화야말로 종교발전의 객관적 법칙이라는 논리[28]를 세운다.

국가 종교부서와 각 종교단체에서는 이러한 중국화의 방침에 따라 다양한 현장적 모색에 들어가는데, 그 중에서도 2016년 9월 26일, 국가종교국 주최의 토론회에서 행한 왕줘안(王作安) 국장의 연설은 주목할 만하다. 이 토론회에서 왕줘안은 종교 중국화의 지향점으로 현지화, 현대화, 사회주의화, 자주화, 사회 순기능화의 방향을 제시한다. 또한 그는 이를 위해 종교계에 공산당의 영도를 수용할 것, 중국의 사회주의문화와 전통문화에 적극 융합할 것, 경제사회발전에 적극 공헌할 것을 요구한다. 나아가 종교계의 임무로서 종교사상의 중국화, 종교문화의 중국화, 종교제도의 중국화, 종교조직의 중국화, 종교교육의 중국화를 위해 노력할 것을 제시한다[29].

분명히 종교에는 현지화 작용이라는 것이 일어난다. 나아가 그것이

---

28) 從宗教自身傳播發展的角度而言, 本土化、中國化是符合宗教發展的客觀規律. 不經歷中國化的歷程, 它們就不可能在中國這片土壤上生根發芽並傳承至今. 彭無情, 「宗教的中國化是宗教在中國發展的必然要求」(中國民族宗教網, 2017.06.06.), http://www.mzb.com.cn/html/report/170620976-1.htm 참조.

29) 2016년 9월 26일, 국가종교국에서는 종교의 중국화방향(「堅持我國宗教中國化方向」)을 주제로 토론회를 개최하였다. 이 토론회는 2015년 5월에 개최된 중앙통전공작회의에서 있었던 시진핑의 종교의 중국화 방향에 대한 언급(積極引導宗教與社會主義社會相適應必須堅持中國化方向)과 2016년 4월에 개최된 전국종교공작회의에서 행상 시진핑의 연설 중 종교의 중국화 방향에 대한 강조(進一步對堅持我國宗教中國化方向作了深入系統的闡述)에 부응하여 개최된 것이다. 본문에 정리된 항목의 구체적 내용은 王作安, 「行穩致遠久久爲功堅持我國宗教中國化方向」(鳳凰網佛教, 2016.11.18.), http://fo.ifeng.com/a/20161118/44496106_0.shtml 참조.

성공적으로 수행되었을 경우 중국불교와 같은 특별한 결과물이 나올 수도 있다. 그럼에도 그것은 종교의 자체적 모색의 결과였지 정치적 목적에 의한 기획된 변화는 아니었다. 사실 오늘날에도 중국화를 통해 종교의 확산을 꾀하고자 하는 움직임은 적지 않다. 특히 다양한 방식으로 종교의 이질성을 완화하여 대중들의 접근을 이끌고자 하는 변화가 진행되고 있는 것으로 파악된다. 예컨대 외래종교가 전통의 외피를 빌어 접근하거나 현지주민을 교역자로 하여 접근하는 경우, 또는 입교의식을 간편화하여 종교의 친근성을 강화하는 경우, 친족·혈연관계를 이용하여 종교를 전파하는 경우, 빈민운동의 방식으로 종교의 실천영역을 확대하는 경우, 중국사회문제에 대한 봉사를 통해 종교를 전파하는 경우, 문화의 방식을 빌어 종교를 전파하는 경우30) 등이 있을 수 있다. 그러나 이러한 종교의 내부적 모색은 공산당의 입장에서 보면 달갑지 않을 수 있다. 그래서 장주핑(張祝平)과 같은 학자들은 이러한 노력들을 '위장된 중국화(僞中國化)'라 규정하며 경계의 대상으로 삼는다. 사실 이것들은 각 종교가 전통적으로 행해왔던 문화적 적응과 현지화 전략에 해당한다. 이것을 부정하는 이유는 그것이 중국공산당이 지향하는 종교 중국화와 거리가 멀기 때문이다. 위에 열거한 종교자체의 노력들은 공산당이 제시하는 조건들, 예컨대 공산당의 영도를 받을 것, 법치화를 수용할 것, 외국세력의 배제를 통해 부강한 사회주의 중국을 이루는 데 공헌할 것을 요구하는 중국특색사회주의 종교이론의 조건에 합치되지 않기 때문이다. 그래서 종교내부에 공산당의 요구를 수용하는 세력을 키워왔던 것이고 이것이 바로 애국적 종교단체들인 것이다. 공산당

---

30) 張祝平, 「對宗敎堅持中國化方向的幾點思考來源」(道敎之音, 2016.6.11.), http://www.daoisms.org/article/sort028/info-23558.html 참조.

은 이러한 방식의 종교외적 힘에 의한 중국화가 오랜 시간 지속되어 궁극적으로 종교의 정치적 순화가 가능해지는 시기가 오기를 기대하는 것으로 보인다.

다음으로 중국특색사회주의 종교이론에는 보장과 통제, 자유와 구속의 모순적 원칙이 결합되어 있다. 이를 위해 필요한 것이 법률적 장치이다. 중국의 종교관리는 인치에서 법치로 변해왔다. 중국정부의 입장에서 종교에 대한 법치의 필요성은 차고도 넘친다. 불교에 범람하는 상업주의의 문제, 정부의 통제를 벗어난 가정교회나 지하성당[31]의 문제, 위그르 지역을 중심으로 고착화되어가고 있는 종교극단주의와 테러리즘의 문제, 티베트 민중의 종교에 대한 절대적 헌신성에서 비롯되는 문제들은 행정적 통제로 해결할 수 있는 범주를 넘는 것들이었다. 더구나 자본주의화를 통해 급격히 발전한 개인들의 자유에 대한 요구가 전에 없던 수준으로 신장되어 종교영역으로 확산되는 상황에 있다. 권위 있는 법률적 장치에 의해 이를 해결하거나 완화할 필요가 있는 것이다.

사실 이를 둘러싼 정부 측의 일부 조치들은 오히려 문제를 키우는 경우가 많았다. 예컨대 불교의 상업화를 관광진흥책의 일환으로 보아 방치, 혹은 장려하는 경우가 있었고, 지하교회를 탄압하여 이에 대한 항의로 거리에서 예배를 보는 사건이 있었으며[32], 2014-2015년, 저장

---

[31] 가정교회는 개혁개방 이후 급격하게 증가한 것으로 보고되지만, 그 이전에도 전조가 있었다. 애국교회, 삼자교회의 지나친 친정부 성향으로 인해 많은 교인들이 이탈하였고, 1958년부터 강요된 연합예배에 동의할 수 없는 교인들 또한 통제범위에서 이탈하였다가 문혁 이후 가정교회로 재결집한 역사적 사실이 있다. 그 중 대표적으로 성장한 교회로 北京守望教會와 北京錫安教會를 들 수 있다. 천주교 역시 50년대 바티칸과 관계가 단절된 뒤 내부에서 추대된 주교를 갖는 천주교애국회와 바티칸에서 임명한 지하주교를 갖는 지하성당으로 나뉘어있다. 이에 대해서는 劉澎, 「中國的宗教與法治」(2016.06.18.),
http://blog.sina.com.cn/s/blog_1434fbf3d0102wkag.html 참조.

성(浙江省)에서는 1500여 곳의 십자가를 철거하여 삼자교회의 목회자와 신자들까지 이에 극렬 항의한 사건이 있었다. 또 위그르 지역에서 이슬람교 여인들의 차도르 착용을 금지하거나, 티베트 지역민의 종교 감정을 고려하지 않고 달라이라마를 분열주의자로 일방 매도하는 경우도 있었다. 이러한 행정적 강제조치들은 대체로 역효과를 초래했던 것으로 얘기된다. 그러니까 종교를 둘러싼 상황들은 부단히 변화하고 있는데 이에 대응하는 행정적 조치들은 효과적이지 못하거나 문제를 더 키우고 있었던 것이다.

원칙적으로 계획경제의 패러다임을 포기했을 때부터 종교에 대한 행정적 통제 또한 효용성이 사라졌다고 보아야 옳다. 이런 점들을 고려하여 중국 정부는 종교의 법에 의거한 관리원칙을 천명한다. 문제는 종교의 법에 의한 관리가 가능한가, 그것이 역으로 공산당의 권위에 도전하는 칼이 될 수도 있지 않은가 하는 것에서 시작된다.

공산당과 정부에서는 이러한 점을 고려하여 종교를 관리할 법의 수준을 결정할 필요가 있었다. 우선 일반법에 의거한 종교관리가 고려되었다. 이를 위해 종교단체나 종교활동장소에 법인의 지위를 부여하는 법규의 제정과 개정이 있었다. 특히 2018년 시행을 앞두고 있는 수정본 「종교사무조례」에 법인 지위 허용의 조항이 삽입됨에 따라 정부의 인정을 받는 단체들의 법인등기가 가능해졌다. 이로써 종교는 개인과 동

---

32) 2009년 11월 1일, 海澱公園에서 예배를 보기로 했던 北京守望敎會 신도들은 공원마저 폐쇄되자 길거리에서 예배를 보는 것으로 이에 항의하였다. 이 장면은 중국 종교의 실상을 세계에 알린 대표적인 사건에 해당한다. 2009年北京守望敎會戶外崇拜事件은 百度百科에 전후경과가 자세히 소개되어 있다.
https://baike.baidu.com/item/2009%E5%B9%B4%E5%8C%97%E4%BA%AC%E5%AE%88%E6%9C%9B%E6%95%99%E4%BC%9A%E6%88%B7%E5%A4%96%E5%B4%87%E6%8B%9C%E4%BA%8B%E4%BB%B6/13837371?fr=aladdin 참조.

일한 권리와 의무를 갖게 된 것이다. 그럼에도 이것으로 모든 종교문제를 처리하는 준칙으로 삼는 대신, 별도의 행정법규를 수정공표하고 그 권한을 강화했다는 것에서 중국특색사회주의 종교이론의 성격을 읽을 수 있다. 종교자유는 제한된 종교자유이며, 정교분리는 정치가 종교에 개입할 문이 열려있는 정교분리이며, 법치관리는 법의 칼날이 당과 정부를 향하지 않는 법치관리인 것이다.

4. 중국특색사회주의 종교이론에 대한 비판

그렇다면 이러한 중국특색사회주의 종교이론에 대한 반응들은 어떠할까? 종교계와 학계를 비롯한 각계의 공식적 반응은 용비어천가적 찬양일색이다. 이들은 종교의 중국화야말로 중국종교의 나아갈 길이며, 종교의 법치수준 강화를 통해 중국종교의 제반문제를 해결할 수 있을 것으로 평가한다. 나아가 부강한 사회주의 강국으로 성장하는데 있어서 종교는 당연히 그 적극적 역할을 수행해야 한다고 규정한다. 이러한 반응들은 의식형태영역에 있어서의 주도권을 강화[33])하기 위한 공산당과 정부의 의도에 십분 부응하는 입장을 취하고 있다. 반면 종교계의 이면에 복류하고 있는 비판과 거부의 움직임도 만만찮다. 주로 그것은

---

33) 종교문제를 다루는데 있어서 공산당은 의식형태에 있어서 당의 주도권을 견지하고자 한다. 사실 2014년에 시작된 浙江省의 십자가철거조치의 출발에는 절강성 기층 당원들의 기독교신자 증가에 대한 중앙의 경고에서 비롯되었다고 보는 관점도 있다. 공산당내의 십자가를 청소하기 위한 조치였다는 것이다. 이에 대해서는 邢福增, 「再思強拆十字架」, 『香港中文大學基督教研究中心暨基督教中國宗教文化研究社通訊』, 2015.11, p.4.

종교계와 법조계, 학계에서 일어나고 있는 것으로 파악된다. 본 장에서는 그 구체적인 비판들을 살펴보고자 한다.

먼저 종교관리의 법률적 미비성에 대한 비판들이 있다. 중국특색사회주의 종교이론은 법치관리를 그 중요한 내용의 하나로 삼고 있으며 「종교사무조례」는 그것의 실천에 해당한다. 국무원령으로 반포된 이 조례는 종교에 대한 법치관리의 최고기준이 되고 있다. 이것이 법률이 아니라 조례로 제정된 것은 이유가 있다. 종교관리가 일반법에 의거한다면 종교가 공산당의 통제의 틀위를 넘어서는 일이 발생할 수 있다. 그래서 일반법과 달리 종교의 특수성과 현실적 문제들을 감안하여 종교문제를 관리하고 처리할 수 있는 행정법규인 사무조례가 제정된 것이다. 그러나 이것은 '법에 의한 관리'라는 원칙에 위배된다. 사무조례는 국무원령의 행정법규로서 인민대회에서 제정되는 법률과는 그 지위가 다르기 때문이다. 더구나 이 사무조례는 헌법의 종교자유원칙을 위배하는 위헌적 조항들을 담고 있으며, 그 시행과정에서 하위법이 상위법을 누를 위험성[34]이 다분하다. 그러므로 엄밀히 말하자면 종교법치의 선언만 있을 뿐 아직까지 그 준칙으로 삼아야 할 권위 있는 법이 부재한 상황에 있는 것이다.

---

34) 사실 이것은 종교에 대한 자유와 제한조치를 병기한 헌법 자체의 문제이기도 하다. 헌법 36조 제1, 2조 종교자유의 원칙과 제3, 4조 종교제한의 원칙이 상호충돌하고 있으며 그것이 충돌할 경우 어느 것을 우선으로 할 것인지가 정해져 있지 않기 때문이다. 특히 정교분리 원칙은 종교의 정치에 대한 간섭은 금지하고 있을 뿐 정치의 종교에 대한 간섭을 방지하는 조항은 크게 미비하다. 이와 관련하여 東莞市의 목사 李鵬은 민족종교사무국과 민민정부를 상대로 행정소송을 제기한 바 있는데, 비록 승소하지는 못했지만 법률적으로 원고의 타당성이 인정된다는 논의가 있다. 이에 대해서는 徐玉成, 「從一份行政訴訟判決書看宗教事務條例在行政訴訟中的法律地位」(普世社會科學研究網, 2017.04.20.),
http://www.pacilution.com/ShowArticle.asp?ArticleID=7682 참조.

종교법의 제정을 주장하는 종교적, 학문적 주장들이 꾸준히 제기되는 이유이다. 이와 관련하여 1989년에 종교계의 대표들이 「중화인민공화국종교법」을 기초하여 인민대표대회 상임위원회에 제출하였다가 봉쇄된 일35)이 있고, 류펑(劉澎) 역시 「종교법」 초안을 제출하였다가 전면 봉쇄36)된 일이 있다. 현재까지 중국 공산당과 정부는 종교기본법의 제정에 미온적이다. 그것이 종교의 효율적인 관리에 부담으로 작용할 수 있기 때문이다. 법률은 종교에도 적용되지만 공산당의 제반 행정관리를 구속하는 준칙도 되기 때문이다. 정부의 종교사무 역시 법률에 지배를 받아야 한다는 부담이 생기는 것이다. 그런 점에서 당과 정부에게 종교법은 양날의 검이 될 수도 있다. 종교가 중요하기는 하지만 공산당의 통치권위에 대한 다양한 사상적 도전이 예상되는 종교기본법 제정 이후의 상황은 극히 우려스러운 일이 될 수 있는 것이다. 따라서 정치제일주의를 견지하고 있는 중국공산당의 입장에서 종교입법은 그것으로 얻게 되는 이익보다 폐해가 더 많을 것으로 얘기37)된다. 이러한 점들을 고려할 때 중국 정부에서 말하는 종교의 법에 의거한 관리는 진정한 법치라기보다는 여전히 법에 의한 통제적 관리의 차원을 가리키는 말

---

35) 1989年, 中國佛教協會會長趙樸初, 和中國基督教協會會長丁光訓, 兩人都是全國政協副主席, 著名宗教領袖, 聯合搞了一個「中華人民共和國宗教法」(建議草案) 提交給人大常委會了. 但這個立法建議提交以後立刻遭到了封存. 劉澎,「中國的宗教與法治」(歷史之家, 2016.06.24.),
http://blog.sina.com.cn/s/blog_4ef457110102wldw.html 참조.
36) 北京普世社會科學研究所에서는 2002년부터 매년 연토회를 개최하여 종교법의 제정을 논의하였는데, 그 결과 2013년 7월 24일 「中華人民共和國宗教法」(草案,公民建議稿)를 완성한다. 이에 대해서는 「二零一三年中國天主教大事回顧」(聖信研究中心, 2013.12),
http://www.hsstudyc.org.hk/big5/china/b5_cinfo_13.html 참조.
37) 俞學明, 現在立宗教基本法可能弊大于利(鳳凰網佛教, 2015.12.23.),
http://fo.ifeng.com/a/20151221/41527250_0.shtml 참조.

이라고 볼 수밖에 없는 것이다.

물론 종교는 헌법 제36조를 비롯하여 다양한 법률에 언급되어 있다. 종교관련 행정법규로서 사무조례가 갖추어져 있고, 국가종교국 및 각 국가조직에 종교와 관련된 다양한 규정과 조례도 있다. 그럼에도 헌법을 제외하면 국가나 종교단체나 개인에게 공통으로 적용되는 공정한 법률이 있지 않다는 것은 문제가 된다. 종교적 문제가 발생하면 법률이 아닌 하위의 법규나 규정에 의해 처리할 수밖에 없기 때문이다. 학자들은 이것이 '법률 유보의 원칙'38)을 위반하는 일에 해당할 수 있다고 경고39)한다.

그래서 국무원령의 신조례가 입법법을 위반하고 있다는 비판여론이 일어나는 것이다. 이와 관련하여 변호사 리구이성(李貴生)을 비롯한 24명의 인사들은 건의서를 통해 '국무원이 무엇을 근거로 공민의 기본권인 종교신앙의 자유에 대한 권리와 관련된 행정법규를 제정할 수 있는지'에 대해 질의한 뒤 '법적 근거 없이 행해지는 신조례의 개정을 중단할 것을 건의'40)한 바 있다. 또 이슬람교 아홍인 리윈페이(李雲飛)는

---

38) 행정법에는 법률우위의 원칙과 법률유보의 원칙이 있다. 법률 우선의 원칙은 행정이 법률에 의한 구속을 받아야 한다는 원칙이다. 법률은 행정영역에 무제한, 무조건 적용되어야 한다는 것이다. 이에 비해 법률유보의 원칙이 있다. 행정이 법률(의회제정법률)에 근거하여서만 발동되어야 한다는 원칙이다. 이에 대해서는 「법률우위의 원칙과 법률유보의 원칙」(행정법총론, 2009.06.27.), http://blog.naver.com/cdwwow/130051771557 참조.
39) 我們現在是沒有宗教基本法, 但涉及宗教的其他法律文件却很多, "涉及宗教的其他法律文件"主要是指關于宗教的各種行政法規、規章, 這就產生了一個違反"法律保留原則"的問題. 劉澎, 「口國的宗教與法治」(歷史之家, 2016.06.24.). http://blog.sina.com.cn/s/blog_4ef457110102wldw.html 참조.
40) 我們特提出如下建議 : 一、解釋憲法第三十六條 第一款"中華人民共和國公民有宗教信仰自由"和第三款"國家保護正常的宗教活動"的含義. 二、解釋憲法第八十九條 第(一)根據憲法哪條、哪部法律的哪條哪款, 國務院行使制定涉及"公民宗教信仰自由"權利的行政法規的職權. 三、未解釋之前, 要求國務院法制辦公室暫停對「宗教事務條例修訂草案(送審稿)」公開征求意見. 「二十四位公民(律師、教牧、學

수정초안이 규정하고 있는 29가지의 심의비준 항목과 11개의 처벌권이 공민의 종교신앙자유를 보장한 헌법36조를 정면으로 위반하고 있다고 지적한다. 특히 리윈페이는 행정기관이 국민의 기본권을 심의비준하거나 처벌할 권리를 가질 수 없다는 것을 강조한다.

한편 각 종교의 입장을 대변하는 반대의견도 나타나고 있다. 예컨대 리윈페이는 이슬람교의 순수한 종교활동을 종교극단주의로 규정하는 관점에 대해 항의한다. 종교극단주의라 하지만 이것이 타인의 권리를 침해하는 것이 아니라면 범죄가 구성될 수 없다는 것이다. 나아가 종교극단주의에 대한 정확한 법률적 규정이 없는 상황에서 종교관리부서의 자의적 해석에 의해 종교에 대한 간섭이 이루어지고 있다는 점을 지적41)하고 있다.

가정교회의 입장을 대변하는 비판도 있다. 예컨대 청두(成都)의 가정교회를 이끄는 목사인 왕이(王怡)는 수정조례가 신앙에 대해 적대적이며, 헌법에 위배되므로 이 조례를 위헌으로 규정하며 그 실시를 반대한다는 견해를 제시한다. 특히 신조례가 가정교회를 겨냥한 통제강화의 조항들을 신설하고 있다는 점을 비판42)한다.

또 차이사오치(蔡少琪)는 2018년 시행예정인 수정조례가 구조례에

者、信衆)關于解釋憲法第36、89條的建議書」(成都基督徒小站, 2016.09.22.), http://cd-christian.weebly.com/2133823458/3689
41) 李雲飛의 건의는 「穆斯林學者就中國官方修改"宗教事務條例"提出意見」(世界之聲, 2016.09.23.),
http://m.trad.cn.rfi.fr/%E4%B8%AD%E5%9C%8B/20160923-%E7%A9%86%E6%96%AF%E6%9E%97%E5%AD%B8%E8%80%85%E5%B0%B1%E4%B8%AD%E5%9C%8B%E5%AE%98%E6%96%B9%E4%BF%AE%E6%94%B9%E2%80%9C%E5%AE%97%E6%95%99%E4%BA%8B%E5%8B%99%E6%A2%9D%E4%BE%8B%E2%80%9D%E6%8F%90%E5%87%BA%E6%84%8F%E8%A6%8B 참조.
42) 王怡, 「我對新宗教事务条例的五个立場」(維權網, 2017.09.08.),
http://wqw2010.blogspot.kr/2017/09/blog-post_25.html 참조.

비해 정부의 종교에 대한 관리의 주도권을 강화한 측면이 있음을 지적43)한다.

나아가 부처 이기주의가 종교법의 제정에 대해 미온적인 태도를 갖도록 하는 원인이라는 비판도 있다. 법치가 종교문제 해결의 유일한 길임을 강조하는 류펑(劉澎)44)은 종교기본법을 제정하지 않고 행정관리의 원칙을 계속 유지한다면 종교가 국가종교국의 이권이 깃든 텃밭이 될 위험성이 있음을 지적한다.

> 종교관리부서에서 자기가 법을 세우고, 자기가 해석하고, 자기가 집행하고, 자기가 처벌한다면 문제가 계속 늘어날 것이고, 별 수 없이 관리를 위해 더 많은 투자가 이루어져야 할 것이다. 결과적으로 종교행정관리기구의 거대화를 초래하게 될 것이며 보다 큰 모순, 보다 많은 모순이 발생하여 문제해결은 더 어려워질 것이다.45)

다음으로 종교자유에 대한 다양한 제한조치들의 부당성이 비판된다. 먼저 중국특색사회주의 종교이론의 중요한 내용 중 하나인 종교의 독립, 자주, 자영의 원칙에 대한 비판이 있다. 중국정부에서는 외국인의 종교활

---

43) 香港建道神學院 교수 蔡少琪는 신조례가 법원의 판결이 없이도 정부부처의 자율로 관리권, 취소권, 조사권을 갖도록 규정되어 있다는 점, 관리기관에 대한 유효한 제한조치가 없이 그 권력이 무한대로 남용될 수 있는 위험성을 담고 있음을 지적한다. 이에 대해서는 蔡少琪,「讓政府行政部門牢牢掌握宗教工作主動權:「宗教事務條例修訂草案(送審稿)」與2005年的「宗教事務條例」的不同」(時代論壇, 2016.09.09.), http://www.chinesetheology.com/ChinaRelgioiusRegulationsDraft.htm 참조.
44) 劉澎,「法治是解決宗教問題的唯一選擇」(普世社會科學研究網, 2016.05.12.), http://www.pacilution.com/ShowArticle.asp?ArticleID=6821.
45) 宗教管理部門, 自己立法、自己解釋、自己執法、自己處罰, 問題不斷增加, 只能追加管理成本, 導致一個龐大的宗教行政管理機構, 從而産生更多更大的矛盾, 問題更難解決. 刘澎,「宗教領域不能成为管理部門利益自留地」(財新網, 2016.06.14.), http://opinion.caixin.com/2016-06-14/100954386.html

동을 철저히 차단한다. 당연히 이것은 종교의 자유를 천명한 헌법의 정신에 위배된다. 종교의 자유는 '신앙의 자유'와 '신앙 실천의 자유'는 물론 국가 공권력에 방해받지 않도록 규정한 '신앙 강제로부터의 자유'까지 포함한다. 그런데 중국의 종교자유는 '신앙의 자유'에만 국한된 것으로 보인다. 모든 종교활동은 애국 종교단체 주관의 활동으로만 한정되며 허가받지 않은 방식으로 진행되는 일체의 신앙 행위들은 금지의 대상이 되고 있기 때문이다. 특히 외국세력의 중국내 종교활동은 침투로 규정되어 원천적으로 차단된다. 이러한 종교쇄국주의는 중국에서 추진하고 있는 공자와 그 사상문화의 세계화라는 전략에 정면으로 위배되는 것이며, 일대일로의 경제 세계화 전략에도 장애가 될 수 있다고 판단된다.

다음으로 종교에 대해 '사회주의 핵심가치관의 실천'을 요구하는 조항에 대한 비판이 있다. 사회주의 핵심가치관[46]은 부강, 민주, 문명, 화해, 자유, 평등, 공정, 법치, 애국, 경업, 성신, 우호(友善)의 24자를 내용으로 하는 바, 종교에게 이것의 실현을 위한 역할을 요구하고 있는 것이다. 홍콩 중문대학의 싱푸증(邢福增)은 이것이 시진핑이 제기한 '중국의 꿈(中國夢)' 실현과 관련되어 있으며 중국적 민족주의와 애국주의를 종교적 보편주의에 우선하는 관점의 표출이라고 진단한다. 이것은 종교의 본질에 대한 심각한 침해로 연결될 수밖에 없다는 것[47]이다.

---

46) 중공중앙에서는 18차 3중전회의 정신에 입각하여 사회주의 핵심가치관의 교육과 실천에 관한 의견을 발표한다. 이에 대해서는 「中共中央辦公廳印發關于培育和踐行社會主義核心價値觀的意見」(中國共産黨新聞, 2013.12.23.),
http://cpc.people.com.cn/n/2013/1223/c64387-23924110.html 참조.
47) 邢福增, 「踐行社會主義核心價値觀是宗教信仰的核心價値嗎」(立場新聞, 2017.09.08.),
https://www.thestandnews.com/china/%E8%B8%90%E8%A1%8C%E7%A4%BE%E6%9C%83%E4%B8%BB%E7%BE%A9%E6%A0%B8%E5%BF%83%E5%83%B9%E5%80%BC%E8%A7%80%E6%98%AF%E5%AE%97%E6%95%99%E4%BF%A1%E4%BB%B0%E7%9A%84%E6%A0%B8%E5%BF%83%E5%83%B9%E5%80%BC%E5%97%8E/ 참조.

또한 싱푸쯩은 위의 글에서 교육의 현장에서도 종교의 자유에 대한 침해가 이루어지고 있다고 지적한다. 중국에서 18세 이하 미성년자의 종교신앙은 헌법으로 금지[48]되어 있다. 이에 더해 교육현장에서의 종교자유 또한 제한된다. 중국의 교육법에 학교와 종교활동장소의 분리, 교사와 종교 교역자의 분리, 교재와 종교경전의 분리, 학생과 신앙인의 분리, 학교교육과 종교활동의 분리를 내용으로 하는 종교와 교육의 분리원칙이 수립되어 있기 때문이다. 이 교육법은 다음과 같은 헌법 제36조의 교육과 종교의 분리원칙에 근거하고 있다.

> 국가는 정상적인 종교활동을 보호한다. 어떠한 사람도 종교를 이용하여 사회질서를 파괴하거나 공민의 신체건강에 손해를 끼치거나, 국가의 교육제도에 방해가 되는 활동을 해서는 안 된다.[49]

요컨대 중국정부는 교육현장에서의 종교행위가 국가의 교육제도에 방해가 된다고 판단하여 이를 금지하고 있는 것이다. 수정조례는 이를 확대해석하여 학교에서의 선교활동, 종교활동, 종교조직, 종교활동장소를 금지하는 제44조의 조항을 신설하고 있다. 이로 인해 종교활동장소는 아동주일학교, 청소년여름캠프 등을 실시하지 못하고 있는 것으로 얘기된다. 심지어 자녀에 대한 부모의 종교교육 또한 위법으로 간주되기도 한다. 이것이 교육법 자체를 위반하는 것이라는 비판이 있다. 원래 수정조례의 해당조문은 「중화인민공화국교육법」 제8조의 '어떠한

---

[48] 第三十四條 中華人民共和國, 年滿十八周歲的公民, 不分民族、種族、性別、職業、家庭出身、宗教信仰、教育程度、財産狀況、居住期限, 都有選擧權和被選擧權;但是依照法律被剝奪政治權利的人除外.
[49] 國家保護正常的宗教活動. 任何人不得利用宗教進行破壞社會秩序、損害公民身體健康、妨礙國家教育制度的活動.

조직이나 개인도 종교를 이용하여 국가의 교육제도에 방해가 되는 활동을 해서는 할 수 없다'50)는 규정에 근거하고 있다. 그런데 학교에서의 종교활동이 국가의 교육제도에 방해가 된다는 어떤 확증도 없이 이를 일괄금지하는 것은 교육법 자체를 위반하는 일이 될 수 있다51)는 것이다.

# 5 결론

중국특색사회주의 종교이론은 중국식 종교이론의 결정판으로서 시진핑 시대에 들어 특별히 강조되고 있다. 그것은 중국의 종교에 대한 정치적 이론과 실천을 총합한 것으로서 현재는 물론 미래에 있어서 중국의 종교와 문화가 어떤 모습을 지니게 될지를 가늠하는 기준이 된다. 이에 대한 고찰의 내용은 다음과 같다.

먼저 중국특색사회주의 종교이론의 형성에 대한 역사적 고찰을 통해 이것이 사회의 당면과제를 해결하기 위한 정치적 결단과 궤를 같이하고 있음을 살펴보았다.

다음으로 그 내용적 특징에 대한 고찰을 통해 그것이 상호 이질적인 요소들의 결합체임을 살펴보았다. 보다 구체적으로 말하자면 중국특색

---

50) 「中華人民共和國敎育法」第八條, "何組織和個人不得利用宗敎進行妨礙國家敎育制度的活動."
51) 公民正常信仰宗敎, 而不是利用宗敎, 或者即使是動機和目的無法判明的情況下, 只要該公民沒有達到妨礙國家敎育制度的程度, 在國民敎育學校中實踐其宗敎信仰自由的活動都應得到保障. 所以, 「宗敎事務條例修訂草案(送審稿)」第四十四條 及相對應的處罰條款是不符合「中華人民共和國敎育法」規定的. 張聖隆, 「關于宗敎事務條例修訂草案(送審稿)的公民意見」(2016.09.23.),
https://groups.google.com/forum/#!msg/chinesesssr/xKuVNHbg2aE/6yJzUqOYBQAJ

사회주의 종교이론은 마르크스주의 종교관과 중국종교의 현실이 결합하고, 종교의 원리와 중국의 역사문화적 토양이 결합하며, 보장과 통제, 자유와 구속이 결합한다.

다음으로 중국특색사회주의 종교이론에 대한 비판적 논의들을 살펴보았다. 우선 법률적 미비성에 대한 지적과 종교법 제정의 필요성에 대한 온건한 의견제시가 있음을 살펴보았다. 다음으로 수정본 「종교사무조례」에 대해 위헌성과 입법법 위반성을 갖고 있어 법률적 구속력을 갖지 못한다는 비판이 있음을 살펴보았다. 이슬람교 진영에서는 이슬람교의 순수한 종교행위를 종교극단주의로 해석하는 정부시선의 부당성에 대해 항의한다. 기독교에서는 가정교회의 활동을 겨냥하여 설정된 각 독소조항들의 문제점을 지적한다.

한편 수정조례가 종교에 대한 공산당과 정부의 주도권을 강화하기 위한 것이라는 혐의가 짙으며, 브처이기주의의 위험성을 갖고 있음을 지적하는 비판도 보인다.

종교에 대한 외국의 영향력을 완전히 차단하고자 하는 자주정책의 강행에 대한 비판도 강력하다. 또 사회주의 핵심가치관의 실천을 요구하는 조항들 역시 종교에게 세속화를 강요하는 침해에 해당하는 것이라 보는 비판도 있다. 교육현장에서의 종교활동에 대한 이중삼중의 금지조치들에 대한 비판도 만만치 않다. 이것이 종고자유에 대한 심각한 침해일 뿐 아니라 교육법을 위반하는 조치에 속한다는 것이다.

이상의 고찰을 통해 우리는 중국특색사회주의 종교이론이 부강한 중국의 실현이라는 중국의 꿈을 거대종교로 하여 사회의 모든 역량을 이에 복속시키는 국가교회를 운영하고자 하는 중국 공산당과 정부의 종교실험이라는 것을 확인하게 된다.

동아시아연구총서 제4권
동아시아 종교와 마이너리티

참고문헌

동아시아에 있어서 종교의 양의성과 그 윤리적 과제 – 마키노 에이지

- 『朝日新聞BLOBE』2014.8.3
- Asahi Shimbun Weekly AERA 2015.3.23.
- 浅見定雄(1994)『新宗教と日本人』遠磬社
- 井上順孝・武田道生・北島清泰共編(1995)『オウム真理教とは何か-現代社会に問いかけるもの-』朝日新聞社
- 池内恵(2015)『イスラーム国の衝撃』文春新書
- 井上順孝他編(2011)『情報時代のオウム真理教』春秋社
- ウォルドン、ジェレミー(2015)『ヘイト・スピーチという危害』(谷澤正嗣・川岸令和訳、みすず書房)
- 江島尚俊・三浦周・松野智幸編(2017)『戦時日本の大学と宗教』法藏館
- 大場・井上・加藤・川本・神崎・塩野谷・成田編(2008)『現代倫理学事典』弘文堂
- 小原克博・勝又悦子編(2017)『宗教と対話 -多文化共生社会の中で-』教文館
- 金尚均編(2014)『ヘイト・スピーチの法的研究』法律文化社
- クニュッゲ, A.F.V.(1993)『人間交際術』講談社学術文庫
- 酒井・中里・藤尾・森下編(2010)『新版増補・生命倫理事典』太陽出版
- 坂根真実(2016)『解毒 -エホバの証人の洗脳から脱出したある女性の手記-』角川書店
- 佐藤典雅(2017)『カルト脱出記 -エホバの証人元信者が語る25年間の記録-』河出書房新社
- 島田裕巳(2001)『オウム なぜ宗教はテロリズムを生んだのか』トランスビュー
- ＿＿＿＿＿(2007)『日本の10大新宗教』幻冬社
- ＿＿＿＿＿(2017)『芸能人と新宗教』幻冬社
- 島薗進(2001)『ポストモダンの新宗教』東京堂
- ＿＿＿＿＿(2012)『現代宗教とスピリチュアリティ』弘文堂

- デリダ, ジャック(2016)『信と知』(Jacques Derrida, Foi et Savoir,1996, 未來社、湯浅博雄・大西雅一郎訳)
- 西田公昭(2001)「オウム真理教の犯罪行動についての社会心理学的分析」『社会心理学研究』日本社会心理学会編, 第16巻, 第3号)
- 林俊宏(2007)『「エホバの証人」の悲劇—ものみの塔教団の素顔に迫る』増補改訂版, わらび書房
- フランズ, レイモンド(2000)『良心の危機「エホバの証人」組織中枢での葛藤』(せせらぎ出版, 樋口久訳)
- 別冊宝島編集部(2017)『日本の新宗教』増補改訂版, 宝島社
- 村上重則(2007)『新宗教—その行動と思想』岩波現代文庫
- 森鷗外(1980)『知恵袋』(小堀桂一郎訳・解説, 講談社学術文庫)
- 師岡康子(2013)『ヘイト・スピーチとは何か』岩波新書
- 文部科学省HPによる総務省統計局2016年度宗教統計調査, 2017年1月13日公表
- 山崎亮(2005)「オウム真理教事件と宗教学—地下鉄サリン事件の10年後に」(島根大学教育学部『福祉文化』4)

中國에 있어서 血盆齋의 宗敎・社會的 意味 － 송요후

〈경전 및 사료〉

- 郭萬熹 撰『宣講集要』上海錦章圖書局, 王見川・林萬傳 編(2010)『明淸民間宗教經卷文獻』卷12, 新文豊出版公司
- 臺灣中央圖書館編(1987)『明人傳記資料索引』北京: 中華書局
- 『大目乾連冥間救母變文幷圖一卷』(項楚 著(2006)『敦煌變文選注』[增訂本](上), 中華書局)
- 『大目乾連冥間救母變文幷圖一卷幷序』(潘重規 編著(1994)『敦煌變文集新書』文

津出版社)
- (明)鄭之珍 撰, 朱萬曙 校點(2005) 『新編目連救母勸善戲文』 安徽古籍叢書, 黃山書社
- 『卜氏宗譜』卷一 「家訓」和兄弟 江蘇省 武進, 咸豐九年版
- 『父母恩重經講經文(二)』潘重規 編著(1994) 『敦煌變文集新書』文津出版社
- 『父母恩重經講經文(一), (二)』潘重規 編著(1994) 『敦煌變文集新書』文津出版社
- 『父母恩重經講經文(一)』潘重規 編著(1994) 『敦煌變文集新書』文津出版社
- 『父母恩重經講經文』潘重規 編著(1994) 『敦煌變文集新書』文津出版社
- 『佛說大藏正教血盆經』 『新纂大日本續藏經』第一卷, 東京: 國書刊行會, 昭和55年; 『卍續藏經』第87冊 中國撰述大乘釋論部, 新文豐出版社, 民國65年.
- 史秉文等纂修 『白塘史氏宗譜』卷一 「祠規十二則」十一 重婚嫁兼肅閨範(江蘇省 宜興, 光緒二十六年版).
- 『銷釋混元弘陽血湖寶懺』 王見川・林萬傳 主編(1999) 『明清民間宗教經卷文獻』第6冊, 新文豐出版公司
- 陸耀 「禱祠」賀長齡・魏源 等編(1992) 『清經世文編』中華書局
- 袾宏(1997) 『雲棲法彙』往生集 卷2 婦女往生類(『(明)嘉興大藏經』第32冊 277, 新文豐出版公司)
- 『中國民間歌曲集成 浙江卷』, 《中國民間歌曲集成》全國編輯委員會主編《中國民間歌曲集成 浙江卷》編 輯委員會編纂, 北京: 人民音樂出版社, 1993
- 『中國民間歌曲集成 福建卷』上卷, 《中國民間歌曲集成》全國編輯委員會主編《中國民間歌曲集成 福建卷》編輯委員會編纂, 北京: 中國ISBN中心, 1996.
- 『中國民間歌曲集成 湖北卷』下卷, 《中國民間歌曲集成》全國編輯委員會編, 北京: 人民音樂出版社, 1988
- 智昇 『開元釋教錄』卷18 小乘經 單譯 別錄 偽妄亂眞錄第七
- 『地獄寶卷』張希舜・濮文起・高可・宋軍 主編(1994) 『寶卷初集』第25冊, 山西人民出版社
- 陳宏謀 「風俗條約」賀長齡・魏源 等編1992) 『清經世文編』卷68 禮政15, 中華書局
- 湯斌 「毀淫祠疏」賀長齡・魏源 等編(1992) 『清經世文編』中華書局
- 『太一救苦天尊說拔度血湖寶懺』 『正統道藏』第16冊 洞玄部 威儀類, 新文豐出版公司, 1962

- 『漢語大詞典』漢語大詞典出版社, 2006
- 黃育楩『破邪詳辯』卷1, 中國社會科學院歷史研究所淸史硏究室編, 『淸史資料』3, 中華書局
- 『欽定大淸會典事例』卷400, 禮部111 風敎 訓飭風俗二

〈연구서〉
- 金映志(2003)『目連硏究』서울대학교 대학원 중어중문학과 문학박사학위논문
- 로이드 이스트만 지음, 이승휘 옮김(2006)『중국 사회의 지속과 변화—중국 사회경제사 1550-1949』돌베개
- 宋堯厚(2001)『明淸時代 民間 秘密宗敎 硏究』東國大學校 大學院 博士學位論文
- 宋堯厚(2014)『혈분경(血盆經)의 기원과 사회·종교적 의미—한·중·일 삼국에서 그 전파와 변용—』위더스북
- 酒井忠夫 外 지음·최준식 옮김(1990)『도교란 무엇인가』종교문화연구원 세계종교연구총서1, 민족사
- 潘重規 編著(1994)『敦煌變文集新書』文津出版社
- 釋昌蓮(2009)『佛說盂蘭盆經與佛教孝慈之道』宗教文化出版社
- 邵紅(1970)『敦煌石室講經文硏究』國立臺灣大學文史叢刊
- 李世瑜(1961)『寶卷綜錄』中華書局
- 鄭振鐸(1998)『中國俗文學史』上·下, 商務印書館
- 車錫倫(2000)『中國寶卷總目』北京燕山出版社
- 項楚(2006)『敦煌變文選注(增訂本)』上·下, 中華書局
- 胡孚琛主編(1995)『中國道教大辭典』中國社會科學出版社
- Michel Soymié 編修(1965)『道教硏究』第1冊, 昭森社
- 藤本智薰·小野兵衛(昭和17年6月)『中支に於ける民間信仰の實情』興亞院華中連絡部 華中調査資料 第406號
- 望月信亨(1958-1963)『佛教大辭典』世界聖典刊行協會
- 小林正美(1998)『中國の道教』東京: 創文社
- 澤田瑞穗(1968)『地獄變』法藏館
- 澤田瑞穗(1975)『增補寶卷の硏究』國書刊行會
- Barend J. ter Haar, The White Lotus Teachings in Chinese Religious History,

Brill Leiden, 1992.
- Charlotte Furth, A Flourishing Yin—Gender in China's Medical History, 960-1665—, University of California Press, 1999.
- Daniel Overmyer, Precious Volumes—An introduction to Chinese Sectarian Scriptures from the Sixteenth and Seventeenth Centuries—, Havard University Press, 1999.
- Grant and Idema (trans.), Escape from Blood Pond Hell: The Tales of Mulian and Woman Huang, Seattle and London: University of Washington Press, 2011.
- Hubert Seiwert in Collaboration with Ma Xisha, Popular Religious Movements and Heterodox Sects in Chinese History, Brill Leiden, 2003.
- Justus Doolittle, Social life of the Chinese fourteen years Missionary at Fuhchau, Milton House, Lugate Hill, 1868.
- Karl Ludvig Reichelt, Truth and Tradition in Chinese Buddhism —A Study of Chinese Mahayana Buddhism—, The Commercial Press, Shanghai, 1934.
- William E. Soothil and Lewis Hodus, A Dictionary of Chinese Buddhist Terms, 佛敎文化服務處, Taipei, 1962.
- Wolfram Eberhard, Sin and Guilt in Traditional China, University of California Press, 1967.

〈논문〉
- 閔泳珪(1963)「月印釋譜 第二十三 殘卷」『東方學志』第6輯
- 박도화(1999)「『佛說大目連經』의 成立經緯 再考와 版畵의 圖像」『美術史學』제12집
- 양은용(2002.12)「[解題]顏丙文集『如如居士三敎大全語錄』과 三敎一理論」『한국종교』제26집, 원광대학교 종교문제연구소
- 한국종교 편집부(2002.12)「[原文]『如如居士三敎大全語錄』(영인본)」『한국종교』제26집 부록, 원광대학교 종교문제연구소
- 許興植(2005)「三敎語鋒의 서지와 藏書閣本의 중요성」『장서각』제13집
- 劉平·吳吳翔·楊儲睿(2004.6)「中國傳統婦女衆世信仰的基礎—南通鄕間的破血湖 儀式·個案調查與文本解讀(初稿)」『禮儀、習俗與社會秩序" 國際學術討論會發表論文』武夷山

- 劉煥林(1937)「澄西農村的演劇和雜戲」『民衆教育』第5卷 第4·5期合刊「民間藝術專號」
- 田仲一成(1991)「超度—目連戲以及祭社戲劇的産生」『戲曲研究』37輯
- 田仲一成(1994)「廣東鄕村裏的目連破獄儀式—八門功德」『中華戲曲』第17輯
- M·スワエ(1965)「血盆經の資料的研究」Michel Soymié 編修『道敎硏究』第1冊, 昭森社
- 宮次男(1969)「目連救母說話とその繪畵—目連救母經繪の出現に因んで—」『美術硏究』第225卷
- 南澤良彦(1994)「道敎の地獄」坂出祥伸 編輯『「道敎」の大事典—道敎の世界を讀む—』東京: 新人物往來社
- 馬建華(道上知弘譯) 「女性の救濟—莆仙目連戲と『血盆經』—」, 野村伸一 編著 (2007) 『東アジアの祭祀傳承と女性救濟——目連救母と藝能の諸相』東京: 風響社
- 山田利明「死の思想と道敎」福井文雅·山田利明·前田繁樹 編(2000)『道敎と中國思想(講座 道敎 第4卷)』雄山閣出版
- 前川亨「血湖儀典小考—その原初形態ならびに全眞敎龍門派との關連—」村山吉廣敎授古稀記念中國古典學論集 刊行會編(2000)『村山吉廣敎授古稀記念中國古典學論集』汲古書院
- Barbara E. Reed, "The Gender Symbolism of Kuan-yin Bodhisattva", Jos Ignacio Cabezn edited, Buddhism, Sexuality, and Gender, State University of New York Press, 1992.
- Charlotte Furth, "The Patriarch's Legacy: Household Instructions and Transmission of Orthodox Values," Orthodoxy in Late Imperial China, ed. Kwang-Ching Liu, Berkeley: University of California Press, 1990.
- Daniel L. Overmyer, "Buddhism in the Trenches : Attitudes toward Popular Religion in Chinese Scripture Found at Tun-Huang", HJAS Vol.50-1, 1990.
- Emily M. Ahern, "The Power and Pollution of Chinese Women" in Margery Wolf and Roxane Witke eds. Women in Chinese Society, Stanford University Press, 1975.
- Hill Gate, "The Commoditization of Chinese Women," Signs: Journal of Women in Culture and Society, vol.14. no.4, 1989.

- Johannes Frick, "Mutter und Kind bei den Chinesen in Tsinghai", Ⅰ-Ⅱ, Anthropos 50, (1955); Johannes Frick, "Mutter und Kind bei den Chinesen in Tsinghai", Ⅲ-Ⅳ, Anthropos 51(1956)
- Kōdate Naomi, "Aspects of Ketsubonkyō Belief"(Edited by Susanne Formanek and William R. LaFleur, Practicing the Afterlife: Perspectives from Japan, Der Österreichischen Akademie der Wissenschaften: Wien, 2004.
- Patricia Ebrey, "Women, Marriage, and the Family in Chinese History," Heritage of China: Contemporary Perspectives on Chinese Civilization, ed. Paul S. Ropp, Berkeley: University of California Press, 1990.
- Song Yoo-who(宋堯厚), "Breaking Blood-pond (Poxuehu)' Ritual and Women in China", Asian Journal of Women's Studies Vol.18 no.1, 2012.03.
- Takemi Momoko, "'Menstruation Sutra' Belief in Japan", Japanese Journal of Religious Studies 10/2-3, 1983.

西勢東漸期의 민족적 위기와 그 종교적 대응 – 박승길

- 박용덕(1989.01) 「정산종사와 태을도」『원광』
- 이경원·백경언(2014) 「증산계 신종교운동의 역사와 사상적 변천에 대한 조명」『한국종교』제37집, 원광대학교 종교문제연구소
- 김탁(1992)『증산교학』서울: 도서출판 미래향문화
- 李祥昊(1926)『甑山天師公事記』相生社
- 李正立(1977)『甑山敎史』김제: 증산교본부
- Tay Ninh교단 해외전도부 간행, 영문판〈Caodaism〉
- Rio Knut and Olaf Smedal ed., In Hierarchy: Persistence and Transformation of Social Formations, Oxford: Berghahn Books, 2009.

- Blagov Sergei, Caodaism: Vietnamese Traditionalism and its Leap into Modernity, New York: Nova Science Publisher, 2001.
- Hoskins Janet Alison, The Divine Eye and The Diaspora; Vietnamese Syncretism Becomes Transpacific Caodaism, Honolulu, University of Hawaii Press, 2015.

琉球의 불교 발전과 『고려대장경』 - 최연주

<사료>
- 『高麗史』, 『高麗史節要』, 『朝鮮王朝實錄』, 『海東諸國記』, 『增正交隣志』, 『琉球國由來記』
- 손승철 외(1998) 『朝鮮·琉球關係史料集成』, 국사편찬위원회
- 인하대학교 한국학연구소 편(2013) 『小方壺齋輿地叢鈔 琉球篇』글로벌콘텐츠

<단행본>
- 손승철·김강일(2010) 『중·근세 동아시아 해역세계와 한일관계』 경인문화사
- 손승철 외(2012) 『고등학교 동아시아사』 ㈜교학사
- 이강한(2013) 『고려와 원제국의 교역의 역사』 창비
- 정성일 외(2000) 『朝鮮과 琉球』 아르케
- 최연주(2006) 『高麗大藏經研究』 경인문화사
- 高良倉吉지음, 원정식 옮김(2008) 『류유왕국』 한림대학교 일본학연구소
- 外間守善, 심우성 옮김(2008) 『오키나와의 역사와 문화』 동문선
- 九州國立博物館編(2006) 『うるま ちゅら島 琉球』 九州國立博物館
- 石田瑞麿, 이영자 옮김(1985) 『일본불교사』 민족사

〈논문〉
- Angela Schottenhammer, 고혜련 옮김(2005)「中國의 商業에 대한 歷史的 考察」『도서문화』25
- 김광옥(1994)「近代 開港期 日本의 琉球·朝鮮政策」『港都釜山』11
- 김상범(2003)「중국, 해상 실크로드의 진원지」『바다의 실크로드』청아출판부
- 손승철(1992)「朝鮮前期 對琉球交隣體制의 構造와 性格」『서암조항래교수회갑기념한국사학논총』아세아문화사
- 손승철(1994)「조·유(유·琉) 교린체제의 구조와 성격」『조선시대 한일관계사연구』지성의샘
- 손승철(1995)「『歷代寶案』을 통해 본 조선과 유구관계」『부촌신연철교수정년기념 사학논총』, 일월서각
- 西谷 正(1981)「高麗·朝鮮 兩王朝と琉球の交流-その考古學的研究序說」『九州文化史研究所紀要』26, 九州大
- 양수지(2012)「세조대의 유구사신 응접과 문물교류」『동북아 문화연구』33
- 엄경흠(2004)「鄭夢周와 權近의 使行詩에 표현된 國際關係」『한국중세사연구』16
- 윤용혁(2009)「오키나와 출토의 고려 기와와 삼별초」『한국사연구』147
- 이원순(1995)「『歷代寶案』을 통해서 본 朝鮮前期의 朝琉關係」『국사관논총』65
- 이영(2013)「고려 말 왜구의 '다민족 복합적 해적'설에 대한 재검토-후지타 아키요시(藤田明良)의 「蘭秀山의 난과 동 아시아 해역세계」를 중심으로」『지역과역사』33
- 이현종(1981)「朝鮮初期의 對外關係」『한국사』9, 국사편찬위원회
- 정동훈(2017)「몽골의 유산 상속 분쟁- 초기 고려-명 관계에서 제주 문제」『한국중세사학회 정기학술발표자료집-고려시대 대중국 외교현안과 대응방식』
- 최규성(1998)「高麗 기와제작기술의 琉球傳來」『古文化』52
- 최낙민(2011)「明의 海禁政策과 泉州人의 해상활동」『역사와경계』78
- 최연주(2008)「『高麗大藏經』의 韓日交流와 인식추이」『일본근대학연구』19
- 최연주(2012)「조선시대『高麗大藏經』의 印經과 海印寺」『동아시아 불교문화』10
- 최연주(2012)「일본의『高麗大藏經』請求와 認識」『동아시아의 문물 - 중헌 심봉근선생 고희기념논선집』세종출판사
- 최연주(2016)「中世 불교행사로서의 觀燈과 변화 양상」『문물연구』30

참고문헌 297

- 최인택(2000) 「한국에 있어서의 오키나와 연구의 과제와 전망」『일본학년보』9
- 하우봉(1994) 「朝鮮前期 對琉球關係」『국사관논총』59
- 한문종(2002) 「조선전기 일본의 大藏經求請과 韓日間의 文化交流」『한일관계사연구』17
- 윤용혁(2012) 「우리소에성(浦添城)과 고려·류큐의 교류사」『사학연구』105
- 허경진·조영심(2012) 「조선인과 류큐(琉球)인의 소통 양상」『일어일문학』54
- 홍종필(1998) 「오키나와(沖繩)의 舊國寶였던 朝鮮鐘(興海大寺鐘)에 대하여」『인문과학연구논총』16, 명지대
- 馬場久幸(2014) 「『高麗再雕大藏經』の日本流通と活用」『石堂論叢』58
- 上原 靜(2001) 「오키나와(沖繩諸島) 출토 고려계(高麗系) 기와에 대하여」『비교문화연구』7
- 安里 進(2007) 「琉球왕국의 역사와 문화」『탐라와 琉球왕국』국립제주박물관
- 秋山謙藏(1935) 「琉球國王の勃興と佛敎」『日支交涉史話』內外書籍

근대기 동아시아 신종교 사상가들의 여성관 – 장재진

- 『대순전경』3장 120절
- 박혜훈(2010) 「소태산의 여성관과 원불교여성교무의 현재」『신종교연구』한국신종교학회
- 불법연구회(1928~1940) 「월말통신」제16호, 원광사 편『원불교자료총서』제2권, 익산: 원불교출판사

〈국문〉
- 강길윤(2010)『한일 고대 관계사의 쟁점』서울:한국문화사
- 金富軾(이강래역)(2011)『삼국사기 I)(II)』서울:한길사
- 남춘모(2016)「종교문화 교류유형으로 본 일본의 유교 수용과 습합 및 정착과정」『日本近代學硏究』第52輯
- _____(2014)「宗教社会学的にみた日本の仏教受容と日本仏教の成立」『日本近代學硏究』第42輯
- _____(2012)「相互作用論的観点による対馬神話の類型分類とそのシンボルの解釈」『日本近代學硏究』第37輯
- _____(2012)「構成原理와 存在樣式으로 본 對馬島神話 傳說 속의 神들의 性格」『韓日關係史硏究』第42輯
- 노성환(2001)「대마도 왕권신화의 비교연구」『동북아시아문화학회 국제학술대회 발표자료집』동북아시아문화학회, pp.44-47
- Eliade, M. (translated, by W. R. Trask), Myth and Reality, Waveland Press, INC., 1963.
- 永留久惠(1997)「対馬和道の史的解明」『文化史學』No.6-7, 한국문화사학회
- 임동권(2004)『한국에서 본 일본의 민속문화』서울:民俗園.
- 임동권(1988)「대마도에 전파된 한문화-천도신앙을 중심으로-」『한국민속학』한국민속학회, Vol.21, No.1, pp.1-18.
- 임동권외 5인(1985)『일본대마 일기도 종합학술조사보고서』서울신문사, 56-63.
- 최재석(1998)『古代韓日仏教関係史』서울:一志社.
- 한우근(1979)『한국통사』서울:을유문화사.
- 현용준(1974)「대마도의 천도신앙」『한국민속학』한국민속학회, Vol.7, No.1, 55-65.

〈영문〉

- Bendix, R.(1963). "Concept and Generalization in comparative Sociological Study", American Sociological Review, 28, 532-546.
- Berger, Peter L.(1969). The Sacred Canopy: Elements of a Sociological Theory of Religion, Garden City, N. Y.: Doubleday & Company.
- Cirlot, J. E.(1991). A Dictionary of Symbol, Routledge&KaganPaul.
- Eliade, M.(trans. by Trask, W. R.)(1963). Myth and Reality, New York:Harper & Row.
- Eliade, M.(trans. by Sheed, R.)(1958). Patterns in Comparative Religion, New York:New American Library.
- Jones G. S.(1976). "From Historical Sociology to Theoretical History", British Journal of Sociology, Vol.29, No.3 pp.275-289.
- Oliphant, Laurance.(1863), A Visit to the Island of Tsusima, near Japan, Journal of the Royal Geographical Society of London, Vol.33.
- Roth, Von Günther(1976). "History and Sociology in the Work of Max Weber", British Journal of Sociology, Vol.29, No.3 pp.305-319.
- Skocpol. T(ed.)(1984). Vision and Method in Historical Sociology, London: Cambridge.
- Smith, D.(1991). The Rise of Historical Sociology, Cambridge: Polity Press.
- Weber, M. trans.&ed. by Gerth, H. H. & Martindale, D.(1967). The Religion of India: the sociology of Hinduism and Buddhism, New York: The Free Press.
- Weber, M. trans. & ed. by Gerth, H. H.(1964). The Religion of China, NewYork: Macmillan.
- Weber, M. trans. by Fischoff, E.(1964). The Sociology of Religion, Boston: Beacon Press.
- Weber, M. trans. & ed. by H. H. Gerth and C. W. Mills(1970). From Max Weber: Essays in Sociology, Routledge&Kegan Paul Ltd.

〈일문〉

- 岡田莊司編(2010)『日本神道史』東京:吉川弘文館
- 溝口睦子(2009)『アマテラスの誕生-古代王権の源流を探る』東京:岩波書店(岩波新書).

- 金達寿(1994)『古代朝鮮と日本文化 神々のふるさと』東京:講談社学術文庫.
- 対馬教育会編(1940)『改訂:対馬島誌』対馬:対馬教育会.
- 鈴木棠三(1972)『対馬の神道』東京:三一書房.
- 鈴木棠三遍(1972)『津島紀事(上)』『巻之六-三根郷-志多賀』東京:東京堂出版社
- 梅田義彦他(1968)『神道辞典』東京:堀書店
- Weber, M.(大塚久雄・生松敬三訳)(1991)『宗教社会学論選』東京:みすず書房
- ＿＿＿＿＿(大塚久雄訳)(1990)『プロテスダンティズムの倫理と資本主義の精神』岩波書店
- ＿＿＿＿＿(池田昭他2人訳)(1988)『アジア宗教の基本的性格』勁草書房
- 三品彰英(1980)『日鮮神話伝説の比較』東京:平凡社
- ＿＿＿＿＿(1975)『古代祭政と穀靈信仰』東京:平凡社
- 上県町誌編纂委員会編(2005)『上県町誌』きょうせい出版
- 小口偉一・堀一郎編(1973)『宗教學辭典』東京:東京大學出版社
- 新村出(2008)『広辞苑』東京:岩波書店
- 阿部慈園編著(1999)『比較宗教思想論-中國・韓國・日本-』東京:北樹出版
- 櫻井徳太郎(1988)『日本シャマニズムの研究 上 5-伝承と生態』東京:吉川弘文館
- 永留久恵(2009)『対馬国誌1』東京:昭和堂
- ＿＿＿＿＿(1997)「対馬神道の史的解明」『文化史學』No.6-7, 韓國文化史學會, pp.259-273
- ＿＿＿＿＿(1988)『海神と天神―対馬の風土と神々―』長崎:白水社.
- 宇治谷孟訳注(1996)『日本書紀』(上)(下), 東京:講談社学術文庫(834)
- 日置昌一編(1993)『日本歴史人名辞典』講談社學術文庫(323)
- 田村円澄・鎌田茂雄(1989)『韓國と日本の佛教文化-古代の日本と韓國10』東京:學生社
- 中川延良, 鈴木棠三校注(2004)『楽郊紀聞(1)(2)』(ワイド版東洋文庫 307), 東京:平凡社
- 倉野憲司校注(1990)『古事記』東京:岩波文庫
- 出羽弘明(2004)『新羅の神々と古代日本-新羅神社の語る世界』東京:同成社
- 坂本太郎・平野邦夫(監修)(2010)『日本古代氏族人名辞典(普及版)』東京:吉川弘文館
- 河村望(1991)『古事記を読む』東京:人間と科学社

〈중국〉
- 中國學術類編(1996)『新校本三國志附南引二』鼎文書局印行

- 陳宗榮(2016.06)「中國特色社會主義宗教理論堅持和發展」『中國宗教』
- 王作安(2014.09)「鄧小平對中國特色社會主義宗教理論的開創之功」『中國宗教』
- 胡志堅(2004.02)「中國特色社會主義宗教理論初探」『新疆社科論壇』第1期.
- 何玲(2005.05)「鄧小平理論在中國特色社會主義宗教理論中的地位及其影響」『青海社會科學』
- 龔學增, 「試論中國特色社會主義宗教理論體系」, 『西南民族大學學報』(總第 207期), 2008.11.
- 國家宗教事務局黨組理論學習中心組編著(2013.12) 『中國特色社會主義宗教理論學習讀本』宗教文化出版社
- 劉曉玉(2017.03)「中國特色社會主義宗教理論的新成果――十八大以來習近平關于宗教問題系列講話精神解讀」『黃河科技大學學報』
- 趙志恩(1996.09)「三自愛國運動的神學意義」『天風』
- 丁光訓(2000.01)「三自愛國運動的發展和充實」『天風』
- 鄭汝銓(2000.04)「三自愛國運動的回首與展望」『天風』
- 王作安(2008)「中國宗教狀況的新變化」『中央社會主義學院學報』
- 邢福增(2015.11)「再思強拆十字架」『香港中文大學基督教研究中心暨基督教中國宗教文化研究社通訊』
- 「關于我國社會主義時期宗教問題的基本觀點和基本政策」(正保法律教育網, 1982.03),
  http://www.chinalawedu.com/falvfagui/fg22598/5441.shtml
- 「江澤民總書記關于宗教工作的"四句話"」(中國共產黨新聞網, 2017.11.11.),
  http://cpc.people.com.cn/GB/64107/65708/66067/66082/4468758.html?kgr
- 胡錦濤, 「高舉中國特色社會主義偉大旗幟, 爲奪取全面建設小康社會新勝利而奮鬥――在中國共產黨第十七次全國代表大會上的報告」(中国共产党新闻网,2007.12.05.),
  http://cpc.people.com.cn/GB/104019/104099/6429414.html
- 杜玉芳, 「當代中國的宗教狀況和宗教政策」(360doc, 2014.01.02.),

http://www.360doc.com/content/14/0102/11/7160930_342004789.shtml
- 習近平,「全國宗教工作會議上的講話」,「發展中國特色社會主義宗教理論全面提高新形勢下宗教工作水平」(人民網, 2016.04.24.)
  http://politics.people.com.cn/n1/2016/0424/c1024-28299800.html
- 加潤國,「全球信教人口數據」(中國社會科學網, 2015.05.26.),
  http://www.cssn.cn/zjx/zjx_zjsj/201505/t20150526_2010096.shtml
- 孫軼煒,「中國當代人宗教信仰調查」(2007.07.16.)
  https://zhidao.baidu.com/question/1642844173904066780.html
- 王作安,「行穩致遠久久爲功堅持我國宗教中國化方向」(鳳凰網佛教, 2016.11.18.)
  http://fo.ifeng.com/a/20161118/44496106_0.shtml
- 張祝平,「對宗教堅持中國化方向的幾點思考來源」(道教之音, 2016.6.11.)
  http://www.daoisms.org/article/sort028/info-23558.html
- 劉澎,「中國的宗教與法治」(2016.05.18.),
  http://blog.sina.com.cn/s/blog_1434fbf3d0102wkag.html
- 徐玉成,「從一份行政訴訟判決書看宗教事務條例在行政訴訟中的法律地位」(普世社會科學研究網, 2017.04.20.),
  http://www.pacilution.com/ShowArticle.asp?ArticleID=7682
- 劉澎,「中國的宗教與法治」(歷史之家, 2016.06.24.),
  http://blog.sina.com.cn/s/blog_4ef457110102wldw.html
- 俞學明, 現在立宗教基本法可能弊大于利(鳳凰網佛教, 2015.12.23.),
  http://fo.ifeng.com/a/20151221/41527250_0.shtml
- 劉澎,「中國的宗教與法治」(歷史之家, 2016.06.24.),
  http://blog.sina.com.cn/s/blog_4ef457110102wldw.html
- 「二十四位公民(律師、教牧、學者,信衆)關於解釋憲法第36、89條的建議書」(成都基督徒小站, 2016.09.22.),
  http://cd-christian.weebly.com/2133823458/3689
- 王怡,「我對新宗教事務條例的五個立場」(維權網, 2017.09.08.),
  http://wqw2010.blogspot.kr/2017/09/blog-post_25.html
- 蔡少琪,「讓政府行政部門牢牢掌握宗教工作主動權:「宗教事務條例修訂草案(送審稿)」與2005年的「宗教事務條例」的不同」(時代論壇, 2016.09.09.),

http://www.chinesetheology.com/ChinaRelgioiusRegulationsDraft.htm
- 劉澎, 「法治是解決宗教問題的唯一選擇」(普世社會科學研究網, 2016.05.12.), http://www.pacilution.com/ShowArticle.asp?ArticleID=6821.
- 刘澎, 「宗教領域不能成为管理部门利益自留地」(財新網, 2016.06.14.), http://opinion.caixin.com/2016-06-14/100954386.html
- 「中共中央辦公廳印發關于培育和踐行社會主義核心價值觀的意見」(中國共產黨新聞, 2013.12.23.), http://cpc.people.com.cn/n/2013/1223/c64387-23924110.html
- 邢福增, 「踐行社會主義核心價值觀是宗教信仰的核心價值嗎」(立場新聞, 2017.09.08.), https://www.thestandnews.com/china/%E8%B8%90%E8%A1%8C%E7%A4%BE%E6%9C%83%E4%B8%BB%E7%BE%A9%E6%A0%B8%E5%BF%83%E5%83%B9%E5%80%BC%E8%A7%80%E6%98%AF%E5%AE%97%E6%95%99%E4%BF%A1%E4%BB%B0%E7%9A%84%E6%A0%B8%E5%BF%83%E5%83%B9%E5%80%BC%E5%97%8E/
- 張聖隆, 「關于宗教事務條例修訂草案(送審稿)的公民意見」(2016.09.23.), https://groups.google.com/forum/#!msg/chinesessr/xKuVNHbg2aE/6yJzUqOYBQAJ
- 習近平, 「全面提高新形勢下宗教工作水平」(新華網, 2016.04.23.) http://news.xinhuanet.com/politics/2016-04/23/c_1118716540.htm
- 「법률우위의 원칙과 법률유보의 원칙」, (행정법총론, 2009.06.27.), http://blog.naver.com/cdwwow/130051771557

찾아보기

⟨ㄱ⟩

가사(袈裟) ·················90, 256
가흥대장경(嘉興大藏經) ········37, 38
강경문(講經文) ·········37, 39, 40, 46
강유위 ·····················189, 199
강일순 ·····················116, 191
강증산 ·······116, 119, 129, 130, 132, 134, 139, 189
강화경판(江華京板) ···············149
개인참가형 ························25
개훈(開葷) ············65, 69, 70, 71
건국신화 ·····207, 215, 216, 222, 228, 239, 243, 248, 252, 254, 255
격리형 ···························25
경문(經文) ·······39, 43, 63, 67, 119
경작문화 ·······················212
경전 ········30, 31, 32, 33, 34, 36, 37, 39, 40, 41, 42, 43, 45, 46, 47, 48, 53, 55, 58, 59, 60, 66, 67, 68, 77, 79, 92, 105, 111, 119, 133, 163, 164, 168, 171, 184, 188
계급투쟁 ·····················265, 271
고구려 ·······210, 211, 212, 241, 248, 249, 253, 254, 255
고려대장경(高麗大藏經) ······145, 149, 150, 163, 164, 165, 167, 169, 171, 172, 174, 177, 178, 179, 180, 181, 182, 183, 184, 185, 186
고첩문(誥牒文) ···············38, 45
고토 겐지(後藤健二) ···············17
공공종교 ·······················141
공자 ···············126, 127, 128, 284
과의입성품(科儀立成品) ············43
관중생업연품(觀衆生業緣品) ········59
광구천하(匡救天下) ···············117
교단화 ·····················121, 122
교류유형 ·····208, 230, 231, 232, 233, 235, 236, 252, 253, 255, 256
교린관계 ···············147, 156, 172
교육칙어 ·······················16
구미촌(久米村) ···················153
구원 ········30, 31, 32, 33, 35, 53, 54, 55, 57, 58, 60, 61, 68, 72, 73, 79, 81, 82, 83, 84, 85, 86, 87, 89, 91, 93, 94, 95, 97, 107, 108, 112, 119, 125, 126, 127, 129, 140, 200, 231, 237, 253
구원론 ·······················34, 86
국가교회 ·····················273, 287
국조신앙 ·······················211
군자공동체 ·····················191
근대 ·116, 122, 129, 132, 136, 188, 207

찾아보기 305

근대국가 ······135, 188, 198, 201, 202
근대기 ······187, 188, 189, 196, 202
글로벌화 ······13, 14
금광교 ······20
금욕주의 ······141
기일(忌日) ······57, 58, 175
기행이적(奇行異蹟) ······120
까오다이교 ······116, 123, 124, 125, 129, 131, 132, 133, 134, 135, 136, 138
까오다이즘 ······126, 127, 129, 132, 139, 140, 141
궈쏭타오(郭嵩燾) ······93, 94, 98

〈ㄴ〉
나가토메 히사에(永留久惠) ··206, 228
나풍산(羅酆山) ······49, 50
난수산(蘭秀山) ······152
남녀평등 ······189, 190, 191, 192, 193, 194, 196, 197, 201, 202, 203
남방교역 ······167
남산왕 ······147, 151, 154, 166
남성원리 ······207, 220, 221, 222, 223, 224, 225, 226, 227
내유신령(內有神靈) ······190
내하교(奈河橋) ······84
노자 ······128
누세동거(累世同居) ······98, 100
닝취엔전(寗全眞) ······43

〈ㄷ〉
다나카 잇세이(田中一成) ······72

다케미 모모코(武見李子) ······34
단혹증진(斷惑證眞) ······60
담경(談經) ······78
당영(唐營) ······153
대륙문화 ······206, 252
대마도 ······154, 158, 160, 177, 179, 205, 206, 207, 208, 209, 210, 211, 216, 217, 222, 223, 225, 226, 227, 228, 229, 230, 231, 232, 233, 234, 235, 236, 237, 238, 239, 240, 241, 242, 243, 244, 245, 246, 247, 248, 249, 251, 252, 254, 255, 256
대목건련(大目犍連) ······60
대본교 ······20
대운사(大雲寺) ······36
대장경(大藏經) ······31, 37, 38, 45, 47, 149, 162, 163, 164, 165, 166, 167, 168, 171, 174, 175, 178, 179, 180, 181, 183, 184, 185
덩샤오핑(鄧小平) ······260, 261, 265
도교 ······30, 31, 32, 33, 34, 43, 44, 46, 47, 48, 49, 51, 54, 56, 57, 58, 59, 63, 68, 72, 73, 75, 78, 79, 85, 86, 87, 88, 92, 95, 105, 112, 123, 124, 136, 189, 212, 213, 272
도덕 ······34, 54, 104, 105, 110, 125, 126, 137, 141, 231, 235, 253, 255
도사 ···32, 33, 51, 72, 76, 87, 88, 90, 93, 97, 98, 108, 112
도상고(跳喪鼓) ······76
도안(道安) ······160, 164, 178, 179

도안(道眼) ·················61, 162
도장(道場) ··············44, 48, 72
도장(道藏) ·······················31
동남아시아 ······18, 21, 146, 153, 158,
  162, 172, 175, 176, 182, 183, 185
동북아시아 ················146, 172, 183
동아시아 ·12, 14, 16, 17, 18, 26, 27,
  111, 135, 146, 147, 150, 152, 153,
  156, 167, 171, 172, 175, 183, 185,
  187, 188, 189, 190, 200, 201, 202,
  203
동아시아공영권 ······················16
동양 ···118, 124, 130, 132, 133, 137,
  188, 202, 218
동학 ············116, 117, 119, 120, 137
동학농민전쟁 ·······················115
동학혁명 ············117, 118, 119, 138
둔황(敦煌) ·····35, 36, 37, 39, 40, 46,
  60, 63, 64, 69, 74, 77

《ㄹ》
레반쭝(Le Van Trung) ···············125
류환린(劉煥林) ····················96
르네상스 ························188
린링전(林靈眞) ················43, 44

《ㅁ》
마르코스주의 ······261, 262, 263, 270,
  271, 273, 287
마쓰모토 지즈오(松本智津夫) ···20, 21
마이너리티 ·····11, 12, 13, 15, 16, 17,
  18, 19, 22, 23, 25, 26, 27, 116
마젠화(馬建華) ···················58
마테오 리치(Matteo Ricci) ···129, 130
만교일리 ·······················126
만민평등사상 ·····················196
만세일계 ·························16
만신(萬神) ·········224, 231, 232, 253
메카니즘 ·························33
명부공사(冥府公事) ·········118, 134
명예혁명 ·························188
모리 오가이(森鷗外) ···············13
목련구모설화 ······················65
목련존자(目連尊者) ·····39, 40, 41, 73,
  89, 107
무간지옥(無間地獄) ·······48, 50, 59
무극대도 ····················190, 191
무왕불복(無往不復) ···············200
문화사회학 ·······················12
물질문화 ················148, 260, 271
미륵불 ············85, 116, 119, 138
미륵불교 ····················121, 122
미타(彌陀) ·······················84
민가(民歌) ····················75, 76
민간종교 ·························79
민족주의 ························284
민주주의 ····················129, 199

《ㅂ》
바오다이(Bao Dai) ···············129
박애 ····························26
반상(班常) ······················136

찾아보기 307

발우(鉢盂) ·····································90
백제 ····················209, 210, 212, 256
백제계 ······································209
범죄학 ··12
변문(變文) ······35, 36, 37, 46, 63, 65, 67, 68, 69, 72, 74, 78, 90
보관(寶冠) ··································73
보낭은(報娘恩) ············40, 47, 76, 77
보주(寶珠) ·································90
보천교 ·······················121, 122, 140
보화교 ····································121
복서명리(卜筮命理) ·····················117
복전(福田) ·································64
봉건제도 ···································199
봉사활동 ····································26
부산포(富山浦) ···························177
부화부순(夫和婦順) ····················190
북산왕 ·······················147, 151, 154, 166
불경죄 ·······································42
불교 ········12, 16, 20, 21, 23, 30, 31, 32, 33, 34, 36, 38, 39, 40, 42, 43, 44, 45, 46, 47, 48, 49, 52, 53, 55, 56, 57, 58, 59, 60, 63, 65, 68, 69, 71, 72, 73, 75, 77, 78, 79, 85, 86, 87, 88, 89, 90, 92, 95, 105, 109, 110, 112, 124, 136, 139, 145, 146, 149, 150, 163, 165, 166, 167, 168, 169, 171, 172, 181, 183, 184, 189, 200, 209, 210, 211, 212, 213, 215, 216, 236, 242, 247, 248, 254, 256, 257, 272, 276

불교국가 ·······················146, 150
불교문화 ·······149, 150, 172, 178, 211
불력(佛力) ·················64, 67, 84
불설대장정교혈분경(佛說大藏正教血盆經) 40, 43, 47, 58, 60, 68, 69, 73, 74, 89, 91
불설우란분경(佛說盂蘭盆經) ···35, 60, 63, 65, 74, 89
불의(不義) ································51
불인(不仁) ································51
불충 ·································17, 51
불효 ································51, 58
빅토르 유고(Victor Hugo) ··123, 129, 131, 138

〈ㅅ〉

사농공상 ·································136
사명당(四明堂) ·························135
사상가 ········132, 187, 188, 189, 190, 196, 200, 202
사체법(四諦法) ···························60
사행노정(使行路程) ···················177
사회복지 ··································26
사회사업 ··································26
사회심리학 ···························12, 21
사회주의 ·····260, 266, 267, 268, 270, 271, 272, 273, 274, 275, 278, 284, 287
사회주의화 ·······················260, 274
사후세계 ··························49, 131
산사(産死) ································52

산안회(山岸會) ·················20
산업혁명 ·····················188
삼강오륜 ··········127, 136, 139, 198
삼계대권(三界大權) ·······117, 119
삼계사(三界寺) ·················36
삼교귀일(三敎歸一) ·············78
삼도(三塗) ·······51, 57, 58, 61, 62
삼산시대 ·····147, 151, 154, 156, 157, 166, 184
삼위일체설 ····················23
삼장(三藏) ····················35
삼종사덕(三從四德) ············102
삼종설(三從說) ················92
상대주의 ····················219
상제 ···········116, 126, 134, 138, 197
샬롯 퍼스(Charefuter) ···99, 102, 110
서방(西方) ················50, 108
서세동점 ············134, 138, 189
서세동점기 ··················116
서양 14, 16, 75, 124, 129, 130, 133, 136, 188, 202, 207, 217
석가 ··········67, 90, 125, 127, 128
석교도사(釋敎道士) ········32, 108
석장(錫杖) ···············73, 90
선강서(宣講書) ············31, 98
선위사(宣慰使) ···········161, 177
설원(說諢) ····················78
설참청(說參請) ················78
설창(說唱) ················36, 78
성선설 ·······················15
성악설 ·······················15

세계관 ·················34, 65, 116
세계종교 ·47, 126, 127, 135, 136, 140
세속세계 ················250, 251
세속화 ·················251, 287
소수민족문제 ················273
소요자재(逍遙自在) ············57
속강(俗講) ···············36, 78
순천도 ·····················122
승유억불정책 ················169
슈리(首里) ··········147, 151, 169
습합 ···207, 216, 217, 228, 230, 235, 236, 237, 247, 248, 253, 254, 255, 256, 257
승도(僧道) ················73, 96
승려 ·32, 33, 36, 41, 46, 61, 62, 63, 64, 66, 69, 72, 78, 88, 93, 95, 98, 108, 110, 112, 137, 162, 164, 167, 168, 169, 210, 211
시민혁명 ···················188
시유기시(時有其時) ···········201
시진핑 ·······260, 262, 263, 269, 270, 272, 274, 284, 286
시천주(侍天主) ··········190, 201
식민지 ·16, 115, 123, 125, 129, 131, 132, 133, 134, 135, 139, 188, 189
식태(食胎) ···················50
신대(神代) ··219, 220, 224, 233, 234, 238
신도 ····14, 16, 17, 20, 23, 122, 125, 126, 127, 128, 130, 137, 213, 214, 215, 216, 225, 239, 243, 244, 247,

254, 268, 277
신라 …208, 209, 210, 212, 215, 226, 227, 239, 245, 246, 249, 253, 255, 256
신명(神明) …………130, 133, 134, 136
신불(神佛) …………………………122
신비주의 ……………138, 139, 141
신성 …… 97, 116, 120, 121, 126, 129, 130, 132, 133, 134, 137, 138, 139, 140, 216, 217, 220, 221, 222, 224, 235, 255
신신종교 ……………19, 20, 21, 25, 26
신앙공동체 ………………………25
신앙체계 …… 206, 207, 208, 211, 212, 214, 215, 217, 222, 228, 230, 237, 242, 248, 249, 250, 251, 252, 253, 255, 256, 257
신종교 …… 19, 20, 22, 24, 25, 26, 27, 113, 115, 116, 117, 121, 122, 129, 132, 133, 134, 140, 187, 189, 200, 201
신종교운동 ………116, 117, 120, 122, 135, 137, 138
신진사대부 ………………………153
신체(神體) ………52, 53, 54, 110, 224, 243, 244, 245, 248, 285
신통(神通) …………………60, 121
신화학 ……………………………220
십월회태(十月懷胎) ………76, 77, 111
십은덕(十恩德) ……………………39
십팔중지옥(十八重地獄) ……………79

〈ㅇ〉
아귀(餓鬼) …………49, 61, 62, 67, 91
아라한(阿羅漢) ………………60, 90
아사하라 쇼코(麻原彰晃) …………20
아직기(阿直岐) ……………………210
아함종(阿含宗) ……………………20
안심가 ……………………………190
알레프 ……………………………22
앙가(秧歌) …………………………75
애국주의 …………………………284
애니머티즘 ………………………212
애니미즘 ……………213, 214, 236, 256
양성평등 …………………………189
양안문제 …………………………273
양의성 ………………11, 12, 13, 15
억겁(億劫) …………………… 51, 53
여성관 ··92, 187, 190, 191, 193, 194, 196, 200, 201
여성원리 …… 207, 219, 220, 221, 222, 223, 224, 225, 228, 249
여성해방 …… 188, 189, 190, 193, 196, 199, 200, 201, 202
여인오장설(女人五障說) ……………92
여인혈분경(女人血盆經) ………36, 45
여호와의 증인 …… 11, 12, 15, 19, 20, 23, 24, 25, 27
영동천심월(影動天心月) …………193
영매집회 ……………123, 125, 126
영보영교제도금서(靈寶領敎濟度金書) · 43, 44, 48
영혼 ·14, 26, 30, 33, 53, 54, 55, 56,

57, 63, 65, 81, 89, 97, 103, 112, 123, 127, 128, 132, 136, 138, 197, 212, 215
예수 ·····123, 126, 127, 128, 130, 131
오부육책(五部六冊) ·····················78
오예(汚穢) ································110
오키나와 ······146, 148, 150, 167, 175
오탁(五濁) ································51
오혈(汚血) ································44
옥황상제 ························116, 138
옴진리교 ·11, 12, 15, 17, 19, 20, 22, 23, 24, 25, 27
왕권강화 ·····················115, 166, 184
왕인(王仁) ································210
왜구(倭寇) ··147, 152, 154, 155, 156, 158
외래종교 ·····················120, 213, 275
외유기화(外有氣化) ·····················190
용담유사 ································190
용화삼회(龍華三會) ·····················82
용화회(龍華會) ·····················82
우라소에(浦添) ···········147, 148, 167
우란분경(盂蘭盆經) ···········39, 63
원경(諢經) ································78
원기론 ·····················199, 201
원리주의 ································19, 24
원불교 ·····················122, 194, 201
월경 ·41, 42, 44, 58, 88, 91, 93, 94, 97, 110
월경혈(月經血) ································110
유교 ·31, 34, 47, 56, 86, 90, 92, 96,

112, 124, 130, 132, 136, 139, 163, 169, 189, 190, 198, 210, 212, 222, 257
유구(琉球) ··69, 146, 148, 149, 150, 151, 152, 153, 154, 155, 156, 157, 158, 159, 161, 162, 163, 164, 165, 166, 167, 168, 169, 170, 171, 172, 173, 174, 175, 176, 177, 178, 179, 180, 181, 182, 183, 184, 185
유구도(琉球都) ·····················156, 177
유구왕국 ································146
유력(遊歷) ································117
유불선음양참위(儒佛仙陰陽讖緯) ··117
유일신 ·····················116, 119, 138
유토피아 ·····················188, 189, 203
유토피아니즘 ·····················189, 202
유학자 ·····················31, 32, 130
육갑(六甲) ································51
육정(六丁) ································51
육통(六通) ································60
윤리 ·12, 13, 14, 15, 17, 19, 24, 34, 58, 139, 231, 253
윤리학 ································12, 25
을사조약 ································115
이상세계 ······188, 189, 192, 201, 202
이학(理學) ································151
인간세계 ································212
인격권 ································24, 25
인류구원 ···········126, 130, 134, 135
인민해방 ································265
인유기인(人有其人) ·····················201

찾아보기 311

인종차별주의 ·················17
일본열도 ················206, 254
일본제국주의 ···············16
일체경(一切經) ············181
임산애은(臨産愛恩) ········40
입정교성회 ··················20

〈ㅈ〉
자기결정권 ·········24, 25, 27
자선활동 ·····················26
자연현상 ···················212
자혈(刺血) ············108, 109
장송(葬送) ··················75
장저민(江澤民) ············267
재반(齋飯) ··················64
재일(齋日) ··············57, 58
재일코리안 ··················17
전족(纏足) ····34, 106, 111, 196, 202
전통종교 ········20, 27, 115, 132
정교분리 ················278, 279
정교일치 ·····················14
정령론 ······················213
정본대장경(定本大藏經) ····149
정신문화 ···················263
정음정양 ········191, 192, 193, 201
정즈전(鄭之眞) ········70, 72, 91
정치사상 ···················260
정통도장 ················47, 48
제국주의 ······115, 131, 133, 134, 138
제화교 ·····················122
조상숭배 58, 124, 211, 212, 215, 236

조선왕조실록 ·······146, 157, 163, 173
조선통신사 ··················210
존엄성 ······················201
종교 ·11, 12, 13, 14, 15, 16, 17, 18,
   19, 20, 23, 24, 26, 27, 30, 31, 32,
   33, 34, 43, 46, 47, 54, 58, 60, 65,
   73, 75, 78, 79, 85, 86, 87, 91, 92,
   94, 96, 97, 105, 106, 108, 109, 110,
   111, 112, 113, 115, 116, 118, 119,
   120, 121, 122, 124, 125, 126, 127,
   128, 129, 131, 132, 134, 135, 136,
   137, 138, 139, 140, 141, 146, 166,
   184, 189, 200, 205, 207, 211, 212,
   213, 215, 216, 217, 218, 228, 230,
   246, 251, 252, 260, 261, 262, 263,
   264, 265, 266, 267, 268, 269, 270,
   271, 272, 273, 274, 275, 276, 277,
   278, 279, 280, 281, 282, 283, 284,
   285, 286, 287
종교관 ········261, 263, 266, 270, 271,
   273, 276, 277, 279, 281, 282, 287
종교극단주의 ··········276, 282, 287
종교문화 ·············119, 206, 274
종교운동 ·················116, 119
종교이론 ·····259, 260, 261, 262, 263,
   264, 266, 268, 269, 270, 273, 275,
   276, 278, 279, 283, 286, 287
종교자유정책 ···············268
종교전쟁 ····················14
종교학 ············12, 19, 25, 218
종법(宗法) ·················107

종파 ··12, 15, 19, 23, 26, 83, 87, 94
주산열도(舟山列島) ················152
주원장 ······························151
중간형 ······························25
중계교역국가 ·······················146
중계무역 ······················158, 176
중국공산당 ········260, 261, 264, 265,
　　270, 275, 280
중국민간가곡집성(中國民間歌曲集成) ·
　　75, 76
중국불교 ····························275
중국특색사회주의 ········259, 260, 261,
　　262, 263, 264, 265, 266, 268, 269,
　　270, 272, 273, 275, 276, 278, 279,
　　283, 286, 287
중국화 ··88, 260, 261, 274, 275, 276,
　　278
증산왕 ········147, 151, 154, 155, 156,
　　157, 159, 160, 164, 166, 170, 183
증산대도교 ··························122
지경(地境) ···················133, 134
지역공동체 ··························147
지옥명호품(地獄名號品) ················59
지장보살 ···············73, 85, 89, 90
지장보살본원경 ························59
지장본원경 ······················37, 44, 45
지진 ································212
지천태(地天泰) ·······················193
직능신 ········215, 222, 226, 227, 231,
　　236, 237, 249
진공선(進貢船) ·······················152

진령위업도(眞靈位業圖) ················50
진언종 ······························20
진여회(眞如會) ·······················20

《ㅊ》
참혈분첩(懺血盆牒) ···················38
창가학회 ····························20
창조신 ········214, 222, 231, 232, 238,
　　253, 255
창조신화 ······················214, 256
천구(天狗) ··························51
천궁(天宮) ··························64
천당 ··························57, 62, 82
천도법사 ···············247, 249, 250, 251
천도신앙 ······236, 246, 247, 248, 249,
　　250, 251, 256, 257
천랑(天狼) ··························51
천리교 ······························20
천부인권사상 ·······················199
천손강림 ···············229, 231, 248
천신 ··········228, 229, 238, 249, 254
천신신앙 ······················211, 255
천인합일 ····························126
천지공사 ······117, 118, 119, 134, 135,
　　138, 140
천지신명 ····························212
천차오향(陳橋鄕) ·······················97
천하일가 ······················196, 201
철기문화 ····························146
철학 ··················12, 106, 111, 139
청고(靑姑) ······················50, 51

찾아보기 313

최제우 ·················189, 190
추선(追善) ················32, 44
축법호(竺法護) ·············35, 60
출산 ·35, 39, 40, 41, 42, 43, 44, 80, 93, 97, 98, 202, 225

〈ㅋ〉
컬트교단 ······················12
크리스트교 ················12, 16

〈ㅌ〉
타오훙징(陶弘景) ················50
탄생신화 ····················254
탐음(耽淫) ····················51
태산(泰山) ············50, 53, 99
태산부군(泰山府君) ············53
태을교 ··················121, 122
태을주 ············119, 120, 121
태평천국 ···············196, 198
테러리즘 ····················276
토착화 ········242, 244, 246, 251, 256
통사(通事) ··················177
통속주의 ····················141
통시론 ······················220

〈ㅍ〉
파옥(破獄) ····················73
팔문공덕(八門功德) ············73
팜꼼딱(Pham Cong Tac) ·····124, 125
패러독스 ·11, 13, 19, 22, 23, 25, 26, 27

패트리샤 에브리(Patricia Ebrey) ··106
페미니즘 ···············202, 203
평도산(平都山) ················50
평등성 ······················201
포정소(布政所) ··········120, 121
표류민 ······················168
표착신화 ···········237, 248, 249
풍도산(酆都山) ············49, 50
프랑스혁명 ············114, 201
피로인(被擄人) ····148, 154, 155, 157, 158, 160, 165, 174

〈ㅎ〉
한족(漢族) ··············76, 151
해금정책 ·····151, 152, 172, 175, 176, 182, 183, 185
해동제국기 ··················177
해신 ···225, 228, 229, 232, 233, 241, 254
해양문화 ···············206, 217
해원사상 ····················192
해원상생(解冤相生) ······134, 191, 200
행복의 과학 ··················20
현무경 ······················120
혈분경(血盆經) ····30, 31, 32, 33, 34, 36, 37, 38, 39, 40, 41, 42, 43, 44, 45, 47, 60, 63, 68, 69, 71, 72, 73, 74, 75, 76, 77, 78, 79, 82, 84, 85, 91, 95, 97, 98, 105, 106, 107, 111, 112
혈분사상 ···············44, 45, 82

혈분재(血盆齋) ····30, 31, 32, 34, 41, 59, 74, 75, 78, 87, 88, 96, 97, 98, 105, 107, 108, 109, 111, 112
혈상(血傷) ·················51, 52
혈호(血湖) ····30, 43, 44, 48, 50, 53, 54, 64, 65, 71, 72, 73, 80, 81, 82, 83, 84, 87, 109
혈호경(血湖經) ·············43, 44
혈호도장(血湖道場) ·········43, 44
혈호지옥 ·30, 33, 47, 48, 49, 50, 53, 54, 56, 57, 59, 68, 70, 71, 72, 74, 80, 81, 83, 88, 89, 91, 94, 97, 108, 109
홍양교(紅陽敎) ·················79
홍인곤 ·························196
화산 ···························212
황구(黃球) ······················50
황씨녀대금강(黃氏女對金剛) ·······94
회도선강집요(繪圖宣講輯要) ····93, 99
회인과경(繪因果經) ···············67
획십자(劃十字) ···········108, 110
후진타오(胡錦濤) ···············271
흑치(黑齒) ······················50
흥송삼관(興訟三官) ···············50
힌두교 ·····················27, 88
힐 게이츠(Hill Gates) ··········106

〈3〉
3국동맹 ·······················114
3제동맹 ·······················114

〈동아시아연구총서 제4권〉

동아시아 종교와 마이너리티

초판인쇄	2018년 05월 04일
초판발행	2018년 05월 15일
편　　자	동의대학교 동아시아연구소
발 행 인	윤석현
발 행 처	박문사
등록번호	제2009-11호
책임편집	최인노
우편주소	서울시 도봉구 우이천로 353 성주빌딩 3F
대표전화	(02) 992-3253(대)
전　　송	(02) 991-1285
전자우편	bakmunsa@hanmail.net
홈페이지	www.jncbms.co.kr

ⓒ 동의대학교 동아시아연구소 2018 Printed in KOREA

ISBN 979-11-87425-95-3　93210　　　　　　　　　　　정가 24,000원

* 저자 및 출판사의 허락 없이 이 책의 일부 또는 전부를 무단복제·전재·발췌할 수 없습니다.
* 잘못된 책은 교환해 드립니다.